Familien mit hochbegabten Kindern

Pädagogische Psychologie und Entwicklungspsychologie

herausgegeben von Detlef H. Rost

Editorial

Pädagogische Psychologie und Entwicklungspsychologie sind seit jeher zwei miteinander verzahnte Teildisziplinen der Psychologie. Beide haben einen festen Platz im Rahmen der Psychologenausbildung: Pädagogische Psychologie als wichtiges Anwendungsfach im zweiten Studienabschnitt, Entwicklungspsychologie als bedeutsames Grundlagenfach in der ersten und als Forschungsvertiefung in der zweiten Studienphase. Neue Zielsetzungen, neue thematische Schwerpunkte und Fragestellungen sowie umfassendere Forschungsansätze und ein erweitertes Methodenspektrum haben zu einer weiteren Annäherung beider Fächer geführt und sie nicht nur für Studierende, sondern auch für die wissenschaftliche Forschung zunehmend attraktiver werden lassen. „Pädagogische Psychologie und Entwicklungspsychologie“ nimmt dies auf und will die Rezeption einschlägiger guter und interessanter Forschungsarbeiten fördern und damit die theoretische, empirische und methodische Entfaltung beider Fächer stimulieren sowie fruchtbare Impulse zu ihrer Weiterentwicklung einerseits und zu ihrer gegenseitigen Annäherung andererseits geben.

Der Beirat der Reihe „Pädagogische Psychologie und Entwicklungspsychologie“ repräsentiert ein breites Spektrum entwicklungspsychologischen und pädagogisch-psychologischen Denkens und will Akzente setzen, indem er auf Forschungsarbeiten aufmerksam macht, die den wissenschaftlichen Diskussionsprozeß beleben können. Es ist selbstverständlich, daß zur Sicherung des Qualitätsstandards dieser Reihe jedes Manuskript - wie bei Begutachtungsverfahren in anerkannten wissenschaftlichen Zeitschriften - einem Auswahlverfahren unterzogen wird. Nur qualitätsvolle Arbeiten können der zunehmenden Bedeutung der Pädagogischen Psychologie und Entwicklungspsychologie für die Sozialisaton und Lebensbewältigung von Individuen und Gruppen in einer immer komplexer werdenden Umwelt gerecht werden.

Annette Tettenborn

Familien mit hochbegabten Kindern

Waxmann Münster/New York

Die Deutsche Bibliothek – CIP-Einheitsaufnahme

Tettenborn, Annette:
Familien mit hochbegabten Kindern /
Annette Tettenborn.
– Münster ; New York : Waxmann, 1996
(Pädagogische Psychologie und Entwicklungspsychologie; 1)
Zugl.: Marburg, Univ., Diss., 1995
ISBN 3-89325-396-3
NE: GT

Pädagogische Psychologie und Entwicklungspsychologie, Bd. 1

herausgegeben von Detlef H. Rost

ISSN 1430-2977
ISBN 3-89325-396-3

Postfach 8603, D-48046 Münster, F. R. G.
Waxmann Publishing Co.
P. O. Box 1318, New York, NY 10028, U. S. A.

Umschlaggestaltung: Pleßmann Kommunikationsdesign
Druck: Zeitdruck GmbH, Münster
Gedruckt auf alterungsbeständigem Papier, DIN 6738

Den Vögeln vor meinem
Arbeitszimmerfenster

INHALT

VORWORT DES REIHENHERAUSGEBERS

Nach einer Zeit intensiver Forschungs- und Förderungsbemühungen im ersten Drittel des 20. Jahrhunderts hat die Hochbegabungsthematik in der Pädagogischen Psychologie und Entwicklungspsychologie bis zum Ende der 70er Jahre praktisch keine ernstzunehmende Rolle mehr gespielt. Das hat sich - national wie international - inzwischen geändert. Hochbegabungsfragen werden wieder intensiver diskutiert; insbesondere sozialisationsgebundene Korrelate besonderer Begabungen stehen - neben Arbeiten, die zum engeren Feld der Intelligenzforschung zu rechnen sind - im Focus der aktuellen Diskussion. Dennoch ist die Forschungslage leider immer noch als unzulänglich zu bewerten. Schlicht geplante Studien an zu kleinen und häufig noch verzerrten Stichproben, zudem durch unzulängliche Datenauswertung und unzulässige Generalisierungen gekennzeichnet, dominieren das Publikationsfeld - nicht nur in Deutschland. Solide (d.h. gut geplante, sorgfältig durchgeführte und adäquat ausgewertete sowie kritisch-abwägend diskutierende) empirische Studien sind immer noch selten. Statt dessen finden sich zuhauf Publikationen, die man bestenfalls mit dem Etikett „Hochbegabungsbelletristik" belegen kann.

An diesem desolaten Forschungsstand setzt Frau Annette Tettenborn an und leistet einen beachtlichen Beitrag. Im Rahmen des Marburger Hochbegabtenprojekts überprüft sie manche der in der einschlägigen Literatur berichteten - bislang aber nicht hinreichend belegten - Vermutungen und „Befunde" zum familiären Kontext von Hochbegabung. Viele dieser „Behauptungen" und „Ergebnisse" kann sie schon aufgrund ihrer theoretischen Analysen als empirisch wenig fundiert zurückweisen. Die erkenntnisleitende Orientierung der Studie von Frau Tettenborn, die Lebenswelt von Familien mit hoch- bzw. durchschnittlich begabten Kindern auf verschiedenen „Ebenen" zu betrachten und dabei sowohl Daten aus der Kind wie auch aus der Elternperspektive zu erheben, erscheint im Hinblick auf eine sozioökologische Betrachtungsweise als außerordentlich fruchtbar.

Frau Tettenborn nähert sich ihrem Forschungsgegenstand aus verschiedenen Perspektiven: Die Entfaltung der Vor- und Nachteile genereller versus spezifischer Ansätze der Hochbegabungskonzeptualisierung führt zur der der Identifikation von Hochbegabten zugrundeliegenden Orientierung an der allgemeinen Intelligenz im Sinne des Spearmanschen Generalfaktors „g". Eine zweite Perspektive erwächst aus der Diskussion des Familienbegriffs und aus den Anforderungen an eine adäquate psychologische Familiendiagnostik. Eine dritte Perspektive ergibt sich aus der Erörterung des Zusammenhangs von familiärer Umwelt und kognitiven Fähigkeiten von Kindern und insbesondere aus der Analyse des Forschungsstandes zur „Familie mit hochbegabten Kindern“.

So theoretisch breit fundiert, wird im zweiten Teil des Buches über Anlage, Durchführung und Ergebnisse ihrer eigenen Studie berichtet. Frau Tettenborn entfaltet eine Vielfalt interessanter Ergebnisse. Die Sorgfalt bei der Planung, die kontrollierte Datenerhebung im pädagogischen Feld, die für familienpsychologische Untersuchungen an Hochbegabten große Stichprobe und die methodisch adäquaten Datenanalysen gestatten generalisierungsfähige Aussagen für den untersuchten Altersbereich. Viele in der einschlägigen Literatur immer wieder anzutreffenden Behauptungen können damit - zumindest für den Grundschulbereich - als widerlegt bzw. geklärt angesehen werden: Familien mit hochbegabten Kindern sind vor allem Familien wie alle anderen auch.

Das vorliegende Buch setzt Standards: Zukünftige Hochbegabungsstudien, die sich mit familiären Fragen auseinandersetzen, können an dieser Arbeit nicht vorbeigehen.

Detlef H. Rost

VORWORT DER AUTORIN

Gibt es die „Hochbegabtenfamilie“? Unterscheiden sich Familien mit einem besonders befähigten Kind von Familien mit einem durchschnittlich befähigten Kind?

Zur Beantwortung dieser Fragen galt es zunächst einmal zu klären, was unter dem Begriff „Hochbegabung“ verstanden werden soll. Im Kapitel 1 werden daher die gängigen Hochbegabungskonzeptionen kurz vorgestellt, um dann eine Entscheidung bezüglich der in unserer Untersuchung verwendeten Hochbegabungsdefinition zu treffen und zu begründen. Im Kapitel 2 wird dann der Familienbegriff genauer beleuchtet und herausgearbeitet, auf welchen Ebenen eine familiendiagnostische Betrachtung sogenannter Hochbegabtenfamilien (und entsprechender Vergleichsfamilien) stattfinden sollte.

Im umfangreichen Kapitel 4 wird in einer Art Zusammenschau all das gesammelt, unter speziellen Gesichtspunkten geordnet und vor dem Hintergrund theoretischer und methodischer Standards diskutiert, was bisherige Familienforschung an Familien mit hochbegabten Kindern an Ergebnissen aufweisen konnte. Zuvor sollten im Kapitel 3 jedoch einige wenige Überlegungen über die mögliche „Verbindung" zwischen im weitesten Sinn „familiären" Variablen und der Fähigkeitsvariable aufgezeigt werden. Fragen zur kognitiven Sozialisation stehen hier im Vordergrund.

Es folgt im Kapitel 5 die bereits oben genannte Fragestellung unserer Untersuchung: Gibt es Unterschiede zwischen den sogenannten Hochbegabtenfamilien und den Vergleichsfamilien auf der Ebene der Familien*struktur*, der familiären *Beziehungen* und des Familien*systems*?

Wie im Rahmen des Projekts „Lebensumweltanalyse besonders begabter Grundschulkinder" (Ltg. Prof. Dr. D.H. Rost) sowohl die Zielgruppe der 151 besonders begabten Grundschulkinder als auch eine nach Alter, Schulklasse, Geschlecht und sozioökonomischem Status vergleichbare Gruppe von schließlich 136 Kindern zusammengestellt wurde, berichtet ausführlich Kapitel 6. Hier findet sich auch eine Beschreibung und Problematisierung der verwendeten Operationalisierungen der Familienvariablen (Familienbeziehungen aus der Sicht des Kindes; Einschätzung des Familiensystems hinsichtlich „Zusammenhalt" und „Flexibilität" aus der Sicht von Mutter und Vater). Auf eine kurz gehaltene Darstellung des Auswertungsplans, der sich im wesentlichen auf die gängigen Methoden zur statistischen Überprüfung von Gruppenunterschieden beschränkt, folgt die Darstellung und Diskussion der Ergebnisse.

Nachdem in einem ersten „Durchlauf" der vorliegenden Arbeit nicht nur von Lehrern, sondern von Lehrerinnen und Lehrern, nicht nur von Schülern, sondern von Schülerinnen und Schülern, nicht nur von Mitarbeitern, sondern von Mitarbeiterinnen und Mitarbeitern „die Rede" war, was z.T. zu ausgesprochen langen und unübersichtlichen Sätzen führte, habe ich mich, im übrigen ohne besondere „Bauchschmerzen", dazu entschlossen, die entsprechenden Begriffe als Kategorien aufzufassen, welche die weibliche und männliche Form in sich einschließen.

Wichtige Teile der Dissertation, insbesondere was die Auswertung und die Ergebnisse angehen, sind bereits in einem umfangreicheren Aufsatz veröffentlicht worden (Tettenborn-Nebling, A. [1992]. Familien mit hochbegabten Kindern. In Rost, D.H. [Hrsg.]. Lebensumweltanalyse hochbegabter Kinder. Göttingen: Hogrefe, 34-74).

Das Projekt „Lebensumweltanalyse besonders begabter Grundschulkinder" wurde vom „Bundesministerium für Bildung und Wissenschaft" finanziell gefördert (FKZ: B 3607.00 87). Ein besonderer Dank gilt dem Land Hessen, das die Fertigstellung der vorliegenden Arbeit ein Jahr lang durch ein Stipendium finanziell unterstützt hat.

An dieser Stelle möchte ich denjenigen Personen herzlich danken, die zur Entstehung dieser Arbeit in spezifischer Weise beigetragen haben:

den vielen Schülern und Lehrern, vor allem aber den über 50 Familien, die ich im Rahmen der Datenerhebung besuchte und die bereitwillig und mit zumeist großem Interesse das Forschungsvorhaben durch ihre Teilnahme unterstützten;

meinen Kollegen, die an der umfangreichen Datenerhebung der zweiten Untersuchungsphase mit beteiligt waren: Dr. Petra Bee-Göttsche, Dr. Tatiana Czeschlik, Horst Dörner, Renate Grieger-Müller, Martin Handwerk, Klaus Krebs, Dr. Klaus-Peter Wild und Dr. Matthias Witt-Brummermann;

meinem Freund Andreas Mertin für seine Hilfe bei scheinbar unlösbaren Computerproblemen;

meiner Freundin und Kollegin Petra Hanses vor allem (aber nicht nur) für ihre hilfreichen Diskussionsbeiträge in methodischen Fragen und

meinem „Doktorvater“ Herrn Prof. Dr. D.H. Rost für seine immer wieder anregenden Hinweise zum Weiterdenken.

1 ZUM BEGRIFF „HOCHBEGABUNG“

1.1 Einleitung

Eine Untersuchung der familiären Lebenswelt hochbegabter Grundschulkinder muß zunächst eine Explikation des verwendeten (Hoch-)Begabungsbegriffs vornehmen. Dies erscheint besonders vor dem Hintergrund der neuerdings heftig geführten Kontroverse um das Begabungskonzept in der Hochbegabungsforschung (Hany & Heller 1991; Mönks 1991; Rost 1991a; 1991b) vonnöten.

Eine Auflistung bisher verwendeter Definitionen von „Hochbegabung“, deren Zahl schon bei über 100 liegen soll (Wieczerkowski & Wagner 1985), führt nicht weiter und zeigt die offensichtliche Komplexität des Gegenstandsbereiches mit all seinen Folgen für Theorie und Praxis. Ein häufig beschriebener formaler Einteilungsversuch in Definitionsklassen (Feger 1980; Wieczerkowski & Wagner 1985; Wild 1991) unterscheidet

(a) *Ex-post-facto Definitionen:* Hochbegabt ist, wer sich durch herausragende Leistungen in unterschiedlichen Gebieten ausgezeichnet hat;

(b) *IQ-Definitionen:* Hochbegabt ist, wer in einem Intelligenztest mindestens einen entsprechend hohen Grenzwert erreicht hat (etwa IQ ≥130, ≥140 oder höher);

(c) *Prozentsatzdefinitionen:* Hochbegabt ist, wer in einer Stichprobe zu den entsprechend des verwendeten Prozentsatzes „Besten“ in einem bestimmten Gebiet gehört.

Die Definitionsklassen (b) und (c) sind nicht strikt voneinander zu trennen. Vielmehr ist die „Prozentsatzdefinition“ als allein quantitative Bestimmung von Hochbegabung in einer „IQ-Definition“ mit enthalten, die zusätzlich einen qualitativen Aspekt, d.h. eine inhaltliche Bestimmung von „Intelligenz“, mit umfaßt. Weitaus interessanter sind jedoch jene Klassifikationsversuche, die stärker die Konstruktebene des Hochbegabungsbegriffs berühren. Renzulli (1988; 1990) unterscheidet einen *absoluten* und somit *statischen* von einem *relativen* bzw. *dynamischen* Hochbegabungsbegriff. Während bei der ersten Konzeption „Hochbegabung“ durch eine einmalige Ja/Nein-Entscheidung festgestellt wird, zumeist nach einer IQ- oder Prozentsatzdefinition, fragt letztere verstärkt danach, wann, wie, bei wem und unter welchen situativen Bedingungen sich herausragende Leistungen entwickeln können, d.h. der Entwicklungsaspekt hochbegabten Verhaltens steht im Mittelpunkt. Beide Konzeptionen schließen sich u.E. jedoch nicht aus. Vielmehr ist die dynamische Konzeption hochbegabten Verhaltens eine konsequente Fortsetzung des statischen

Hochbegabungsbegriffs. Jede Längsschnittstudie mit einer Gruppe von wie auch immer identifizierten „Hochbegabten" interessiert sich für förderliche und hinderliche Entwicklungsbedingungen der Ausbildung von Hochleistungen, so auch die klassische Studie von Terman (Terman et al. 1925; Terman & Oden 1947; Terman & Oden 1959), die von Renzulli daher zu Unrecht als Prototyp einer lediglich absoluten und statischen Hochbegabungskonzeption vereinnahmt wird.

Die Kategorisierung von Hochbegabungsdefinitionen entlang eines Kontinuums von *konservativ* zu *liberal* (Renzulli 1978) bietet einen weiteren Ordnungsgesichtspunkt. Je geringer die Anzahl der betrachteten Fähigkeitsdimensionen und je geringer die in Frage kommende Auswahlquote an Hochbegabten, desto „konservativer" das Hochbegabungskonzept. Je mehrdimensionaler der Begabungsbegriff, etwa durch Hinzunahme von sozialen, kreativen oder psychomotorischen Fähigkeitsbereichen zusätzlich zum kognitiven Bereich, und je höher die Identifikationsquote, z.B. durch Hinzunahme von Lehrer-, Eltern- oder auch Selbstnominationen, desto „liberaler" das Hochbegabungskonzept. Anstelle der Verwendung wertbesetzter Begriffe wie „konservativ" bzw. „liberal" ließe sich besser von *eindimensionalen-engen* und *mehrdimensionalen-weiten* Konzeptionen der Hochbegabung reden, wobei die mehrdimensionalen Hochbegabungskonzepte in der heutigen Hochbegabungsliteratur eindeutig die Mehrheit bilden und auch in der Identifikationpraxis von Förderprogrammen von höheren Auswahlquoten ausgegangen wird.

Weitere Einteilungsgesichtspunkte betreffen die Unterscheidung von *intellektueller Begabung* (logisches Denken, Problemlösefähigkeit, Merkfähigkeit, Schnelligkeit der Informationsverarbeitung, Sprachverständis usw.) und *nicht intellektueller Begabung* (psychmotorische, musische, handwerkliche Fähigkeiten usw.) oder die Frage nach *Begabung als potentieller Leistungsfähigkeit* bzw. nach *Begabung im Sinne bereits gezeigter Leistungen.* Nach Rost (1989, 5) liegen die Probleme bei der Definition von Hochbegabung vor allem in einem „verwaschenen Begabungskonzept" begründet, dem die unterschiedlichsten Phänomene zugeordnet werden. Das Konzept der Begabung bleibt u.E. nach jedoch notgedrungen konturlos oder, positiv ausgedrückt, „sehr facettenreich" (Weinert 1984, 354), solange sich verschiedene wissenschaftliche Disziplinen mit jeweils unterschiedlichen theoretischen Hintergründen und praktischen Anwendungsschwerpunkten mit Fragen der „Begabung" beschäftigen und die „Begabungsforschung" von einer interdisziplinären Zusammenarbeit noch weit entfernt ist. Das Verblassen an begrifflicher Klarheit muß allerdings dort als besonderes Manko eingeklagt und behoben werden, wo innerhalb einer spezifischen Disziplin mit einer spezifischen Forschungstradition, hier also der psychologischen Hochbegabungsforschung, eine zunehmende konzeptionelle „Verwaschung" eintritt.

1.2 Modellvorstellungen: Was ist „Hochbegabung“ ?

> „Meinen wir mit Begabung das, was jemand auf einem bestimmten Gebiet zu leisten imstande ist, bevor er das relevante inhaltsspezifische Wissen und die speziellen Fertigkeiten erwirbt? Oder denken wir an jene maximale Leistung, die jemand unter großen Anstrengungen erreichen kann? Bezeichnen wir damit einen besonders schnellen und qualitativ ausgezeichneten Lernfortschritt? Sollte der Begriff für alle Fähigkeitsabstufungen gelten oder nur für die besonders herausragenden?“ (Weinert 1984, 354)

Zur Beantwortung dieser Fragen, die den breiten Verwendungszusammenhang des Begabungsbegriffs in der Alltags- und Wissenschaftssprache wiedergeben, hat die psychologische Hochbegabungsforschung seit ihrem Beginn durch Terman et al. (1925) verschiedene Modellvorstellungen[1] entwickelt.

Bevor, nach einem Blick auf den Beginn der Hochbegabungsforschung, die „Streitobjekte“ der jüngsten wissenschaftlichen Auseinandersetzung um eine angemessene Konzeptionalisierung von Hochbegabung, das „3-Ringe-Modell“ von Renzulli (1978; 1984; 1986; 1988; 1990), das „Triadische Interdependenzmodell“ von Mönks (Mönks & van Boxtel 1985; Mönks, van Boxtel, Roelofs & Sanders 1986; Mönks 1987a; 1991) und die den beiden großen deutschen Hochbegabtenstudien zugrundeliegenden Hochbegabungsdefinitionen, analysiert und diskutiert werden, sollen einige begriffstheoretische Überlegungen den Blick für die Stärken und Schwächen der einzelnen Modellvorstellungen schärfen.

1.2.1 Begriffstheoretische Überlegungen

Die Frage nach der „Hochbegabung“ beinhaltet folgende Teilfragen:

(a) Was verstehen wir unter „Begabung“? (Frage nach dem Gegenstandsbereich des Begriffs);

(b) Wie wird das und wie gut wird das, was wir Begabung nennen wollen, erfaßt (gemessen)? (Frage nach dem Meßmodell);

---

[1] Eine ausführliche Zusammenstellung der neueren „Conceptions of Giftedness“ bietet der gleichnamige Reader von Sternberg & Davidson (1986). Eine umfangreiche Monographie über „Begabung im pädagogischen Denken“ hat Helbig vorgelegt.

(c) Was verstehen wir unter „*Hoch*begabung“? (Frage nach einem bestimmten, offenbar „oberen“ Abschnitt des Gegenstandsbereichs).

Die Beantwortung dieser drei Fragen hängt jeweils vom theoretischen Bezugsrahmen des Beantworters ab. Mit anderen Worten: es gibt nicht die *richtige* oder gar „*wahre*“ Antwort auf die jeweiligen Fragen, sondern die Explikation des theoretischen Begriffs „(Hoch-)Begabung“ zur Beschreibung und Erklärung von Verhalten muß geleistet und jeweils begründet werden. Die folgende Abbildung 1.1 soll die angeschnittene Problematik verdeutlichen helfen.

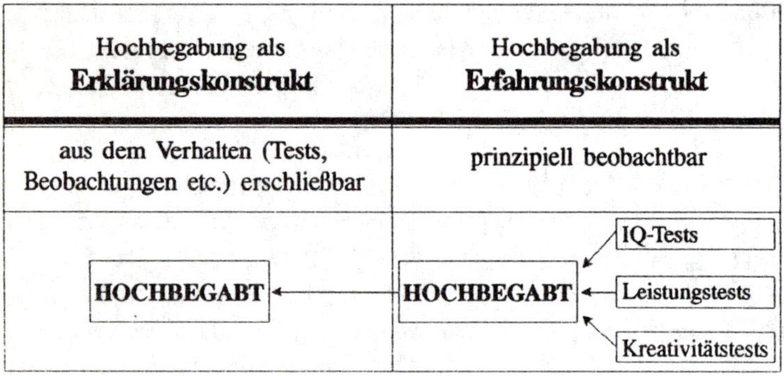

Abb. 1.1 Konstruktauffassungen von „Hochbegabung“

1.2.1.1 Hochbegabung als „Erklärungskonstrukt“

Viele Definitionen von Hochbegabung, insbesondere der Vertreter Fähigkeits(trait)-orientierter Modelle, verstehen den Begriff „Hochbegabung“ als ein dispositionelles Konstrukt. Dies beinhaltet, daß man dem Begriff einen gewissen Bedeutungsüberschuß („surplus meaning“) beilegt und Hochbegabung lediglich indirekt, etwa aus den Ergebnissen von Intelligenztests, erschlossen werden kann. Hochbegabung kann sich dann im aktuellen Verhalten zeigen, muß es aber nicht. Alle Begabungsmodelle, die den Begriff „underachiever“ (trotz hoher [zumeist] intellektueller Begabung erwartungswidrig niedrige Leistungen) mit einschließen, sind dieser begriffstheoretischen Orientierung zuzuordnen. Ziel einer so verstandenen Konzeption von Hochbegabung wäre es dann, Verhaltensbereiche festzulegen und bereitzustellen, in denen sich die potentielle „Hochbegabung“ einer Person zeigen kann. Wie umfangreich diese Verhaltensbereiche sein sollen, ob lediglich kognitive oder auch nichtkognitive Fähigkeiten als kennzeichnend für Hochbegabung angesehen werden, ist eine Frage der Gegenstandsbestimmung, ebenso wie die Frage nach der

„Höhe“ einer solchen Begabung, die die Zuschreibung „hochbegabt“ dann rechtfertigt.

Zur Bestimmung eines Dispositionsbegriffs ist es notwendig, spezifische und möglichst mehrere Zuordnungs- oder Manifestationsregeln anzugeben. Im alltagssprachlichen Verständnis werden diese „Regeln“ nur selten expliziert. Für das dispositionelle Konstrukt „Hochbegabung“ folgt hieraus folgendes: Versteht man „Hochbegabung“ etwa im Sinne einer breiten allgemeinen intellektuellen Leistungsfähigkeit, so bleibt zu diskutieren, ob die verwendeten Meßinstrumente, d.h. in diesem Fall ein allgemeiner Intelligenztest, einen ausreichend reliablen und validen Indikator darstellen. Bei mehrdimensionalen Hochbegabungsmodellen des Trait-Ansatzes bleibt für jede postulierte Dimension die Adäquatheit des Meßverfahrens und darüber hinaus die Relation der Dimensionen zueinander zu diskutieren.

Das Verständnis von Hochbegabung im Sinne eines dispositionellen Konstrukts verführt allerdings leicht zu einem Tautologieschluß, wenn Kausalinterpretationen des Verhaltens mit Hilfe von Dispositionsbegriffen vorgenommen werden, obwohl diese ja erst aus dem Verhalten abgeleitet worden sind. Ein solcher Tautologieschluß läge vor, wenn aus einem hohen Punktwert einer Person etwa in einem Intelligenztest auf ein hohes Maß an Begabung bei dieser Person im Sinne eines Persönlichkeitsmerkmals geschlossen wird und das Persönlichkeitsmerkmal nun wiederum zur Erklärung der hohen Intelligenztestwerte der Person herhalten muß.

„Hochbegabung“ als Erklärungskonstrukt kommt dem alltagssprachlichen Verständnis sehr entgegen. Beschreibt man eine Person seiner persönlichen Umgebung als hochbegabt (meist jedoch nur als „begabt“), so wird dies zumeist an bestimmten Beobachtungen oder Gesprächen mit dieser Person festgemacht, und man geht davon aus, daß dieses Verhalten irgendwie zu dieser Person gehört, gleichsam ein Stück ihrer Persönlichkeit ausmacht. „Hochbegabung“ als personseitige Disposition impliziert auch in der Wissenschaftssprache eine relative situationsübergreifende Stabilität. Eine so verstandene „Hochbegabung“ muß sich daher den pädagogischen und bildungspolitischen Fragen nach der Veränderbarkeit von Begabung bzw. damit zusammenhängend nach dem Zusammenwirken von Anlage und Umwelt stellen.

1.2.1.2 Hochbegabung als „Erfahrungskonstrukt“

Konzeptualisiert man den Begriff „Hochbegabung“ als Erfahrungskonstrukt, so postuliert man seine prinzipielle Beobachtbarkeit (kein „surplus meaning“). Die „Hochbegabung“ einer Person ist dann nichts weiter als ein spezifischer quantitativer Wert, den sie etwa in einem Intelligenztest erhalten hat. „Hochbegabung“ wäre somit operational definiert. Über die Angemessenheit einer solchen Festlegung ist jedoch keine endgültige Aussage möglich, da prinzipiell jedes Einzelitem oder auch jeder Itemsatz als operationale Definition des Erfahrungsbegriffs aufgefaßt werden kann. Wottawa (1980) bezeichnet dies als die „Willkürlichkeit der operationalen Definition“ (Wottawa 1980, 181). Weiter heißt es: „Treten unerwartete Ergebnisse auf, kann natürlich nie mit letzter Sicherheit gesagt werden, ob die *theoretischen Konstrukte* die unerwarteten Ergebnisse bedingt haben oder ob eine *unpassende Operationalisierung* gewählt wurde“ (ebd., 182, Hervorhebungen im Text). Uns erscheint die Konzeption von „Hochbegabung“ im Sinne einer operationalen Definition insofern von Vorteil zu sein, als sie den Schwerpunkt der Diskussion mehr auf methodische Verfahren als auf die Diskussion ontologischer Persönlichkeitsbegriffe legt.

1.2.2 Der Beginn der Hochbegabungsforschung: die Terman-Studie

1.2.2.1 Beschreibung

> „..., I am convinced that to achieve greatly in almost any field, the special talents have to be backed up by a lot of Spearman's g, by which is meant the kind of general intelligence that requires ability to form many sharply defined concepts, to manipulate them, and to perceive subtle relationships between them: in other words, the ability to engage in abstract thinking.“ (Terman 1954, 224)

Dieses häufig wiedergegebene Zitat (Hany 1987; Wild 1991; Rost 1991a) beinhaltet die Grundüberzeugung Termans als Resultat seiner jahrzehntelangen Forschungsarbeit. Terman und seine Mitarbeiter begannen in den zwanziger Jahren mit der wohl bisher umfangreichsten Längsschnittstudie der Psychologiegeschichte (Terman et al. 1925; Terman & Oden 1947; 1959; Sears 1977). Etwa 1500 Kinder im Alter von fünf bis 16 Jahren mit einem Stanford-Binet Wert von über 135 (der mittlere Wert betrug ca. 150) wurden über 40 Jahre an mehreren Meßzeitpunkten vielfältigen psychologischen Tests bzw. Interviews, aber auch medizinischen Untersuchungen unterzogen. Die Forschergruppe befragte Eltern und Lehrer, später sogar die Ehepartner bezüglich diverser Persönlichkeitseigenschaften der „gifted“. Ziel der Längsschnittstudie war es einmal „to find what traits characterize children of high IQ“ und zum anderen „to follow them for as many years as possible to see what kind of adults they might become“ (Terman 1954, 223). Die Quintessenz der Ergebnisse liefert unser Eingangszitat. Mit anderen Worten: Definiert man mit Terman „giftedness“ als das obere 1% einer Population in einem allgemeinen Intelligenztest, so läßt sich der Erfolg dieser so definierten Hochbegabten auch über längere Zeit und in unterschiedlichen Bereichen recht gut aus dem allgemeinen Intelligenztestwert vorhersagen.

Wie bei jeder Längsschnittstudie interessierten sich auch Terman und seine Mitarbeiter für spezifische Subgruppen seiner „Hochbegabten“, etwa für jene, die trotz vergleichbarem intellektuellem Potential gegenüber den sehr Erfolgreichen geringere Erfolge in Schule, Studium und Beruf aufwiesen (Vergleich „A-group“ versus „C-group“, Terman & Oden 1947). Verantwortlich für die mangelnde Umsetzung von Begabung in Leistung seien u.a. ein weniger anregendes Elternhaus und eine geringere emotionale Stabilität bzw. psychosoziale Anpassung der Hochbegabten in der „C-group“. Die größte Differenz zwischen der erfolgreichen und der weniger erfolgreichen Gruppe bestehe jedoch in einem geringeren Ausmaß an „drive to achieve“ der „C-group“ (Terman 1954, 230). Terman (1954, 230) schließt seinen Übersichtsartikel mit den auch für die heutige Hochbegabungsforschung sicher immer noch forschungsleitenden Worten:

> „Within a couple of decades vastly more should be known than we know today about our resources of potential genius, the environmental circumstances that favor its expression, the emotional compulsions that give it dynamic quality, and the personality distortions that can make it dangerous.“

1.2.2.2 Bewertung

Die Terman-Untersuchung ist mittlerweile vielfach kritisiert worden (Urban 1981; Geuß & Urban 1982; Wieczerkowski & Wagner 1985; Rost & Albrecht 1988; Rost 1989; Mönks 1991). Neben einer Kritik an der Einengung des Hochbegabungsbegriffs auf eine außergewöhnlich hohe allgemeine Intelligenz im Sinne des „g“-Faktor Modells sensu Spearman (1904; 1927) sind es vor allem methodische Unzulänglichkeiten, die die Aussagekraft der Ergebnisse zumindest einschränken:

(a) Durch die Vorauswahl der Lehrer vor dem eigentlichen Intelligenztest wurden möglicherweise potentiell „Hochbegabte“ übersehen, etwa die unangepaßten Schüler oder Schüler mit schlechten Schulleistungen, die sogenannten „underachiever“;

(b) Der überproportionale Anteil von Kindern aus höheren sozioökonomischen Schichten erscheint als Folge der alleinigen Untersuchung von städtischen Bevölkerungsruppen im damals vergleichsweise „reichen“ Kalifornien;

(c) Durch die Verwendung des Stanford-Binet Tests zur Identifikation wurden verbale Fähigkeiten überbetont, d.h. Kinder aus unterpriviligierten, sprachlich anregungsarmen Familien benachteiligt;

(d) Es fehlt eine adäquate Kontrollgruppe.

Insbesondere der letzte Punkt läßt eine Generalisierung der Termanschen Ergebnisse schwierig werden, da kein Vergleich des Entwicklungsverlaufs der Hochbegabtengruppe mit einer Gruppe Gleichaltriger von vergleichbarem sozioökonomischem Status, aber mit durchschnittlichem oder auch unterdurchschnittlichem IQ über die Jahre möglich ist. An der Hochbegabungskonzeption Termans bleibt u.E. positiv hervorzuheben, daß hier eine strenge Trennung zwischen Fähigkeitspotential (Ausmaß an „g") und umgesetzter Leistung (z.B. „Berufserfolg") vorgenommen wurde und das Verhältnis zwischen beidem längsschnittlich mit dem Ziel der Erfassung förderlicher bzw. hinderlicher Bedingungen der Ausbildung von Potential in Leistung untersucht wurde. Über die Angemessenheit der alleinigen Erhebung eines allgemeinen Intelligenzquotienten zur Identifikation der „gifted" läßt sich streiten, wenn auch die Präferenz eines Generalfaktormodells aus der Zeit des Beginns der Längsschnittstudie verstehbar wird. Auch trotz der umstrittenen Annahme Termans, daß es sich beim „g"-Wert um weitestgehend angeborene Fähigkeiten handeln müsse, eine Schlußfolgerung, die aus Termans Untersuchungsergebnissen auch aus den oben genannten methodischen Mängeln nicht abgeleitet werden kann, bleibt die Leistung Termans für die Hochbegabtenforschung unumstritten.

1.2.3 Das „3-Ringe-Modell" nach Renzulli

1.2.3.1 Beschreibung

> „Research on creative/productive people has consistently shown that ... persons who have achieved recognition because of their unique accomplishments and creative contributions possess a relatively well-defined set of three interlocking clusters of traits. These clusters consist of above-average though not necessarily superior general ability, task commitment, and creativity. It is important to point out that no single cluster „makes giftedness". ... It is also important to point out that each cluster is an „equal partner" in contributing to giftedness." (Renzulli 1978, 182; vgl. Abbildung 1.2)

Ausgehend von einer Kritik an der „konservativen" Hochbegabungsdefinition Termans (vgl. Abschnitt 1.2.2) und der Heterogenität der offiziellen USOE-Definition (U.S. Office of Education), welche zudem die motivationalen Faktoren der Leistungsentwicklung nicht mit berücksichtige, postulierte Renzulli 1978 sein vielbeachtetes und -zitiertes „3-Ringe-Modell" der Hochbegabung. Untersuchungen an Personen mit herausragenden Leistungen haben seiner Meinung nach gezeigt, daß „giftedness" als Schnittmenge dreier Personmerkmale aufzufassen sei (vgl. Abbildung 1.2):

(a) Überdurchschnittliche, aber nicht notwendig herausragende allgemeine Intelligenz bzw. schulische Fähigkeiten;

(b) Kreativität;

(c) Aufgabenverpflichtung, d.h. die Fähigkeit einer Person, sich intensiv und über längere Zeit einer Aufgabe zu widmen.

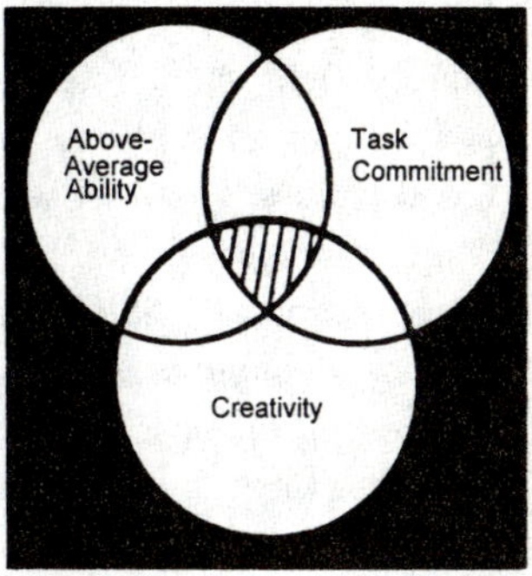

Abb. 1.2 Das 3-Ringe-Modell der Hochbegabung nach Renzulli (1978, 182)

Anläßlich der Kritik von verschiedener Seite (s.u.) präzisierte und modifizierte Renzulli (1986; 1988; 1990; 1993) sein Anliegen und das ihm zugrundeliegende Hochbegabungskonzept. Ziel seiner Hochbegabungsdefinition sei es, eine möglichst breite Gruppe von potentiell Hochbegabten zu erreichen und etwa für Förderprogramme auszuwählen. Eine alleinige Verwendung von Intelligenz- oder Schulleistungstests zur Identifikation von Hochbegabten „entdecke" zwar die sogenannte „schoolhouse-giftedness", das Potential an „creative-productive-giftedness", d.h. Personen mit zwar niedrigerer, wenn auch immer noch überdurchschnittlicher allgemeiner Intelligenz aber der Fähigkeit „to work on problems and areas of study that have personal relevance to the student and that can be escalated to appropriately challenging levels to investigative activity" (Renzulli 1986, 58f), werde jedoch übersehen.

Anstelle des traditionell „statischen" Konzepts von Hochbegabung („being gifted") bevorzugt Renzulli die Formulierung „development of 'gifted behaviors'„ (Renzulli 1988, 21), um seine stärker entwicklungsorientierte Position zu verdeutlichen. Die Entwicklung sogenannter Hochbegabtenverhaltensweisen sei hierbei immer das Resultat einer Interaktion zwischen den Fähigkeiten einer Person und den jeweiligen Bedingungen ihrer Umwelt (Renzulli 1986; 1988). Erst eine bereits bestehende oder sich entwickelnde „glückliche" Verbindung von „above average general and/or specific abilities, high levels of task commitment, and high levels of creativity" ermögliche die Ausbildung allgemeiner oder spezifischer Leistungen „to any potentially valuable area of human performance“ (Renzulli 1986, 73).

1.2.3.2 Bewertung

Begriffstheoretisch betrachtet, handelt es sich beim „3-Ringe-Modell“ um ein Erklärungskonstrukt für herausragende Leistungen in allen nur denkbaren Bereichen. Dies zeigt auch das Vorgehen Renzullis in der Entwicklung seines Hochbegabungskonzepts. Aufgrund einer Literaturübersicht schlußfolgert Renzulli (1978; 1986; 1988), daß eine hohe allgemeine Intelligenz zur Vorhersage herausragender Leistungen nicht ausreiche, sondern daß weitere Faktoren wie „creativity“ und „task commitment“ mit berücksichtigt werden müßten. Es wäre somit nicht zu verantworten, lediglich den IQ-Wert zur Identifikation und Selektion für Fördermaßnahmen heranzuziehen, da hierdurch eine seiner Meinung nach große Gruppe von potentiell Hochbegabten übersehen werde. Insgesamt bleibt fraglich, wie in seinem Hochbegabungsmodell von „potentiell“ Hochbegabten überhaupt die Rede sein kann. Bei einer Kombination von überdurchschnittlicher Intelligenz, Kreativität und hoher Aufgabenorientiertheit, d.h. einer hohen Motivation, Leistungen auch zu zeigen, fällt es schwer zu glauben, daß sich eine so definierte Hochbegabung nicht auch in herausragenden Leistungen zeigen sollte.

In einem neueren Aufsatz (Renzulli 1993) verläßt Renzulli die in der Modellabbildung doch offenbar gemeinte Gleichwertigkeit der drei Ringe. Jetzt heißt es: „Die deutlich über dem Intelligenzdurchschnitt liegende Gruppe der Hochbegabten stellt die Zielgruppe und den Ausgangspunkt für den Identifizierungsprozeß dar“ (ebd., 219). Hier wird u.E. ein Widerspruch zu seinen früheren Aussagen deutlich.

Der sympathische Appell Renzullis, doch möglichst viele Begabte zu fördern und möglichst keine Potentiale verkümmern zu lassen, hat zusammen mit seinem hohen Engagement in praktischen Fragen der Hochbegabtenförderung, welches sich in spezifischen Identifikations- und Fördermodellen niedergeschlagen hat (Renzulli 1984; Renzulli & Smith 1980; Renzulli, Reis & Smith 1981, zuletzt Renzulli 1993), sicher zur Popularität seines Hochbegabungsmodells und seiner Person (vgl. Mönks 1991) beigetragen. Abgesehen davon, daß das quantitative und qualitative Ausmaß an Fördermaßnahmen für Hochbegabte in hohem Maße von bildungspolitischen Vorgaben und finanziellen Ressourcen abhängig ist und keineswegs nur eine Folge einer zu engen oder auch zu weiten Hochbegabungsdefinition und der Appell Renzullis somit zu kurz greift, sind sowohl seine theoretische Konzeption als auch die empirische Basis zur Validität des „3-Ringe-Modells“ kritisiert worden (Gagné 1985; Jarrell & Borland 1990; Rost 1991a). Die Berufung Renzullis auf die USOE-

Definition der Hochbegabung, die zwar die notwendige Vielfalt an Begabungsbereichen enthalte, wobei die einzelnen Bereiche jedoch auf zu unterschiedlichen theoretischen Ebenen liegen und zudem die motivationale Seite vernachlässigt werde (Renzulli 1978, 181), ist im Rahmen eines wissenschaftlichen Vorgehens zumindest ungewöhnlich. Eine administrative Setzung, die neben (hoffentlich) wissenschaftlichen Erkenntnissen viele andere politische und volkswirtschaftliche Variablen mit zu berücksichtigen hat, kann als theoretische Grundlage einer neuen, verbesserten Hochbegabungsdefinition nicht geltend gemacht werden.

Die „3-Ringe" des Modells sind u.E. in theoretischer Hinsicht nicht „gleichberechtigt". Auch Renzulli (s.o., Renzulli 1993) scheint mittlerweile dieser Ansicht zu sein, ohne jedoch das Modell entsprechend zu verändern. Während „above-average ability" und (mit Abstrichen) auch „creativity" im klassischen Sinn als „Trait"-Konzepte aufzufassen sind, ist das Konzept „task commitment" als Motivationsvariable in hohem Maße situationsabhängig und enthält somit auch „State"-Komponenten. „Task commitment" könnte als Moderatorvariable zwischen Fähigkeit und gezeigter Leistung angeordnet bzw. den beiden „Trait"-Konzepten nachgeordnet werden. Wenn, wie in der Modellabbildung verdeutlicht, eine hohe Motivation und ein intensives Interesse an der Auseinandersetzung mit spezifischen Inhalten im Bereich der Schnittmenge der anderen beiden Ringe als notwendige Bedingung zur Identifikation einer Person als hochbegabt angesehen wird, dann schließt diese Hochbegabungsdefinition Personen mit zwar hohem intellektuellen und kreativen Leistungspotential aber geringem „Durchhaltevermögen", die sogenannten „underachiever", aus. Dies steht eigentlich im Widerspruch zu Renzullis Absicht, gerade die seiner Meinung nach große Gruppe der zu Unrecht nicht identifizierten Hochbegabten zu entdecken und zu fördern, die es genaugenommen nach seinem Modell aber gar nicht geben kann. An der Verwendung des Kreativitätskonzepts als notwendigem Bestandteil einer Hochbegabungsdefinition kritisiert Gagné (1985), daß für bestimmte Bereiche wie Kunst, Architektur und z.T. auch Wissenschaft überdurchschnittliche kreative Fähigkeiten sicherlich notwendig seien, daß dies aber nicht für alle Gebiete (z.B. Sport) zutreffen müsse.

Die ausführliche Analyse der dem „3-Ringe-Modell" zugrundeliegenden Literatur durch Jarrell & Borland (1990) stellt vor allem die Kernthese Renzullis von der Unabhängigkeit der allgemeinen Intelligenz und verschiedenen Leistungskriterien in Frage. Die meisten der von Renzulli zitierten Studien vernachlässigten das Problem der eingeschränkten Varianz bei hoch selegierten Stichproben und kämen somit zu falschen Schlußfolgerungen. Untersucht man Personen mit einem IQ>120, wie in der Mehrzahl der von Renzulli zitierten Arbeiten, so führt schon allein die reduzierte Varianz im Intelligenzmaß zu einer Reduktion der Korrelation mit den anderen jeweils betrachteten Merkmalen. Hier von „Unabhängigkeit" zu sprechen, ist nicht zulässig, da nur unter der Bedingung bereits überdurchschnittlicher Intelligenz Variablen wie „creativity“ oder „task-commitment“ als zusätzliche Prädiktoren zu einer weiteren Kriteriumsvarianzaufklärung beitragen könnten. Nach Jarrell & Borland (1990) sprechen die Befunde sogar eher für die entgegengesetzte These. Zudem sei es problematisch, die „Unabhängigkeit“ zwischen Intelligenz und Kreativität in der Gruppe der hoch Intelligenten auf das gesamte Fähigkeitsspektrum zu übertragen, und dies sei bei Renzullis erklärtem Ziel eines Identifikations- und Fördermodells ja wohl angestrebt. Auch wenn die Befundlage zu Renzullis Hochbegabungsdefinition bisher nicht überzeugen konnte, so bescheinigen die Autoren wie auch Sternberg & Davidson (1986) dem Modell den Status einer empirisch nicht testbaren „impliziten Theorie“ mit allerdings heuristischem Wert.

1.2.4 Das „Triadische Interdependenzmodell“ nach Mönks

1.2.4.1 Beschreibung

> „The underlying thesis of this model is that the social environment is a neglected part in Renzulli's model and that personality variables are partly dependent on and determined by their dynamic interaction with the social settings: family, schools, and peers. ... It is important to note that each of the three social factors (school, family, and peers) can have its (positive or negative) influence on each of the three clusters of characteristics.“ (Mönks, van Boxtel, Roelofs & Sanders 1986, 47-48; vgl. Abbildung 1.3)

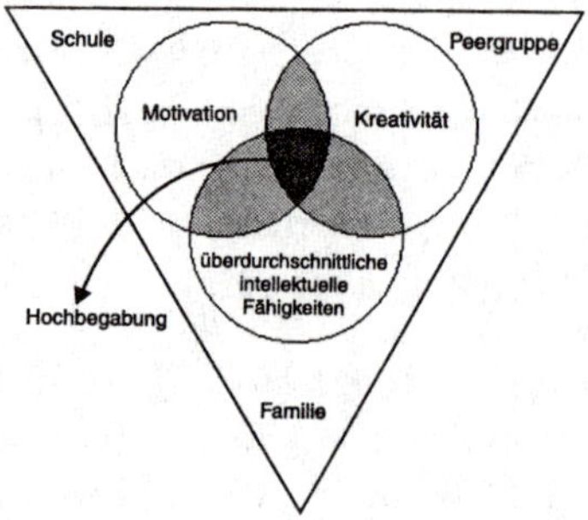

Abb. 1.3 Das Triadische Interdependenzmodell der Hochbegabung nach Mönks (1990, 248)

Beim „Triadischen Interdependenzmodell“ der Hochbegabung (Mönks 1987a; 1987b; 1990; 1991; Mönks & van Boxtel 1985; Mönks, van Boxtel, Roelofs & Sanders 1986) handelt es sich um eine Erweiterung des (modifizierten) „3-Ringe-

Modells" von Renzulli (vgl. Abschnitt 1.2.3) durch die zusätzliche Berücksichtigung des sozialen Umfeldes (Familie, Peers, Schule). Erst bei einem „günstigen Zusammenwirken aller Faktoren" könne sich Hochbegabung als „besondere Kompetenz" bzw. „herausragende Leistung" entwickeln (Mönks 1990, 248). Neueren Untersuchungsergebnissen zufolge sei zudem ein gewisses Ausmaß an sozialer Kompetenz notwendig, um die Interaktion zwischen Individuum und Umgebung zu optimieren. Im Vergleich zu den Fähigkeits-(trait-)orientierten bzw. den Kognitive Komponenten Modellen zählt Mönks (1990) das „Triadische Interdependenzmodell" zu den Leistungs-(bzw. Förderungs-)orientierten und soziokulturell orientierten Hochbegabungsmodellen. Das Modell soll „das Zusammenwirken der wesentlichen Faktoren für das Entstehen und die Entwicklung von Hochbegabung veranschaulichen" (Mönks 1991, 235).

1.2.4.2 Bewertung

Die Grundfragestellung der Forschergruppe um Mönks lautet u.E.: Wie ist die Entwicklung hochbegabter Kinder zu optimieren? Das theoretische Konzept ist demnach „zugeschnitten auf *Begabungsentwicklung*" (Mönks 1991, 235; Hervorhebung im Text). Abbildung 1.3 soll zudem „die jeweils wichtigsten Bedingungsfaktoren in ihrer wechselseitigen Beziehung" (ebd., 234) darstellen. Allerdings bleibt unklar, wie die „wechselseitige Beziehung", abgesehen von drei sich z.T. überschneidenden Kreisen, genauer aussehen soll. Die Hinzunahme der Variable „soziale Kompetenz" in den neueren Veröffentlichungen (Mönks 1990; 1991) wird zwar aufgrund „neuerer Untersuchungsergebnisse" gefordert, diese aber nicht genannt. Natürlich ist es nicht unplausibel, sozusagen mit dem „gesunden" Menschenverstand vereinbar, daß ohne ein gewisses Maß an sozialer Kompetenz eine optimale Begabungsentwicklung behindert würde. Von wissenschaftlichen Überlegungen erwartet man allerdings zusätzlich andere Begründungszusammenhänge. Die Ableitung des „Triadischen Interdependenzmodells" aus „einem allgemeinen Entwicklungsmodell" (ebd., 234) ist offensichtlich, schließlich findet die Entwicklung jeder Fähigkeit mehr oder weniger im familiären und weiteren sozialen Umfeld statt. Die Erweiterung des *3-Ringe*-Modells um die *3-Ecken* des Mönks Modells erscheint insofern trivial. Die von Mönks offenbar eingeforderte „Theorie der 'Hochbegabung' im sozialen Bezug" (Rost 1991, 205) leistet die Abbildung 1.4 und die Ausführungen dazu jedenfalls (noch) nicht. Hierzu müßte genauer präzisiert werden, wie, in welchem Ausmaß und u.U. in welchem Entwicklungsabschnitt sich die jeweils unterschiedlichen Interaktionen zwischen den ebenfalls genauer zu bestimmenden Variablenbündeln (man denke nur an die Vielschichtigkeit des Konzepts „Familie") auf die kognitive und psychosoziale Entwicklung der Hochbegabten auswirken. Der Rekurs auf die angeblich „ganzheitliche Gestalt" (Mönks 1991, 235) des

„Triadischen Interdependenzmodells" entkräftigt u.E. jedenfalls noch nicht die Kritik von Rost (1991) an der fehlenden (Hoch-)Begabungsspezifität des Modells. Zur Klärung der obengenannten Fragestellung nach förderlichen und hinderlichen Entwicklungsbedingungen besonders leistungsfähiger Kinder sind Längsschnittstudien unumgänglich. Hier ergibt sich allerdings das Problem, wie die Identifikation und Selektion der Teilnehmer entsprechend dem „Triadischen Interdependenzmodell" aussehen müßte. Genau genommen würden lediglich die bereits „Erfolgreichen", d.h. Personen mit einem „günstigen Zusammenwirken aller Faktoren", an einer solchen Studie teilnehmen können, denn nur diese sind ja nach Mönks als „hochbegabt" zu bezeichnen. Hier zeigt sich ein ähnlicher Widerspruch zwischen theoretischer Implikation und praktischer Absicht wie bei Renzulli (s.o.): Diejenigen, für deren Entwicklungsbedingungen sich Mönks besonders einsetzen will, werden durch das theoretische Modell - genau genommen - ausgeschlossen.

1.2.5 Das Begabungskonzept der Münchner Hochbegabtenstudie

1.2.5.1 Beschreibung

> „*Hochbegabte* oder (besonders) *Talentierte* zeichnen sich somit durch eine hohe Ausprägung in zumeist mehreren Fähigkeitsdimensionen aus, etwa der Intelligenz, Kreativität, Gedächtnisleistung usw., weshalb man in diesem Zusammenhang auch von Begabungs*profilen* oder *-formen* (Merkmalsmustern) spricht." (Heller 1986, 336; Hervorhebungen im Text, vgl. Abbildung 1.4)

> „ „*Hochbegabung*" definieren wir als individuelle kognitive, motivationale und soziale Möglichkeit, Höchstleistungen in einem oder mehreren Bereich/en zu erbringen, z.B. auf sprachlichem, mathematischem, naturwissenschaftlichem vs. technischem oder künstlerischem Gebiet, und zwar bezüglich theoretischer und/oder praktischer Aufgabenstellung." (Heller 1990, 87; Hervorhebungen im Text, vgl. Abbildung 1.5)

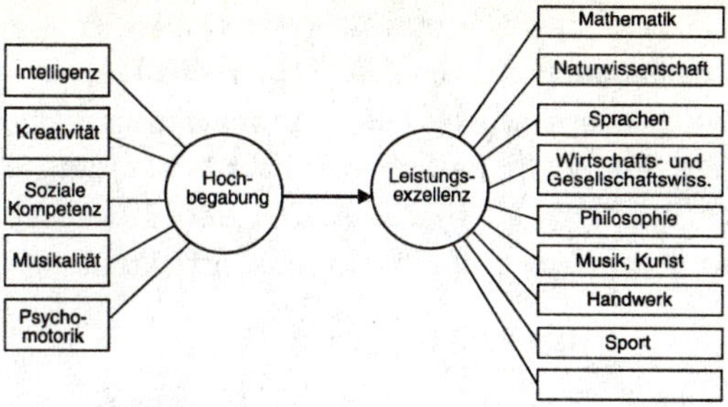

Abb. 1.4 Klassifikationskonzept der Hochbegabung bzw. der Hochbegabungsleistung im Münchner Begabungsmodell (Heller 1990, 88)

Entstanden aus einem Unbehagen an eindimensionalen IQ-Definitionen von Hochbegabung und der sich hieraus ableitenden Identifikationsmethode von Hochbegabten in Forschung und Praxis, legten die Münchner ihrem Projekt ein mehrdimensionales Begabungsmodell bzw. Klassifikationskonzept zugrunde. Sie berufen sich hierbei u.a. auf die offizielle Hochbegabungsdefinition des U.S. Office of Education (Marland 1972, Revision 1978), auf das multidimensionale Begabungsmodell von Gagné (1985) und die Theorie der multiplen Intelligenz von Gardner (1983). In den Publikationen der Projektmitarbeiter (Heller & Hany 1986; Hany 1987; Heller 1986; 1987a; 1987b; 1989; 1990; 1991) wird das „Klassifikationskonzept der Hochbegabung bzw. der Hochbegabungsleistung" mehrfach abgebildet (vgl. Abbildung 1.4 bzw. Abbildung 1.5).

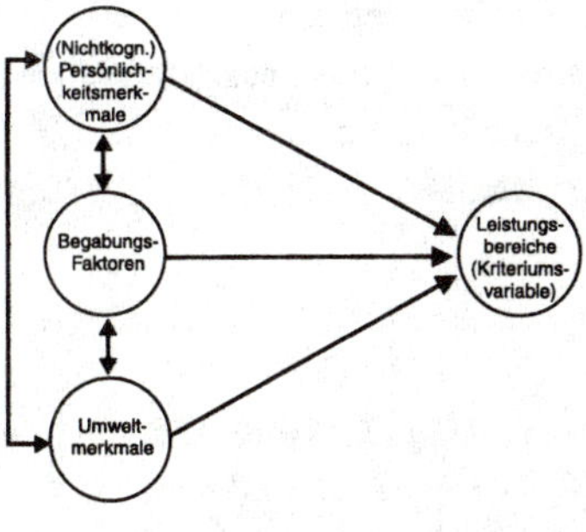

Abb. 1.5 Multifaktorielles Bedingungsmodell der (Hoch-)Begabungsleistung (Heller 1990, 87)

Interpretiert man die Abbildung 1.4 begriffstheoretisch, so wird deutlich, daß mit „Hochbegabung“ offenbar ein Profil von Fähigkeiten bzw. Dispositionen der Person zu besonderen Leistungen in entsprechenden Anwendungsbereichen gemeint sein dürfte. Zeigt eine Person etwa besondere musikalische Leistungen (Wettbewerbsieger bei „Jugend musiziert“), so wird diese Person als hochbegabt bezeichnet. „Hochbegabung“ wird demnach zum Erklärungskonstrukt für beobachtbare Leistungen.[2]

In der erweiterten Konzeption als multifaktorielles Bedingungsmodell der (Hoch-)-Begabungsleistung (vgl. Abbildung 1.5, wobei Abbildung 1.4 in Abbildung 1.5 quasi enthalten ist) wird „Hochbegabung“ von einem Dispositionsprofil der Person zum Ergebnis einer Interaktion zwischen Person (kognitive & nichtkognitive Persönlichkeitsmerkmale) und Umwelt. Als bedeutsame nichtkognitive Persönlichkeitsmerkmale nennt Heller (1990) „Leistungsmotivation“, „Kontrollüberzeugung“, „Erkenntnisstreben“, „Streßbewältigungskompetenz“ und „Selbstkonzept“. Zu den Umweltmerkmalen zählen u.a. „Anregungsgehalt der häuslichen Umelt“, „Bildungsniveau der Eltern“, „Unterrichtsklima“ und „Erfolgs-/Mißerfolgserlebnisse“. Der zunächst statisch formulierte Begabungsbegriff wird somit dynamisiert und in ein Leistungs- und damit auch Entwicklungsmodell der (Hoch-)Begabung umformuliert.

1.2.5.2 Bewertung

Das ursprüngliche Ziel des Münchner Hochbegabtenprojekts bildete die Suche nach unterschiedlichen Hochbegabungstypen (vgl. Heller & Hany 1986, 72-73). In Längsschnittstudien an mehreren Kohorten von vier bis 14 Jahre alten Schülern sollte zudem überprüft werden, wie stabil die erwarteten Hochbegabungstypen über die Zeit sind. Dieser typologische Ansatz spiegelt sich in der ersten Hochbegabungsdefinition (s.o.) wider: „Begabungsprofile“ bzw. -formen“ werden postu-

---

2 In seiner Dissertation setzt Hany dennoch auf einen „gewissen Primat“ kognitiver Fähigkeiten im Münchner Begabungsmodell: „Ohne ein zumindest durchschnittlich ausgeprägtes kognitives Begabungsniveau sollte niemand als hochbegabt gelten können“ (Hany 1987, 181). Der „Intelligenz“ wird somit eine Sonderstellung gegenüber der im übrigen nicht vollständig gedachten Sammlung von Begabungsfaktoren eingeräumt. Nicht zufällig steht demnach die „Intelligenz“ immer an oberster Stelle in den Modellabbildungen. Warum das offenbar doch hierarchisch gedachte Begabungsmodell nicht entsprechend ausformuliert wird, bleibt offen.

liert. Die Definition enthält aber zugleich einen inhaltlichen Widerspruch. Wenn „Hochbegabte" sich durch eine „hohe Ausprägung in zumeist *mehreren* (Hervorhebung durch die Autorin) Fähigkeitsdimensionen" auszeichnen, dann ist nicht besonders einsichtig, wie noch von Begabungs*profilen* die Rede sein kann. Ein Profil zeichnet sich ja gerade dadurch aus, daß in verschiedenen Bereichen jeweils unterschiedliche Werte erreicht werden, weil die betrachteten Dimensionen Unterschiedliches messen, mit anderen Worten, möglichst geringe Korrelationen untereinander aufweisen. Für die Berufung auf die administrative US-Definition von Hochbegabung als Begründung ihrer mehrdimensionalen Hochbegabungsdefinition gilt die gleiche Kritik wie schon unter 1.2.3.2 aufgeführt.

Eine weitere Fragestellung des Münchner Projekts ist die Suche nach Determinanten herausragender kognitiver aber auch nichtkognitiver Leistungen mit dem Ziel der Intervention und Förderung bei Bestehen von Lern- und Leistungsschwierigkeiten. Ausgehend von einem mehrdimensionalen traitorientierten Strukturmodell der Hochbegabung (vgl. Abbildung 1.4) kommen später weitere Bedingungsfaktoren wie „nichtkognitive Persönlichkeitsmerkmale" und „Umweltmerkmale" hinzu (vgl. Abbildung 1.5), die die besonderen Leistungen der über diese Leistungen definierten Hochbegabten weiter aufklären helfen sollen. Dieses „Prädiktor-Kriteriums-Paradigma" (Heller 1991, 281) liefere die relevanten Untersuchungsvariablen einer Hochbegabungsdiagnostik, wie sie im Münchner Projekt durchgeführt wurde. Die Dispositionsebene und die vermittelnden Faktoren einer förderlichen oder hinderlichen Entwicklung von Hochleistungen wie in Abbildung 1.5 auf eine Modellebene zu stellen, erscheint uns theoretisch fragwürdig.

Der Abschied von einer einseitigen Betonung kognitiver Fähigkeiten in der Hochbegabungsdefinition und -identifikation ist einerseits zu begrüßen, andererseits wird der Begriff „Hochbegabung" jedoch zunehmend komplexer und u.E. auch unpräziser, wenn darunter sowohl besondere Dispositionen zu musikalischen oder handwerklichen als auch zu kognitiven Leistungen subsumiert werden sollen, zumal über die korrelativen Beziehungen zwischen den Fähigkeitsbereichen keine genaueren Aussagen gemacht werden. Bisher nur unzufriedenstellend gelöst ist zudem das Problem einer reliablen und validen Operationalisierung der Fähigkeitsbereiche „Kreativität", „Musikalität" und „Psychomotorik", ohne die eine empirische Überprüfung der theoretischen Aussagen über die „Mehrdimensionalität" von Hochbegabung schlechterdings nicht möglich ist. Die Verwendung lediglich von Lehrerchecklisten zur Festlegung der musischen und psychomotorischen Begabung ist Ausdruck des Mangels an geeigneteren Meßverfahren, und die anhaltende Kontroverse um das Konstrukt „Kreativität" (vgl. zur allgemeinen Kritik Weisberg 1989) läßt seine Verwendung im Rahmen einer Hochbegabungskonzeption zumindest problematisch werden.

Die empirischen Ergebnisse der Münchner Hochbegabtenstudie zur typologischen Differenzierung von Hochbegabten, nach denen „die meisten Hochbegabungen bereichsspezifisch in Erscheinung treten, also sogenannte universelle Hochbegabungen relativ selten sind“ (Heller 1991, 288; vgl. auch Hany 1987; Steffens 1989), konnten bisher nicht überzeugend dargelegt werden (Rost 1991). Das Problem der Legitimation einer quantitativen Festlegung von *Hoch*begabung (cut-off Setzung etwa zur Aufnahme in ein Forschungs- oder Förderungsprogramm) bleibt auch in der Münchner Konzeption bestehen und wird noch dadurch verschärft, daß Selektionsentscheidungen bezüglich mehrerer Dimensionen getroffen und begründet werden müssen.

1.2.6 Das Begabungskonzept der Marburger Hochbegabtenstudie

1.2.6.1 Beschreibung

> „Bewußt wurde in unserer Studie „Hochbegabung“ als sehr hohe, einzigartige Ausprägung der allgemeinen Intelligenz im Sinne des Spearmanschen (1927) Generalfaktors „g“ (etwa Intelligenzgrad von PR=98 oder höher umfassend) definiert. ... Für unsere Entscheidung sprechen viele gute psychologische, methodische und erfassungspraktische Gründe, ...“ (Rost 1991c, 6).

Die Gründe für die „traditionelle“, sich an der Terman Untersuchung anschließenden Hochbegabungskonzeption des Marburger Projekts „Lebensumweltanalyse besonders begabter Grundschulkinder“ liegen für Rost (1989; 1991a; 1991c) in einer Vielzahl von Forschungsergebnissen, die die nach wie vor breite Gültigkeit der allgemeinen Intelligenz für die Vorhersage einer Vielzahl externer Kriterien belegen. Selbst Personen mit Hochleistungen auf sehr spezifischen Gebieten (Kunst, Musik, Literatur) zeichneten sich durch eine hohe bis sehr hohe allgemeine Intelligenz aus. Die Ablehnung mehrfaktorieller Intelligenztests zur Identifikation und Selektion von „Hochbegabten“ resultiert u.a. aus methodischen Problemen. Selbst wenn man die einzelnen Faktoren eines mehrfaktoriellen Intelligenzmodells reliabel und valide erfassen könnte, was noch nicht hinreichend geleistet sei, dann wäre immer noch nach der Stabilität des Profils und nach der Korrelation der Untertests zu fragen. Die Entscheidung „'hochbegabt' versus 'nicht hochbegabt'„ würde angesichts dieser Problematik unnötig kompliziert und ungenau, was angesichts der sich bewährten Gültigkeit allgemeiner Intelligenztests keinerlei Fortschritt bedeute. Über die Zielsetzungen, den Aufbau und die Durchführung der Marburger Hochbegabtenstudie, in deren Rahmen die vorliegende Arbeit entstanden ist, informieren spätere Abschnitte dieser Arbeit.

1.2.6.2 Bewertung

Die Kritik an der „Marburger" Hochbegabtendefinition richtet sich vor allem gegen die Bevorzugung des Einfaktorenmodells („g"-Modell) und die negative Bewertung des Konstrukts „Kreativität" bei Verwendung zur Hochbegabtenidentifikation und -selektion. Die heftig geführte Kontroverse (Rost 1991a; Mönks 1991; Hany & Heller 1991; Rost 1991b) ist ausführlich dokumentiert in Band 23 der Zeitschrift für Entwicklungspsychologie und Pädagogische Psychologie, weshalb auf Einzelheiten hier nicht näher eingegangen wird. Ein wiederholt geäußerter Kritikpunkt ist die Behauptung, daß hier doch keine Hochbegabung im eigentlichen („wahren") Sinne gemessen worden sei, sondern bestenfalls eine Gruppe hochtestintelligenter Kinder im Grundschulalter zusammengestellt wurde. Abgesehen davon, daß die Vorstellung einer „Entdeckung" der „wahren" Hochbegabungsdefinition - und sei es auch als Ergebnis umfangreicher Forschung - erkenntnistheoretisch äußerst fragwürdig erscheint, stimmt der obige Satz insofern, als Rost Hochbegabung gleichsetzt mit weit überdurchschnittlicher allgemeiner Intelligenz. Seine Konzeption von Hochbegabung erscheint begriffstheoretisch den Erfahrungskonstrukten (vgl. Abbildung 1.1) zugehörig, d.h. Hochbegabung wird aufgrund von ihm dargelegten Gründen operational festgelegt. Zur genaueren sprachlichen Kennzeichnung wäre der Begriff „Hochtestintelligent" sicher besser zur Beschreibung der Marburger Zielgruppe geeignet.

Noch ein weiterer, forschungspraktischer Gesichtspunkt, spricht u.E. für das Marburger Hochbegabungsmodell: Die meisten empirischen Studien zur Hochbegabung verwenden allein einen Intelligenztest zur Auswahl ihrer Untersuchungsgruppen. Viele dieser Studien sind mit methodischen Mängeln behaftet, so fehlt zumeist eine angemessene Kontrollgruppe, die Kinder sind bereits Teilnehmer von Hochbegabtenförderprogrammen, die Eltern der Kinder haben z.T. Beratungsstellen wegen familiärer Schwierigkeiten aufgesucht usw. Eine solide empirische Überprüfung der aus diesen fehlerhaften Studien abgeleiteten Behauptungen über das „Wesen" hochbegabter Kinder und deren Familien ist nur mit einer vergleichbaren (IQ)-Definition von Hochbegabung möglich und erlaubt als Ergebnis vermutlich ein hohes Maß an „Entmythologisierung" im Bereich der Hochbegabtenforschung.

1.2.7 Überblick über einige weitere Modellvorstellungen von Hochbegabung

Im folgenden sollen kurz zwei Modelle vorgestellt werden, die „Hochbegabung" verstärkt unter entwicklungspsychologischer Perspektive betrachten und u.E. Hinweise dafür liefern, wie die bisher bevorzugte statusdiagnostische Hochbegabungsdefinition durch die Berücksichtigung entwicklungspsychologisch relevanter

Variablen in Richtung auf eine „Prozeßdefinition der Hochbegabungsentwicklung" erweitert werden könnte.

Das „Allgemeine Bedingungsgefüge für außergewöhnliche Leistungen" (vgl. Abbildung 1.6) von Stapf & Stapf (1988) trennt klar zwischen Dispositions- und Verhaltensebene und lenkt das Augenmerk auf die vermittelnden Faktoren zwischen Begabung und Leistung.

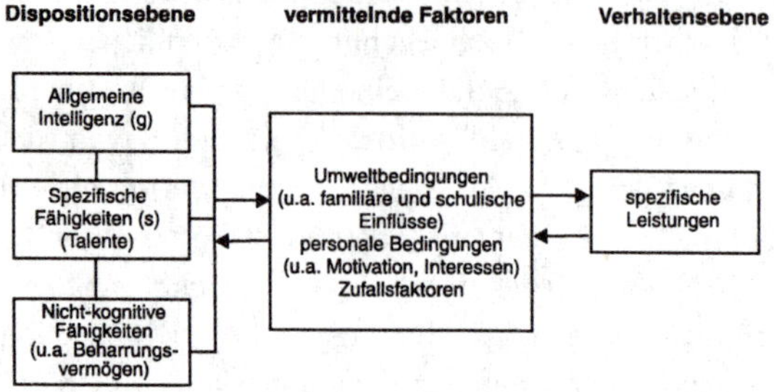

Abb. 1.6 Allgemeines Bedingungsmodell für außergewöhnliche Leistungen (Stapf & Stapf 1988, 4)

Unter „Hochbegabung" fassen die Autoren in Anlehnung an das Berliner Intelligenzstrukturmodell (Jäger 1982; Jäger & Tesch-Römer 1988) eine „überragende Ausprägung der allgemeinen Intelligenz und/oder der spezifischen Talente" (Stapf & Stapf 1988, 5). Die Hinzunahme nicht-kognitiver Fähigkeiten zur Dispositionsebene ist das Resultat einer vielfach einheitlichen Beschreibung charakteristischer Eigenschaften hochbegabter Kinder. So zeige sich schon bei Neugeborenen eine außergewöhnliche Aufmerksamkeit auf Umweltreize, eine im ersten Lebensjahr bereits hohe Aufgabenorientierung bzw. ein starkes Beharrungsvermögen und insgesamt ein großer Drang nach Eigenständigkeit und Unabhängigkeit. Die empirischen Belege für diese Behauptungen sind bisher allerdings recht spärlich. Von den Schwierigkeiten der Verhaltensbeobachtung bei Neugeborenen und Kleinkindern einmal abgesehen, entstammen sie zumeist Einzelfallbeschreibungen bzw. sind retrospektive Angaben von Eltern bereits identifizierter hochbegabter Kinder in schulfähigem Alter und insofern mit Vorsicht zu betrachten. Stapf & Stapf (1988) fordern für eine Hochbegabungsforschung unter entwicklungspsychologischer Perspektive, die an der Aufklärung der Umsetzung von Fähigkeit in Leistung interessiert ist, u.a. eine stärkere Berücksichtigung affektiv-motivationaler Faktoren und eine Untersuchung förderlicher bzw. hinderlicher Sozialisationsbedingungen in Familie und Schule.

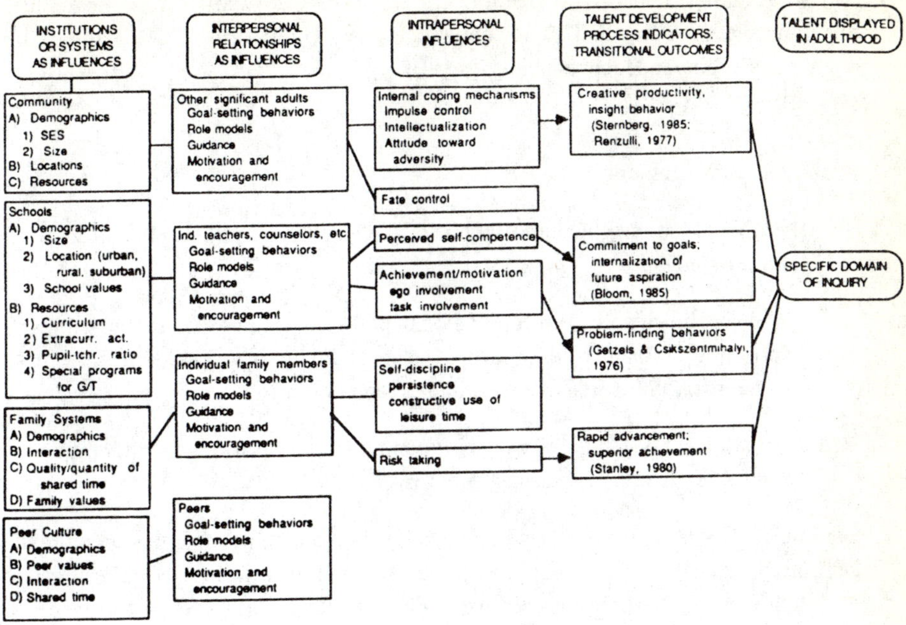

Abb. 1.7 Bedingungsmodell der Begabungsentwicklung (Van Tassel-Baska & Olszowski-Kubilius 1989, 2)

Das wesentlich umfangreichere, jedoch keineswegs hochbegabungsspezifische „Heuristic Model of Influences on Talent Development“ von Van Tassel Baska & Olszowski-Kubilius (1989, vgl. Abbildung 1.7) bietet die Möglichkeit, sowohl bisherige Ergebnisse der Hochbegabungsforschung in das Modell einzuordnen als auch neue Hypothesen abzuleiten und zu überprüfen. Insofern liefert dieses (allgemeine) Entwicklungsmodell eine geordnete methodische Anleitung für weitere Hochbegabungsforschung, unabhängig von der Frage nach dem „richtigen“ Hochbegabungsbegriff. Das Modell ist aber, und dies ist sein Nachteil, so allgemein und unpräzise, daß es, durch den vermeintlichen Vorteil einer möglichst umfassenden Aufzählung fast aller in Frage kommender Variablen, auch gleichzeitig nichtssagend wird. Unklar bleibt etwa, warum neben den zumeist einfachen Verbindungslinien zwischen den einzelnen Variablen vier eindeutig gerichtete Verbindungen bestehen, oder ob die übliche „Lesart“ von links nach rechts, d.h. die umfassenderen Systeme (Kommune, Schule etc.) beeinflussen die „tiefer“ liegenden Systeme, so aufrecht erhalten werden kann bzw. nicht auch rückbezügliche Zusammenhänge denkbar wären. Erst ein Vergleich von wie auch immer definierten Hochbegabten mit einer angemessenen Kontrollgruppe hinsichtlich verschiedener Modellvariablen ermöglicht präzisere Aussagen über die Bedeutung dieser Vielzahl von Variablen im Prozeß der Begabungsentwicklung und führt schließlich zur „Anreicherung" des Modells im Sinne einer größeren Hochbegabungsspezifität.

1.3 Zusammenfassung

Der Überblick über verschiedene Hochbegabungsmodelle (vgl. Abschnitt 1.2) wirft zwei Grundfragen auf:

(a) Wie spezifisch sollte ein Intelligenzmodell sein auf das die Hochbegabungsdefinition aufbaut, bzw. sind u.U. auch nichtkognitive Faktoren mit hinzuzunehmen („Spezifitäts-Generalitäts" Kontroverse)?

(b) Sollte „Hochbegabung" eher als Potenz oder als Performanz aufgefaßt werden („Dispositions-Leistungs" Kontroverse)?

Die Frage nach dem „Wesen" der Intelligenz, geht man einmal über die operationale Definition hinaus, ist nach wie vor ungeklärt und bleibt es wohl auch. Eher handelt es sich um eine „Konstruktion konkurrierender, empirisch prüfbarer Theorien, deren Fernziel es ist, intelligentes Verhalten rational zu erklären und vorherzusagen" (Jäger 1986, 288; vgl. auch Oswald 1983). Die Wahl mehrdimensionaler Intelligenzkonstrukte für ein Hochbegabungsmodell ist vor allem dann zu begrüßen, wenn die empirische Überprüfbarkeit gewährleistet ist. Jüngere, häufig noch unausgereifte Konstrukte und deren Operationalisierungen haben es da verständlicherweise schwerer, einen ausreichenden Beweis ihrer Validität und Reliabilität zu liefern. Ähnliches gilt für die Hinzunahme nichtkognitiver Faktoren in ein Hochbegabungsmodell. Angesichts der methodischen Schwierigkeiten, „Kreativität" oder „psychomotorische" bzw. „musische" Fähigkeiten" reliabel und valide zu erfassen, erscheint es uns problematisch, diese Dimensionen als konstitutiv für eine Hochbegabungsdefinition zu betrachten. Der Kritik, hier würde „der Meßbarkeit Vorrang vor der Modellbildung eingeräumt" (Hany & Heller 1991, 243) ist nur z.T. zuzustimmen, da es eben nicht nur um die Frage nach einem soliden Meßverfahren geht, sondern vielmehr die Sinnhaftigkeit von psychologischen Konstrukten wie etwa „Kreativität" zur Debatte steht. Es macht u.E. nur wenig Sinn, Meßwerte bei Personen zu erheben, von denen - abgesehen von der sogenannten Augenscheinvalidität - unklar ist, was sie bedeuten und zur Vorhersage von was sie tauglich sein könnten.

Eine nicht ausreichende konzeptionelle Trennung von „Begabung" im Sinne von Potenz und „Leistung", verstanden als Umsetzung des Potentials in Verhalten (Performanz), wie in den Modellen von Renzulli und Mönks (vgl. 1.2.3 bzw. 1.2.4), verhindert geradezu die so notwendige empirische Untersuchung des „Zwischenfeldes“ mit all den positiven und negativen Einflüssen personaler (Motivation, Emotion, Kognition), sozialer (Familie, Peers) und institutionaler (Familie, Schule, Kommune etc.) Faktoren. Insofern ist Eysenck (1988) zuzustimmen, der in bezug auf das Konzept der sozialen Intelligenz feststellte: „To bring together dispositional ability factors, personality, and motivation into one concept simply means that this concept is scientifically meaningless and cannot be measured“ (ebd., 5; vgl. auch Rost 1991b).

Hochbegabungsmodelle, denen eine mehrdimensionale Hochbegabungsdefinition zugrunde liegt (vgl. Abschnitt 1.2.3 bis 1.2.5), konnten u.E. den empirischen „Beweis“ eines Vorteils gegenüber den „konservativen“, eindimensionalen Modellen bisher noch nicht erbringen. Daß die Auswahl von Teilnehmern für Förderprogramme nicht nur von einem einzigen Intelligenztestwert abhängig gemacht werden darf, daß hier Lehrer- und Elternbefragungen vorgenommen werden und auch die Interessen und die Motivation der in Auswahl genommenen Personen eine Rolle spielen müssen, ist für jeden im Bereich der Diagnostik Tätigen sicherlich selbstverständlich. Für das Ziel einer Replikation bisheriger, zumeist durch mangelhafte Untersuchungsmethoden zustande gekommenden Forschungsergebnisse der Hochbegabungsforschung, ist u.E. allerdings aufgrund der besseren Vergleichbarkeit einer „klassischen“ IQ-Definition von Hochbegabung der Vorrang einzuräumen.

2 EINIGE BEMERKUNGEN ZUM BEGRIFF DER „FAMILIE“ UND ZUR FAMILIENDIAGNOSTIK

2.1 Was heißt hier „Familie“?

2.1.1 Der juristische Familienbegriff

Nach Artikel 6 des Grundgesetzes stehen Ehe und Familie „unter dem besonderen Schutz der staatlichen Ordnung“. Dies äußert sich in vielfältigen familienbezogenen Sonderverordnungen des Staates. So werden etwa im Steuerrecht Ehe und Familie durch das sogenannte Ehegattensplitting bzw. durch Kinderfreibeträge finanziell unterstützt. Grundgedanken einer rechtlichen Definition der Familie sind das Filiations- und das Sorgerechtsprinzip. Eine Familie besteht im juristischen Sinn immer dann, wenn zwei Generationen durch biologische[3] oder rechtliche Elternschaft (Adoption) miteinander verbunden sind und für die Kinder das Sorgerecht ausgeübt wird.

Grundbedingung einer „vollständigen“ Familie ist die staatliche Eheschließung. Nichtverheiratete zusammenlebende Väter und Mütter sind nach den zur Zeit geltenden Rechtsvorschriften nicht als Familie zu bezeichnen, sondern gelten als nichteheliche Lebensgemeinschaften mit Kindern. Da bei nichtverheiratet Zusammenlebenden entweder der Vater, jedoch zumeist die Mutter das Sorgerecht gegenüber den gemeinsamen Kindern ausübt, werden sie im Prinzip den Alleinerziehenden gleichgestellt. Die Ungleichbehandlung verheirateter und unverheirateter Eltern, verbunden mit einer Ungleichbehandlung ehelicher und nicht ehelicher Kinder z.B. im Erbrecht, wird allerdings zunehmend von juristischer Seite kritisiert. So wurde 1992 auf dem 59. Deutschen Juristentag die Forderung laut, der Staat habe die „sozialgelebte Familie“ und nicht allein die Ehe zu schützen. Immerhin beträgt der Anteil nichtehelicher Geburten in der Bundesrepublik Deutschland ca. 37% (Statistisches Jahrbuch 1993). Auch eine neue Sorgerechtsregelung soll infolge veränderter gesellschaftlicher Lebensverhältnisse politisch auf den Weg gebracht wer-

---

3 Ein sich allein am biologischen Verwandtschaftsprinzip orientierender Familienbegriff (genealogischer Familienbegriff) trifft den im Alltag verwendeten Begriff der Familie sicher am ehesten. Als Familie wird hier die Gruppe von Menschen bezeichnet, die miteinander verwandt, verheiratet oder verschwägert sind, gleich ob sie zusammenleben oder nicht. Insofern ist jeder ein „Familienmensch“ (Duss-von Werdt 1980), denn wir haben alle zumindest Vater und Mutter, viele aber auch (wenn auch zunehmend seltener) Geschwister bzw. Tanten, Onkel, Nichten und Neffen etc.

den. Die gemeinsame elterliche Sorge auch nach Trennung und Scheidung wird hier als Regelfall vorgeschlagen und nur bei Nichteinigung der Eltern in Sorgerechtsfragen sollte ein Familiengericht die elterliche Sorge auf einen Elternteil übertragen können. Dies geht von der Überlegung aus, daß das Kind einen Anspruch auf beide Elternteile hat und die Eltern in die Pflicht genommen werden sollen, ihre Erziehungsaufgaben in Kooperation trotz gescheiterter Ehe und Partnerschaft weiterhin auszuüben. Ob hierzu allerdings alle Eltern in der Lage sind, bleibt fraglich.

2.1.2 Der soziologische Familienbegriff

In der Familiensoziologie wird die Familie als die wichtigste gesellschaftliche Sozialisationsinstanz neben außerfamilialen Erziehungs- und Bildungseinrichtungen hervorgehoben. Innerhalb der Familie geschieht persönliche Entwicklung (emotional, sozial, kognitiv), aber auch die Übergabe von Wert- und Normorientierungen in einem weitgehend geschützten Raum, der durch folgende Merkmale gekennzeichnet ist (vgl. Süssmuth 1981):

(a) überschaubare Kleingruppe mit dadurch erst möglicher Unmittelbarkeit der Beziehungen;

(b) ein durch Emotionen bestimmtes Binnenklima;

(c) Abgrenzung nach außen als Vorbedingungen einer Vermittlung von Geborgenheit und Intimität;

(d) Gewährleistung stabiler Bezugspersonen.

Zielbestimmung familiärer Sozialisation ist nicht mehr so sehr die normkonforme Erziehung sondern vielmehr der Wunsch „Lebensraum für die individuelle Eigenart eines Kindes zu schaffen“ (Süssmuth 1981, 125).

Die Individualisierungstendenz der modernen oder gar postmodernen Familie (Lüscher 1988) macht deutlich, daß die Familie im Kontext der funktionalen Differenzierung des modernen Gesellschaftssystems gesehen werden muß (Tyrell 1989). Für die Familiensoziologie stellt sich hierbei die Frage, ob und unter welchen Prämissen der „Familie als besonderem Fall einer Systembildung vom Typus Gruppe“ (Tyrell 1989, 121) nachgegangen werden kann. Tyrell schlägt im folgenden eine zweigeteilte Perspektive auf die Familie vor: Mikrosoziologisch betrachtet, erscheint die Familie als Kleingruppe mit jeweils spezifischer Beziehungsdynamik und spezieller Beziehung zur Außenwelt. Die makrosoziologische Betrachtungsweise faßt Familie im Sinne eines „Kollektivsingular“ (ebd., 122) auf, d.h. sie wird als ein Teilsystem des ausdifferenzierten Gesamtsystems Gesellschaft verstanden. Die Aufgabe der Familiensoziologie besteht nun darin, mit dem vorgegebenen soziologischen Instrumentarium „die Familienrealitäten auf beiden Ebenen zu analysieren“ (Tyrell 1989, 122).

Einen weiteren, u.E. sehr interessanten Ansatz zur begrifflichen Fassung von Familie bietet der Aufsatz „Begriff und Rhetorik von Familie“ von Lüscher, Wehrspaun & Lange (1989). Es geht den Autoren darum, die „subjektiven Repräsentationen“ von Familie, mit anderen Worten das im Reden (oder auch Schreiben) deutlich werdende Verständnis von Familie im Sinne handlungsleitender Vorstellungen, genauer zu untersuchen. Ausgangspunkt ihrer Überlegungen bildet die These, daß die Familie durch die sie betreffende Rhetorik erst konstituiert wird. Anhand von einigen ausgewählten Beispielen zeigen die Autoren, daß sich zumindest vier rhetorische Schemata in bezug auf die Vorstellungen dessen, was die Familie „ist“, auffinden lassen:

(a) Dramatisierung (die Familie ist bedroht);

(b) Funktionszuschreibung (Familie als Kleinstzelle im Gesellschaftsverband);

(c) Kausalisierung (Familie als der Ort, an dem Fürsorge und Erziehung, d.h. Persönlichkeitsentwicklung stattfindet, bzw. als der Ort, auf den gesellschaftliche Entwicklungen rückwirken);

(d) Bewertung (Familie als positiver oder negativer Wert).

Die von Personen aber auch von öffentlichen Institutionen (Kirche, Gewerkschaft, Parteien) verwendete Familienrhetorik läßt sich dann verstehen als „Ausdruck von Bemühungen, eine bestimmte Auffassung von Familie so vorzutragen, daß die in der jeweiligen Perspektive enthaltenen Schemata in subjektive Orientierungen anderer Menschen eingehen“ (Lüscher, Wehrspaun & Lange 1989, 75). Entscheidend für das Verständnis des Begriffs „Familie“ innerhalb der Familienwissenschaften wie der Familiensoziologie oder der psychologische Familienforschung (s.u.), aber auch für die Familienauffassung des Einzelnen, ist nicht die exakte Definition, sondern die quasi dahinter liegenden fachbezogenen oder auch subjektiven Orientierungen, die anhand der Identifizierung dort verbreiteter und wirksamer rhetorischer Elemente herausgearbeitet werden können.

2.1.3 Der psychologische Familienbegriff

Schneewind hat 1987 mit seiner Forderung nach einer „Familienpsychologie“ im Gegensatz zur rechtlichen oder biologischen (genealogischen) Definition der Familie einen explizit psychologischen Familienbegriff vorgestellt. Danach sind Familien soziale Beziehungssysteme, die gegenüber anderen sozialen Systemen wie etwa einer Schulklasse oder einer Arbeitsgruppe durch die Kriterien „Abgrenzung", „Privatheit", „Dauerhaftigkeit" und „Nähe" gekennzeichnet sind.

Das Kriterium *Abgrenzung* kennzeichnet den Umstand, daß zwei oder mehr Personen ihr Leben nach bestimmten - expliziten oder impliziten - Regeln in wechselseitiger Bezogenheit gestalten. „*Privatheit*" bezieht sich auf das Vorhandensein eines abgegrenzten Lebensraumes, der erst die Verwirklichung von intimen, interpersonalen Beziehungen ermöglicht. Der Begriff „*Dauerhaftigkeit*" verdeutlicht, daß ein intimes Beziehungssystem durch wechselseitige Verpflichtung, Bindung und Zielorientierung auf einen längerfristigen Zeitablauf ausgerichtet ist. Das Kriterium „*Nähe*" schließlich bezeichnet die Realisierung von physischer, geistiger und emotionaler Intimität im Prozeß interpersonaler Beziehungen (vgl. Schneewind 1991b, 17).

Schneewinds psychologischer Familienbegriff gründet auf dem Konzept des gemeinschaftlichen Lebensvollzugs und umfaßt somit eine größere Anzahl von Lebensformen (nicht verheiratete Paare mit Kindern, langjährige Wohngemeinschaften, Alleinerziehende) als die herkömmliche Vorstellung von „Familie". Für die einzelnen Mitglieder des Familiensystems postuliert Schneewind ein *familienspezifisches internes Erfahrungsmodell.* Dies meint nichts anderes als das subjektive Wissen, das eine Person von ihren Familienmitgliedern und deren Beziehungen untereinander sowie von ihren eigenen Beziehungen zu den Familienmitgliedern entwickelt hat (sozusagen ihr „subjektives Wissen" von der „Familienrealität"). Diese „interne Repräsentation von Familienbeziehungen" kann den einzelnen Personen der Familie mehr oder weniger bewußt sein, kann mehr oder weniger differenziert sein und kann mehr oder weniger große Überlappungen mit der subjektiven Sicht der anderen Familienmitglieder von der „Familienrealität" aufweisen. Schneewind zufolge besteht die zentrale Aufgabe einer Familiendiagnostik in der angemessenen Erfassung dieses internen Erfahrungsmodells der Familie.

Petzold & Nickel (1989) kritisieren bzw. erweitern den psychologischen Familienbegriff sensu Schneewind hinsichtlich dreier Aspekte. Ihrer Meinung nach sollte der Begriff „Familie" nur solche Lebensgemeinschaften kennzeichnen, in denen ein „Spannungsfeld von wenigstens zwei Generationen" (Petzold & Nickel 1989, 243) vorliegt. Nur Paare mit Kindern aber auch Kinder, die ihre Eltern im Alter versorgen sind als Familie zu betrachten, Paare ohne „Versorgungsauftrag" demnach nicht. Ein weiterer Gesichtspunkt betrifft die Überlegung, inwieweit die Kriterien Abgrenzung, Privatheit, Nähe und Dauerhaftigkeit exklusiv der Familie vorbehalten werden sollen, d.h. „wie sich die Familie in bezug auf diese Kriterien von anderen Kleingruppen unterscheidet“ (ebd., 243). Mit dieser Frage verbunden ist ein nach Petzold & Nickel bei Schneewind leider nicht explizit ausgeführtes Verständnis von *Intimität* (vgl. dazu genauer Schneewind 1991a; 1991b) als offenbar zentralem Begriff seiner Familiendefinition. Familien sind nach Schneewind vor allem intime Beziehungssysteme (vgl. Schneewind 1987, 80). Petzold & Nickel bemerken u.E. zu Recht, daß Intimität keineswegs familiären Beziehungen vorbehalten sein muß. Vielmehr ist es so, daß Freundschaften häufig intensiver und auch von längerer Dauer sind als familiäre Bindungen. Familien lösen sich auf durch Trennung, Scheidung oder den Weggang der Kinder. Eine normative Setzung, die die „Familienbande“ zu den engsten Bindungen werden läßt, geht möglicherweise an den gesellschaftlichen Entwicklungen vorbei. Vielmehr könnte man fragen: Wieviel Intimität und damit auch Abgegrenztheit gegenüber einem „Außen“ verträgt die Einheit Familie überhaupt, bzw., unter einem familienentwicklungspsychologischen Gesichtspunkt betrachtet, wann und zu welcher Zeit innerhalb der Familienentwicklung ist ein mehr oder weniger an ausschließlicher Familienbezogenheit für die Gesamtentwicklung des Systems Familie etwa hinsichtlich ihres „Versorgungsauftrages“ eher nützlich oder schädlich. Dieser bei Schneewind nach Ansicht von Petzold & Nickel fehlende Blick auf die „Vernetzung“ des gemeinschaftlichen Lebensvollzugs „in einem bestimmten gesellschaftlichen Umfeld“ (Petzold & Nickel 1989, 244) ist u.E. mehr als Ergänzung der Schneewindschen Familiendefinition denn als Kritik zu bewerten. Sicher nimmt das gesellschaftliche Umfeld Einfluß auf die Mitglieder der Familie wie auch auf die Familie als Ganzes, dennoch erscheint es uns nicht notwendig, diesen quasi selbstverständlichen „Hintergrund“ der Familienentwicklung in eine Definition der Familie mit hineinzunehmen.

2.1.4 Der systemische Familienbegriff

Im Rahmen ihrer Sozialisationsfunktion ist es Aufgabe der Familie, die richtige Balance zwischen „Intimität und Distanz, zwischen Kohäsion und Konflikt, zwischen Elternzentrierung und Kindzentrierung und zwischen Offenheit (nach außen) und Geschlossenheit ...“ (Tyrell 1982, 172) zu finden. Bei der Beschreibung dieser als „zentral“ angesehenen Balancierungsaufgabe der Familie im Verlauf des Familienzyklus hilft die interdisziplinäre Metasprache der Systemtheorie (von Bertalanffy 1972), eine adäquate Modellvorstellung der komplexen familiären Prozesse zu entwickeln.

Im Gegensatz zum explizit ausgeführten psychologischen Familienbegriff durch Schneewind (1987; 1991a; 1991b) sind systemische Ansätze einer Familientheorie bisher eher bruchstückhaft geblieben. Populär geworden durch die vielfältig kritisierten Arbeiten systemischer Familientherapeuten (Watzlawik, Beavin & Jackson

1969; Minuchin 1977; Selvini-Palazzoli et al. 1977; Bateson 1981; Minuchin & Fishmen 1983), finden systemische Ansätze jedoch zunehmend auch Anhänger in der etablierten „scientific community“ (Brunner 1986; Brunner & Huber 1989).

Nach einer vielzitierten Definition von Hall & Fagen (1956) ist ein System „eine Menge von Objekten zusammen mit den Relationen zwischen den Objekten und zwischen deren Eigenschaften“ (zit. nach Brunner & Huber 1989, 34). Diese aus der allgemeinen Systemtheorie stammende Definition ist auf den ersten Blick recht einfach auf die Familie zu übertragen (zur Problematisierung einer Übertragung systemtheoretischer Begriffe, die der Analyse und Beschreibung nichtlebender Systeme entstammen, auf soziale Systeme wie die Familie vgl. Brunner 1986, 36-41): Das Familiensystem besteht demnach aus seinen Mitgliedern und deren Beziehungen. Nach Minuchin (1985) lassen sich die Grundannahmen einer systemischen Familientheorie folgendermaßen zusammenfassen:

Das wichtigste Kennzeichen des Familiensystems ist seine *Ganzheitlichkeit*. Die Einzelelemente dieses übergeordneten Ganzen, betrachtet man einzelne Familienmitglieder oder Personengruppen (Subsysteme) wie das Geschwistersystem oder das Paarsystem, bestimmen und verändern in einem wechselseitigen Prozeß ihr Familiensystem bzw. werden selber durch das übergeordnete Ganze bestimmt und verändert. Die systeminternen Prozesse sind hierbei als *zirkuläre Abläufe* beschreibbar, d.h. es handelt sich um wechselseitige, über längere Zeitabschnitte sich abspielende Interaktionsprozesse. Eine beliebige Interpunktion der Interaktion zum Zeitpunkt t_1 würde zu einseitigen und damit falschen Ursache-Wirkungs-Zusammenhängen führen. Anstelle der Frage nach dem „Wer verursacht hier was?“, bzw. in therapeutischen Zusammenhängen „Wer aus der Familie ist hauptverantwortlich für...?“ muß der Interaktionsprozeß selbst im Mittelpunkt des Interesses stehen. Familiensysteme tendieren dazu, ein Stadium der Balance zwischen systemstabilisierenden (morphostatischen) und systemverändernden (morphogenetischen) Kräften anzunehmen. Dieser als *Homöostase*[4] bezeichnete Zustand wird vor allem durch negative Rückkopplungsprozesse erreicht. Bedroht ist der erwünschte Gleichgewichtszustand durch die ständige *Notwendigkeit zur Systemveränderung* aufgrund innerer (reguläre Veränderungen im Verlauf des Familienzyklus) und äußerer (Arbeitslosigkeit, Um-

---

4 Petzold & Nickel (1989) schlagen vor, anstelle des Begriffs Homöostase, der zur Kennzeichnung eines Prozesses zur Herstellung eines vorherigen Zustandes verwendet wird, in Anlehnung an Piaget besser von Äquilibration zu sprechen. Menschliche Entwicklung bedeute immer den Aufbau neuer Strukturen und Schemata. Auch ein Rückfall (Regression) ist hierbei nie ein echtes Wiederherstellen eines Altzustandes.

zug) Umstände. Jedes System läßt sich sinnvoll in *Subsysteme* untergliedern, die durch eine mehr oder weniger starke *Grenze* voneinander geschieden sind. Zu starre Grenzen führen zur Isolation der Familienmitglieder und behindern notwendige Austauschprozesse zwischen den Subsystemen, so daß das Gesamtsystem Familie u.U. nicht mehr adäquat auf die Erfordernisse innerer und äußerer Systemanpassung reagieren kann. Diffuse Grenzen, etwa zwischen dem Ehepaar- und dem Geschwistersystem, beeinträchtigen dagegen die Autonomie des einzelnen. Nach Minuchin (1977) ist es für die Funktionstüchtigkeit des Familiensystems besonders wichtig, daß die Generationsgrenzen klar und eindeutig sind.

Der geradezu inflationäre Gebrauch des Wortes „System" im Rahmen der theoretischen und empirischen Beschäftigung mit Familien sollte jedoch nicht darüber hinwegtäuschen, daß nach wie vor gilt: „Die Familie als System zu bezeichnen, erzeugt ebenso viele Fragen wie Antworten. (Kantor & Lehr 1975, X; zitiert nach Brunner 1986, 23). Gründe für die Faszination der Systemtheorie (wobei es *die* Systemtheorie gar nicht gibt) liegen nach Brunner in den beiden systemtheoretischen Prinzipien des Isomorphismus und des Holismus. Die Vorstellung, mit Hilfe eines Begriffssystems zur Analyse struktureller Ähnlichkeiten wieder einen Zusammenhang über verschiedene Einzeldisziplinen herstellen zu können (Isomorphismus) bzw. statt unübersehbarer Einzelketten von Ursache und Wirkung wieder das Gesamtgefüge mit all den interessanten Wechselwirkungen in den Blick nehmen zu dürfen (Holismus), erscheint auf dem Hintergrund einer nahezu unübersehbaren und damit unübersichtlichen Zersplitterung der Einzeldisziplinen Vielen als ungeheurer Vorteil. Leider wird dabei oft zu leichtfertig mit dem Systembegriff umgegangen. Sätze wie „die Familie ist ... ein System, in das alle Mitglieder die gleichen Voraussetzungen eines ganzen Menschen einbringen" (Petzold & Nickel 1989, 250), sind in sich nichtssagend und daher überflüssig. Inwiefern sich systemtheoretische Vorstellungen zur Analyse von Familien, bzw. von familiären Beziehungen oder den Prozessen familiärer Entwicklungen eignen, sollte noch genauer reflektiert werden. Einen vielversprechenden Ansatz hierzu liefert Brunner (1986).

Neben der Familienentwicklungstheorie (Duvall 1977; Aldous 1978), die sich der Untersuchung der „Familienentwicklungsaufgaben" im Verlauf des Familienzyklus widmet, und der Familienstreßtheorie (McCubbin & Patterson 1983), die ein Modell der familiären Bewältigung und Verarbeitung von belastenden Lebensumständen darstellt, liefern systemische Ansätze einer Familientheorie trotz der oben beschriebenen Unzulänglichkeiten wichtige Modellvorstellungen heutiger Familienforschung.

2.2 Zum Bedeutungswandel von Ehe und Familie sowie zur Aktualität der Familienforschung

Das in den letzten Jahren gestiegene Interesse an der Untersuchung von Familien, das sich unter dem Oberbegriff „Familienforschung“ etabliert hat (vgl. Nave-Herz & Markefka 1989), steht in einem seltsamen Widerspruch zu den Thesen vom wachsenden Funktionsverlust der Familie (Cooper 1981; Richter 1985). Es fragt sich, ob die Familienforschung kurz nach ihrer „Geburt“ nicht bereits ihren „Gegenstand“ verloren hat. Die statistisch belegten hohen Scheidungsraten, die Abnahme der Eheschließungen und der Geburtenrate scheinen die Krise von Ehe und Familie zunächst zu bestätigen. Empirische Untersuchungen über subjektive Wertpräferenzen ergeben hingegen ein anderes Bild: Statt von einem Bedeutungsverlust von Ehe und Familie ist eher von einem Bedeutungswandel zu sprechen (vgl. Nave-Herz 1989). Ehe und Familie sind weiterhin zentrale Abschnitte in der Lebensplanung und behalten ihre sinngebende Funktion. Im Gegensatz zu früher scheint die „psychische Nutzerwartung“ an Ehe und Familie sogar noch zugenommen zu haben. Die stärkere Familienorientierung zeigt sich vor allem an einer gestiegenen Präferenzstellung der Kinder in der Familie (vgl. Beck-Gernsheim 1990). Nie wurde in Deutschland so wenigen Kindern so viel Aufmerksamkeit in den Familien geschenkt. Die hohen gesellschaftlichen Ansprüche an die Elternrolle lassen sich nur noch mit wenigen Kindern erfüllen. Die zeitintensive Sozialisationsaufgabe (manche Mütter und einige Väter verbringen die Nachmittage quasi als Chauffeure, um ihre Kinder zu diversen Freizeitaktivitäten zu fahren) führt bei gleichzeitig gestiegenen Individualisierungsansprüchen der Eltern zu Leistungsüberforderungen aller Familienmitglieder. Die hohen Erwartungen an die Kinder und die eheliche Beziehung sind nach Nave-Herz (1989) Faktoren sowohl für die gesunkene Attraktivität weiterer Kinder als auch für die gestiegene Instabilität der Ehe.

Die von Schneewind (1987) geäußerte Forderung nach einer „Familienpsychologie“ als neuer psychologischer Disziplin ist u.E. Ausdruck einer in vielen Bereichen psychologischer Forschung veränderten theoretischen Perspektive. Der sogenannte ökologische bzw. ökopsychologische Ansatz (vgl. Graumann 1978; Bronfenbrenner 1981; Oerter 1987; Schmidt-Denter & Manz 1991) einer wechselseitigen Mensch-Umwelt-Interaktion unter den Bedingungen einer bestimmten Kultur mit ihren jeweils spezifischen Regeln des Zusammenlebens, mit impliziten oder expliziten Handlungsvorschriften und spezifischen Einrichtungen für die menschliche Entwicklung, ist zwar nicht neu (man denke nur an die Arbeiten von Kurt Lewin [1946] mit seinem Begriff „Lebensraum“ als ökologischem Konzept), erhält aber gerade wieder in der Entwicklungspsychologie und Pädagogischen Psychologie besondere Bedeutung. Ein Überblick über die veränderten Fragestellungen der Eltern-Kind-Forschung macht die neue „ökologische“ Grundeinstellung deutlich. In der älteren

Erziehungsstilforschung (z.B. Stapf et al. 1972; Lukesch 1975) wurde das Kind zunächst als passiver Empfänger unterschiedlichster Erziehungsvorstellungen bzw. Erziehungspraktiken betrachtet, wobei die Forschung herauszufinden suchte, was sich positiv bzw. negativ auf die Entwicklung des Kindes auswirkt (statisches Konzept sozialer Interaktion - unidirektionale Fragestellung). Die Umkehrung der Fragerichtung in der sogenannten „child-effect" Forschung, d.h. der Frage nach der Beeinflussung der Eltern durch ihre Kinder (Lewis & Rosenblum 1974; Bell & Harper 1977; Lerner & Spanier 1978), führte im Anschluß an Überlegungen bezüglich der Entwicklung und Veränderung solcher „Kindeffekte" zu einer qualitativ anderen Forschungsperspektive. Statt nach Ursache und Wirkung in der sozialen Interaktion zwischen Eltern und Kindern zu fragen, scheint es sinnvoller, die familiale Interaktion als einen dynamischen Interaktionsprozeß zu begreifen. Die wechselseitig aufeinander bezogenen Aktivitäten der Familienmitglieder gilt es hinsichtlich interpersonaler Kommunikations- bzw. Handlungsstrukturen zu untersuchen. Der Blick richtet sich hierbei weniger auf das einzelne Familienmitglied als auf die Beziehungen zwischen den Personen, weniger auf das Produkt der sozialen Interaktion als auf den sich ständig verändernden Prozeß des Miteinanders (Pauls 1983; Brunner 1984; Bronfenbrenner 1986; Brunner & Huber 1989).

2.3 Forderungen an eine psychologische Familiendiagnostik

Für die Diagnostik familiärer Prozesse bedeutet die Anlehnung an die systemische Familientheorie zunächst eine Differenzierung des sozialen Systems Familie hinsichtlich unterschiedlicher Systemebenen bzw. verschiedener Subsysteme: der Ebene der Individuen, der Ebene der Dyaden (Paardyade, Mutter/Vater-Kind Dyade, Geschwisterdyade) und der Ebene des Familiensystems (vgl. auch Cierpka 1989). Alle Systemebenen „interagieren" miteinander und sind Teilsysteme übergeordneter Systeme (Peergruppe, Arbeitskollegen, Stadtteil etc.).

Ein theoretisches Problem entsteht bei der inhaltlichen Bestimmung und Diagnostik des Familiensystems. Der aus der Gestaltpsychologie entlehnte „Übersummativitätsgedanke" (das Ganze ist mehr bzw. etwas anderes als die Summe seiner Teile), der häufig zur Kennzeichnung des Familiensystems bemüht wird, hilft bei genauerer Betrachtung nicht viel weiter. Wie kann das inhaltliche „Mehr" des Familiensystems erfaßt werden? Ist es nicht so, daß jeweils einzelne Familienmitglieder mehr oder weniger übereinstimmende Urteile über angebliche Familienvariablen wie Problemlösefähigkeit, familiärer Zusammenhalt etc. abgeben? Sollen diese Urteile über die Familie gemittelt werden, oder sind die Differenzwerte innerhalb der Familie bedeutsamer zur Beschreibung des Systemganzen? Ist es nicht so, daß auch eine Verhaltensbeobachtung der Familie - etwa die Beurteilung von familiären Interaktionen hinsichtlich der Kategorien „Rigidität" oder „Offenheit" im familiären Miteinander - über die Ebene der Subsysteme nicht hinauskommt? Das angesprochene Problem der interessierenden Schnittstelle zwischen Person und Struktur mit seiner häufig unzulässigen Substantialisierung des Familiensystems hat zu lebhaften Diskussionen Anlaß gegeben. Massey (1985) schlägt vor, Familiensysteme als Personen in Kontexten zu begreifen: „In einem *Familiensystem* ist die *Summe der Teile mächtiger*, aber *nichts anderes als die Beteiligten* am Prozeß reziproker und unvermeidlich voneinander abhängiger Reaktionen (28, Hervorhebungen im Original). ... So ist ein Familiensystem kein einheitliches Etwas (oder Ego-Masse), sondern ein Prisma, das die in Verbindung stehenden Perspektiven und Prozesse der Mitglieder reflektiert" (30). Dieses Bild vom Prisma könnte u.E. als Leitvorstellung für Familiendiagnostik insgesamt gelten: Familiendiagnostik hätte demnach die Aufgabe, das Prisma des - jeweils individuellen - familienspezifischen internen Erfahrungsmodells der Familie angemessen zu beschreiben.

Bei Arbeiten zur Familienforschung sollten u.E. vorab folgende Fragen geklärt werden:

(a) Welches sind die bezüglich der zu bearbeitenden Fragestellung grundlegenden, den Familienprozeß bestimmenden Variablen, und wie sind diese zu operationalisieren?

(b) Auf welcher Systemebene (Individualsystem, Paarsystem, Geschwistersystem, Familiensystem) soll die Familiendiagnostik schwerpunktmäßig stattfinden bzw. von welchem „Ort" aus wird das Prisma des familiären Erfahrungsmodells zum Leuchten gebracht?

(c) Soll der Fokus mehr auf erinnerte vergangene Ereignisse (Kognitionen, Emotionen, Verhalten) oder mehr auf aktuelles familiäres, interaktionales bzw. individuelles Verhalten (auch Emotion und Kognition) gelenkt werden?

(d) Sind die „Gegenstände" der Familiendiagnostik zeitlich stabil, oder unterliegen sie nicht in vielfacher Hinsicht den Veränderungen im Verlauf der Familienentwicklung (junges Paar; Paar mit Kleinkind; Paar mit Schulkind; Paar mit erwachsenem Kind), d.h. muß bei Untersuchungen nicht auch der Effekt des Familienzyklus mit berücksichtigt werden?

3 ZUM ZUSAMMENHANG VON (FAMILIÄRER) UMWELT UND KOGNITIVER FÄHIGKEIT DES KINDES

Die Bedeutung der familiären Umwelt für die kognitive Sozialisation gilt gemeinhin als unbestritten (vgl. etwa Marjoribanks 1972; Schuck & Schuck 1979; Huber & Mandl 1980; Rost & Albrecht 1985; Rutter 1987; Papastefanou 1989). Die untersuchte Fragestellung lautet zumeist: Wie und in welchem Ausmaß wird das kognitive Entwicklungsniveau, operationalisiert z.B. als Intelligenzquotient (IQ) oder Schulleistung des Kindes, durch (familiäre) Umweltfaktoren beeinflußt?

Der Begriff „Familiäre Umwelt" ist bei genauerer Betrachtung vielschichtiger und insgesamt problematischer als gemeinhin angenommen. Bietet er doch das Betätigungsfeld zweier, durch ihre jeweiligen Protagonisten sich zumeist heftig bekämpfenden, theoretischer Perspektiven. Vereinfacht und überspitzt gezeichnet könnte man die Verfechter beider Positionen folgendermaßen charakterisieren: Den *Milieutheoretiker* interessiert an der familiären Umwelt insbesondere das mehr oder weniger große Anregungspotential, welches er als prinzipiell veränderbar einstuft. Größe und Ausstattung der Wohnung (Musikinstrumente, Kunstwerke), Anzahl der Bücher oder abonnierter Zeitschriften, Ausmaß an kulturellem Interesse (Museums- und Theaterbesuche), aber auch hohe Wertschätzung guter Schulleistungen oder etwa ein die Entwicklung verbaler Fähigkeiten stimulierender elterlicher Interaktionsstil werden als Einflußgrößen auf die kognitive Entwicklung angenommen und empirisch überprüft. Den *Anlagetheoretiker* beschäftigt dagegen vornehmlich die Frage nach dem Verwandtschaftsgrad der Familienmitglieder. Die genetische Ausstattung einer Person bzw. die mehr oder weniger große Ähnlichkeit des Genotyps der Eltern und ihrer Kinder, der Geschwister untereinander oder gar der Sonderfall des identischen Genotyps (Eineiige Zwillinge) werden als vorrangig bzw. als die kognitive Entwicklung in hohem Ausmaß determinierend angesehen und diese insofern als eher nicht oder als nur wenig beeinflußbar angenommen. Untersucht werden kann im Rahmen einer solchen erbpsychologischen Orientierung etwa die Frage, inwieweit sich eine frühzeitige Trennung von der familiären, d.h. einer sich im Genotyp gleichenden Umwelt, hinein in eine nicht-familiäre Umwelt, in der keinerlei biologische Verwandtschaftsbeziehungen bestehen (Adoptivfamilien), auf die Entwicklung kognitiver Fähigkeiten auswirkt. Daß sich das Verhältnis zwischen anlage- und milieutheoretischer Perspektive wesentlich komplexer darstellt und die „Anlage-Umwelt" Diskussion wie kaum ein anderes Problemfeld der Psychologie von Mißverständnissen und unzulässigen Verallgemeinerungen gespeist ist, soll im Abschnitt 3.3.1 weiter ausgeführt werden.

Auch der Begriff „Kognitive Fähigkeit" ist nicht eindeutig festgelegt und bietet hierdurch Raum für Mißverständnisse. Dies zeigen schon die unterschiedlichen

Operationalisierungen, einmal als allgemeine Intelligenz, einmal als gezeigte Schulleistung (vgl. auch die unterschiedlichen theoretischen Auffassungen zum Begriff der „Hochbegabung“ im Kapitel 1). Die Hoffnung auf eine Leistungsverbesserung durch veränderte Umweltbedingungen sollte den Milieutheoretiker eigentlich dazu führen, kognitive Fähigkeit im Sinne eines Leistungskonstrukts aufzufassen und entsprechend eher mit Schulleistungstests als mit Intelligenztests als Kriterium zu operieren. Im Ergebnis eines Schulleistungstests werden sich Veränderungen in den durch die Umwelt sicherlich beeinflußbaren Leistungskomponenten wie „Motivation“ oder „Konzentration“ vermutlich eher abbilden lassen. Die verschiedenen Aufgaben in Intelligenztests sind dagegen idealerweise so zusammenzustellen, daß sie entweder keine besonderen Erfahrungen voraussetzen, oder aber die Aufgaben sind so anzulegen, daß die benötigte Vorerfahrung auch bei allen Probanden vorausgesetzt werden kann. Intelligenztests messen von ihrem Anspruch her stärker die dispositionelle Komponente des Konstrukts „Kognitive Fähigkeit“. Ein Intelligenztest, der sensibel auf Umwelteinflüsse (Erfahrungen mit dem Testmaterial, sprachliches Verständnis des Probanden etc.) reagiert, wäre im herkömmlichen Sinne nicht mehr als Intelligenztest zu bezeichnen.

Eine Untersuchung, die auf einen Vergleich der familiären Lebenswelt hochbegabter und durchschnittlich begabter Grundschulkinder abzielt und „Hochbegabung“ als hohe bis sehr hohe Ausprägung der allgemeinen Intelligenz (vgl. Abschnitt 1.2.6 bzw. genauer Abschnitt 6.1 der vorliegenden Arbeit) definiert, nimmt nach dem bisher Ausgeführten eine gewisse Zwitterstellung ein. Unterschiede in Umweltvariablen wären im Grunde zunächst nicht zu erwarten. Vielmehr sollten mögliche familiäre Einflußfaktoren lediglich Auswirkungen auf das Verhältnis von Disposition zu gezeigter Leistung nehmen können. Eine zu untersuchende Fragestellung könnte etwa lauten, ob es in der Familie gründende Umstände gibt, die die Überführung einer hohen Leistungsdisposition in eine entsprechend hohe Leistung (z.B. Schulnote) fördern oder behindern. Dies könnte allerdings erst im Verlauf einer Längsschnittuntersuchung genauer überprüft werden[5]. In der dieser Arbeit zugrundeliegenden Querschnittsuntersuchung läßt sich der Einfluß der familiären Lebenswelt auf Disposition und Leistung nicht voneinander trennen. Sollten sich dennoch deutliche Differenzen zwischen beiden Gruppen hinsichtlich der zu untersuchenden Variablen (Familienbeziehungen, Familiensystemvariablen etc., vgl. ge-

---

5 Im Frühjahr 1994 sind an der Stichprobe des Marburger Hochbegabtenprojekts wiederum eine Vielzahl von Daten erhoben worden. Die zu berichtenden Ergebnisse der vorliegenden Arbeit beziehen sich jedoch nur auf den ersten (Identifikationsphase) und zweiten Untersuchungsabschnitt (erster Vergleich von Ziel- und Vergleichsgruppe).

nauer Kapitel 6) aufzeigen lassen, so spricht dies jedoch weder einseitig für die anlage- oder für die milieutheoretische Perspektive, denn eine Trennung von „Erbe" und „Umwelt" kann hier selbstverständlich nicht durchgeführt werden.

Zunächst sollen jedoch zwei Variablenbereiche, die immer wieder im Zusammenhang mit dem kognitiven Entwicklungsniveau genannt werden, diskutiert und die Untersuchungsergebnisse, sofern sie für unsere Fragestellung von Bedeutung sind, kurz zusammengefaßt werden. Bis in die 80er Jahre hinein wurden häufig familiäre *Strukturvariablen* wie „Familiengröße" bzw. „Anzahl der Geschwister", „Geburtsposition" und „zeitlicher Abstand der Geschwister" und ihre Beziehung zum kognitiven Entwicklungsniveau untersucht (Breland 1974; Zajonc & Markus 1975; Zajonc 1976; Scarr & Weinberg 1978; Pfouts 1980). Im Rahmen einer veränderten theoretischen, vielleicht am ehesten mit der Bezeichnung „ökologisch" zu versehenden Orientierung in der Psychologie (vgl. Abschnitt 3.3.2 weiter unten) geraten zunehmend familiäre *Prozeßvariablen* wie „Erziehungsstile" (Darpe, Darpe & Schneewind 1975) oder „spezifische Interaktionsstile" (Sigel 1982; McGillicuddy de Lisi 1985) als Bestimmungsstücke des kognitiven Entwicklungsniveaus ins Blickfeld der Forschung. Sowohl Struktur- als auch Prozeßvariablen familiärer Umwelt werden von der Moderatorvariablen „soziale Schicht" mit beeinflußt.

Kritisch bleibt schon an dieser Stelle anzumerken, daß den Untersuchungen zu Zusammenhängen zwischen Sozialisationsbedingungen und Intelligenz zumeist ein unilateraler Forschungsansatz zugrunde liegt, d.h. bestimmte (familiäre) Variablen werden als Determinanten des kindlichen Entwicklungsniveaus betrachtet. Umfassendere Konzepte wie interaktionale oder auch transaktionale Ansätze (Sameroff 1975) menschlicher Entwicklung wurden bisher zu wenig als zugrundeliegendes Untersuchungskonzept kognitiver Sozialisation eingesetzt (vgl. auch Abschnitt 3.3.2).

3.1 Der Einfluß familiärer Strukurvariablen: Familiengröße, Geburtsposition und Altersabstand zu den Geschwistern

Zusammenhänge zwischen der Familiengröße bzw. der Geschwisterposition und dem (kognitiven) Entwicklungsniveau des Kindes sind häufig untersucht worden (vgl. die Forschungsüberblicke bei Walberg & Marjoribanks 1976; Cicirelli 1978; Henderson 1981; Steelman 1985). Dem liegt die Annahme zugrunde, daß die Geschwisterposition, in die ein Kind hineingeboren wird und die es sein Leben lang nicht verändern kann, einen Einfluß auch auf die intellektuelle Entwicklung des Kindes nimmt.[6]

Ein mehrfach replizierter Befund ist die inverse Beziehung zwischen der Größe der Familie und den kognitiven Fähigkeiten des Kindes auch bei Kontrolle des sozioökonomischen Status: Je gößer die Familie ist, desto niedriger ist das kognitive Entwicklungsniveau der Kinder (Belmont & Marolla 1973; Cicirelli 1976; 1978; Steelman & Mercy 1980). Die Überrepräsentation von Erstgeborenen im Vergleich zu später Geborenen auf weiterführenden Schulen (Bradley 1968) führte zu einer Diskussion um die Bedeutung der Variable „Geschwisterposition" für das intellektuelle Leistungsniveau. Breland (1974) konnte in seiner Untersuchung an über 800000 Stipendienanwärtern aus den Jahren 1962 und 1965 zeigen, daß bei Kontrolle der Variablen „mütterlicher/väterlicher Ausbildungsstand", „Familieneinkommen" und „Alter der Mutter bei der Geburt des Kindes" Erstgeborene aus kleinen Familien die höchsten Werte und Letztgeborene aus großen Familien die niedrigsten Werte in verbalen Testergebnissen aufwiesen. Hayes & Bronzaft (1979) fanden dagegen bei über 500 Mitgliedern der Phi Delta Kappa Society, einer Vereinigung von überdurchschnittlich akademisch Leistungsfähigen, im Vergleich zu amerikanischen Zensusdaten lediglich eine leichte Überrepräsentation von Einzelkindern (16% zu 10%), jedoch keine bevorzugte Geburtsposition.

In der Diskussion über die Auswirkungen familiärer Strukturvariablen auf die kognitive Entwicklung fehlen leider zumeist Annahmen über die zugrundeliegenden psychischen Prozesse, innerhalb dessen solche z.T. hoch miteinander korrelierten Variablen wie „Familiengröße" und „Geschwisterposition" (nach Steelman [1985] liegt die Korrelation bei r=0.65) ihre Wirkungen ausüben. Als Resultat seines Forschungsüberblicks bezweifelt Schooler (1972) denn auch die Erklärungskraft der Variable „Geburtsposition". Daß die vielen negativen Ergebnisse dennoch das Interesse der Forschung an der Frage nach den Auswirkungen einer spezifischen Geburtsposition auf die Persönlichkeit nicht mindern konnte, erklärt er mit der nur schwer zu widerstehenden Versuchung, „... of taking a cheap bet on a long shot by collecting birth order data on their subjects as they pursue studies more central into their interests" (ebd., 174).

---

6 Der Beitrag von Toman (1974), der sich als einer der ersten im deutschen Sprachraum mit den Auswirkungen der Familienkonstellation (Stellung in der Geschwistereihe, Geschlecht und Alter der Geschwister) insbesondere auf das Gelingen oder Mißlingen von Ehe- und Freundschaftsbeziehungen auseinandersetzte, soll hier nicht weiter diskutiert werden.

Ein Erklärungsmodell für den Zusammenhang zwischen Familiengröße, Geburtsposition und Altersabstand zwischen den Geschwistern liefert die in den 70er Jahren vieldiskutierte „Confluence Theory" von Zajonc & Markus (1975; Zajonc 1976). Die Grundannahme der Theorie besagt, daß die „Gesamtintelligenz" der Familie im Sinne einer auf die Familiengröße relativierten Summe der Intelligenzen der einzelnen Familienmitglieder einen direkten Einfluß auf die intellektuelle Entwicklung der Kinder ausübt. Die intellektuelle Umgebung wird in der mathematischen Modellgleichung durch die Intelligenz der einzelnen Familienmitglieder, die Familiengröße, die Geburtsposition des Kindes und den Altersabstand des Kindes zu seinen übrigen Geschwistern bestimmt:

(a) große Familien haben weniger intelligente Kinder;

(b) später geborene Kinder sind weniger intelligent als ihre älteren Geschwister;

(c) je geringer der Altersabstand zwischen den Geschwistern ist, desto geringer ist die kognitive Leistungsfähigkeit des jüngeren Geschwisters.

Einzelkinder und Letztgeborene nehmen eine Sonderstellung im Modell ein, da sie im Gegensatz zu den Vorhersagen niedrigere Intelligenzwerte aufweisen. Zajonc (1976) erklärt dies durch die bei beiden Geburtspositionen fehlende Tutorfunktion für jüngere Geschwister. Cicirelli (1978) postuliert darüber hinaus noch einen Einfluß des Geschlechts der Geschwisterkinder. Das Aufwachsen mit Mädchen sollte seiner Ansicht nach die sprachliche Entwicklung stärker fördern, das Aufwachsen unter Jungen eher die mathematische Begabung.

Die empirischen Befunde zur „Confluence Theory" sind allerdings widersprüchlich. Während Zajonc (1976) seine Annahmen aufgrund einer Reanalyse der Stipendiatendaten von Breland (1974) bzw. mittels einer Analyse großer Datensätze aus Schottland (N=70000 11jährige), den Niederlanden (N=400000 19jährige) und Frankreich (N=100000 6- bis 14jährige) bestätigt sieht, konnten u.a. Grotevant, Scarr & Weinberg (1977) in ihrer Überprüfung der „Confluence Theory" anhand der Intelligenztestergebnisse von 101 Familien mit über 300 Kindern (davon 167 Adoptivkinder) zeigen, daß die Auswertung über individuelle Daten anstelle von aggregierten Mittelwerten (wie bei Zajonc 1976) das Ausmaß an erklärter Varianz von 94% auf 2% reduzierte. Die „Confluence Theory" eigne sich zwar zur Vorhersage von Entwicklungstrends in großen Populationen, trage jedoch so gut wie nichts zur Erklärung oder gar Vorhersage eines individuellen kognitiven Entwicklungsniveaus bei (vgl. auch Page & Grandon 1979). Zajonc (1983) kontert die Kritik an seinem Modell mit der Behauptung, daß eine adäquate Modelltestung bisher noch nicht stattgefunden habe. So müsse etwa der IQ der Eltern berücksichtigt werden und das Alter der Kinder stärker mit in Betracht gezogen werden. Die widersprüchlichen

Forschungsbefunde zur Geburtsposition und zur Sonderstellung des Einzelkindes führt er auf die zu große Altersdifferenz in den verschiedenen Studien zurück. Die Vorhersagen aus der „Confluence-Theory" zur Geburtsposition sollten sich erst bei älteren Kindern zeigen ebenso auch das schlechtere Abschneiden der Einzelkinder.

In ihrem Forschungsüberblick versucht Steelman (1985), die seit dem Review von Cicirelli aus dem Jahre 1978 entstandenen Studien, die z.T. der von Zajonc 1983 formulierten Kritik Rechnung tragen, zusammenzufassen. Sie kommt dabei zu dem Ergebnis, daß die provokante Theorie zwar viele wichtige Untersuchungen veranlaßt habe, daß sie aber zur Erklärung individueller Differenzen in der intellektuellen Entwicklung nicht das hält, was sie verspricht.

Ähnlich bewerten auch Wirth & Wolf (1994) die „Brauchbarkeit" des Confluence-Modells im Anschluß an ihre Überprüfung der Theorie an einer deutschen Stichprobe. Sie untersuchten 185 vierjährige Kindergartenkinder, denen sie einen sprachfreien Intelligenztest (SON von Snijders & Snijders-Omen 1977) und zwei Sprachtests (Landauer Sprachentwicklungstest für Vorschulkinder; Teiltests aus dem amerikanischen Vorschulprogramm „Circus" mit Informationen zur Pluralbildung, der Konjugation von Verben und der Komparativbildung) vorlegten. Zusätzlich wurde der bildungsrelevante soziale Status der Familien erhoben (Bauer 1972). Folgende Fragen versuchten die Autoren zu klären:

(a) Nehmen die Testleistungen der Kinder bei zunehmender Familiengröße (Einzelkind, zwei Kinder, drei und mehr Kinder) ab?

(b) Bestehen ähnliche Beziehungen zwischen der Familiengröße und den Testleistungen in verschiedenen sozialen Schichten (Unterschicht vs. Mittelschicht) bzw. genauer

(c) besteht auch hier, wie in vielen anderen Untersuchungen, ein negativer Zusammenhang zwischen der Familiengröße und dem sozialen Status, und bleibt der „Einfluß" der Familiengröße auf die Testergebnisse nach Kontrolle des Sozialstatus bestehen?

(d) Gibt es einen Einfluß der Stellung in der Geschwisterreihe (erstgeborenes Kind, zweitgeborenes Kind, dritt- oder später geborenes Kind) auf die Testleistungen?

(e) Gibt es einen Effekt der Variable „Altersabstand zum ältesten Geschwister" auf die Testleistungen?

Insgesamt gehen offenbar 17 Untertests und mindestens zwei Gesamttestwerte (LSV-Gesamtwert, SON-Kombination) in die Auswertung mit ein[7]. Zu bemängeln ist, daß hier lediglich univariate Varianzanalysen (bzw. univariate Kovarianzanalysen) mit z.T. sich anschließenden Scheffé-Tests durchgeführt wurden. Bei der Vielzahl der vorgenommenen Analysen, zumal wenn neben den Gesamttestwerten auch alle Untertestergebnisse mit geprüft wurden, hätte man multivariat testen müssen bzw. zumindest das Signifikanzniveau entsprechend anpassen sollen (Stichwort „Inflationierung der Irrtumswahrscheinlichkeit"; in der Untersuchung lediglich $\propto=0{,}05$). Es ergeben sich zwar immer wieder mal signifikante Einzelergebnisse - so haben Familien mit zwei Kindern höhere Werte im SON-Gesamtwert (M=13,21) als Familien mit mehr Kindern (M=11,91) - insgesamt liegen die Effektstärken ($omega^2$) jedoch im untersten Bereich (alle < 10%). Bei der Frage eines Effekts des „Altersabstabstands der Geschwister" auf die Testleistungen verwenden die Autoren offenbar zwölf (!) verschiedene Altersintervalle und führen, wie schon bezüglich der anderen Hypothesen, siebzehn (!) Varianzanalysen durch. Ohne die schnelle Rechenarbeit des Computers hätte man sich vermutlich zu einer vernünftigeren Kategorisierung der Altersabstände entschlossen und damit die Zellbesetzungen vergrößert. Angesichts der methodischen Mängel der Untersuchung von Wirth und Wolf fällt es schwer, eine Ergebniszusammenfassung zu geben: Es zeigte sich - auch wenn die Effekte sehr klein sind -, daß die Familiengröße je nach sozialem Status eine unterschiedliche Wirkung auf die Leistungstestwerte hat, d.h. mit anderen Worten, daß der soziale Status bei Untersuchungen zum Einfluß der Familiengröße auf die Intelligenz der Kinder mit kontrolliert werden sollte.

Ein Ergebnis nahezu aller betrachteten Studien (so auch der von Wirth & Wolf 1994) ist allerdings das Absinken der kognitiven Fähigkeiten der Kinder bei Zunahme der Familiengröße auch unter Kontrolle wichtiger konfundierter Variablen wie etwa dem Sozialstatus der Familien, wobei die Effekte insgesamt eher gering ausfallen ($r<-0.20$). Steelman (1985) bietet folgende Alternativerklärungen, die, unabhängig vom Confluence-Modell, den gefundenen (geringen) Zusammenhang zwischen der Familiengröße und der Intelligenz der Kinder aufklären könnten:

Neben der genetischen Hypothese, daß weniger intelligente Eltern mehr Kinder bekommen und ihre geringere intellektuelle Ausstattung an ihre Nachkommen weitergeben (vgl. Grotevant, Scarr & Weinberg 1977), sind es vor allem verschiedene Überlegungen zur Verteilung von sozialen und materiellen Ressourcen (dilution theories), die Steelman anführt. In größeren Familien können sich die Eltern nicht

---

7 Ob auch für die einzelnen Tests aus dem „Circus"-Programm ein Gesamtwert berechnet wurde, geht aus dem Text leider nicht hervor, ist aber wohl zu erwarten.

mehr soviel mit den Kindern beschäftigen, d.h. es werden weniger verbale Interaktionen zwischen Erwachsenen und Kindern stattfinden. Gerade die sprachlichen Intelligenzindikatoren reagierten in den empirischen Untersuchungen sensibel auf die Familiengröße. In der Studie von Mascie-Taylor (1980) zeigte sich folgender Zusammenhang zwischen der Geschwisterzahl und zweier Untertests des Wechsler-Intelligentests (aufgesplittet in Familien mit „nonmanual occupation" vs. „manual occupations"): verbal: r=0.20 bzw. r=0.15; visuo-spatial: r=0.08 bzw. r=0.02). Ebenso düfte auch die materielle Ausstattung für das einzelne Kind aus größeren Familien im Regelfall geringer ausfallen als für das Kind aus kleineren Familien. Eine weitere Überlegung Steelmans betrifft die Frage, ob Paare, die sich entscheiden, weniger Kinder zu haben, möglicherweise einen anderen Erziehungsanspruch für sich und ihre Kinder formulieren und sich darin von Familien mit mehreren Kinder unterscheiden.

Gerade diese letzte Überlegung erscheint uns im Hinblick auf die „Erklärungskraft" der Variable „Geschwisterzahl" in die richtige Richtung zu weisen. Nicht der Fakt als solcher, daß ein Kind in einer großen Familie aufwächst, ist psychologisch interessant, sondern das, was aus diesem Umstand innerhalb der Familiendynamik entsteht. Wie verändern sich etwa Erziehungsvorstellungen und - damit zusammenhängend - auch erzieherisches Verhalten, wenn eine Familie größer wird? Welche Auswirkungen hat das „Wachsen" einer Familie auf die innerfamiliären Beziehungen und wie steht dies im Zusammenhang mit der Förderung der kognitiven Entwicklung?

3.2 Der Einfluß familiärer Prozeßvariablen: Erziehungsstile

Die Überlegungen hinsichtlich der Zusammenhänge zwischen elterlichen Erziehungsstilen und den kognitiven Fähigkeiten des Kindes sind vielfältig und können hier nur stichpunktartig anhand weniger Untersuchungen widergegeben werden. So stellt sich schon bei dem Versuch der Beschreibung elterlicher Erziehungsstile die Frage, was denn darunter eigentlich zu verstehen sei. Schneewind (1980) schlägt vor, unter dem Oberbegriff „Erziehungsstil", definiert als „... alle kindbezogenen Verhaltensweisen einer Elternperson" (Schneewind 1980, 20), vier verschiedene Beschreibungsdimensionen zu unterscheiden:

(a) Erziehungspraktiken oder -techniken,

(b) Erziehungseinstellungen oder -attitüden,

(c) Erziehungsziele oder normative Orientierungen und

(d) Erziehungsideologien oder instrumentelle Überzeugungen.

Jeder dieser Bereiche kann hierbei einmal aus der Sicht der Eltern (selbstperzipiert) oder auch aus der Sicht des Kindes (fremdperzipiert) erhoben werden (vgl. zusammenfassend auch Lukesch 1980).

In bezug auf unsere Fragestellung (Besonderheiten im elterlichen Erziehungsstil besonders begabter Kinder?) ist weiter zu überlegen, ob das erzieherische Verhalten der Eltern als Ursache oder aber auch Folge der außergewöhnlichen Fähigkeiten des Kindes zu betrachten ist. Das erstere liegt zunächst näher, scheint die Sozialisationsionsrichtung doch von den Eltern auf die Kinder hin zu führen. Viele, insbesondere ältere Untersuchungen übernehmen diese Vorannahme, so etwa die klassisch zu nennende Studie von Marjoribanks (1972). Unzufrieden mit der bisherigen Vorgehensweise, familiäre Umwelt allein durch grobe Statusvariablen wie Beruf und/oder Ausbildung der Eltern, Familiengröße, Wohnungsgröße u.a.m. zu operationalisieren, postulierte Marjoribanks acht verschiedene Umweltkräfte, die auf einzelne Intelligenzfaktoren (Sprachliche Fähigkeit, Rechenfähigkeit, Raumvorstellung und Schlußfolgerndes Denken) möglicherweise in unterschiedlichem Maße Einfluß nehmen sollten. Zu den acht Umweltkräften, erhoben in halbstrukturierten Familieninterviews, zählt Marjoribanks vor allem verschiedene Anforderungsfaktoren (an Leistung, Intellektualität, Aktivität, Sprachfähigkeit), d.h. Wünsche, Einstellungen oder auch Verhalten der Eltern, die im Rahmen des erzieherischen Prozesses auf die Kinder „übertragen“ werden. Seine Untersuchungsgruppe bildeten jeweils 90 bzw. 95 11jährige Jungen mit ihren Familien aus der Mittel- bzw. Unterschicht. Die Übersicht über die multiplen Korrelationen der Intelligenztestwerte (California Test of Mental Maturity bzw. SRA Primary Mental Abilities Test) mit den 8 Umweltkräften ergab folgendes Bild: Bezüglich der Intelligenzfaktoren „Sprachliche Fähigkeit“ und „Rechenfähigkeit“ klärte die Kombination der acht Umweltvariablen ca. 50% der Varianz auf. Für den Bereich „Schlußfolgerndes Denken“ lag die Varianzaufklärung nur noch bei 16% und für „Raumvorstellung“ konnten keine signifikanten Zusammenhänge festgestellt werden. Da auch verschiedene soziologische Familiendaten (z.B. Bildungsgrad von Vater und Mutter, Beruf des Vaters, Anzahl der Kinder) mit erhoben wurden, konnte Marjoribanks überprüfen, inwiefern die Vorhersagequalität der Umweltkräfte diejenige der groben Sozialindikatoren übersteigt. Für „Sprachliche Fähigkeit“ lag die zusätzliche Varianzaufklärung bei 25%, für „Rechenfähigkeit“ bei 34% und für „Schlußfolgerndes Denken“ bei 12%. Zusammenfassend zeigt die Studie von Marjoribanks, daß bei genauerer Betrachtung der in der familiären Umwelt stattfindenden „Erziehungsprozesse“ weit engere und differenziertere Beziehungen zu verschiedenen Intelligenzfaktoren aufgezeigt werden können, als wenn nur einfache Sozialindikatoren als Maß für das familiäre Anregungsmilieu herangezogen werden. „Rechenfähigkeit“ und „Sprachliche Fähigkeit“

sind offenbar stärker durch die Umwelt beeinflußbar als „Schlußfolgerndes Denken". Für den Intelligenzfaktor „Raumvorstellung" konnten in dieser Untersuchung keine Zusammenhänge zu den Umweltkräften festgestellt werden. Kritisch bleibt anzumerken, daß eine Kausalrichtung der Einflußnahme selbstverständlich nicht angenommen werden kann, auch wenn man versucht ist, die Einflußrichtung von den Eltern auf die Kinder zu betrachten. Ein zweites Problem betrifft die Konfundierung von Anlage und Umwelt. In den (multiplen) Korrelationskoeffizienten sind auch genetische Anteile mit enthalten, denn die Kinder teilen mit ihren Eltern nicht nur die Umwelt, sondern auch einen Teil ihrer genetischen Anlage.

Auch die Studie von Darpe, Darpe & Schneewind (1975) fragt nach den Auswirkungen einzelner elterlicher Erziehungseinstellungen und Erziehungsziele auf Merkmale der kindlichen Intelligenzstruktur. Die Untersuchung ist insofern interessant, als hier das Erzieherverhalten in der Wahrnehmung durch die Kinder als „Erklärungs"-variable kindlicher Intelligenzleistungen herangezogen wird. 277 Kinder (150 Mädchen, 127 Jungen) im Alter von 10 bis 12 Jahren wurden hinsichtlich verschiedener mütterlicher und väterlicher Erziehungseinstellungen (u.a. Nachsichtigkeit vs. Verständnislosigkeit; Durchsetzung elterlicher vs. kindlicher Vorstellungen; Kontaksuche vs. Distanzierung) und Erziehungsziele (u.a. Prestigestreben; Liberalität und Entscheidungsfreiheit; Anpassung an elterliche Ordnungsvorstellungen; Leistungsorientierte Selbständigkeit) befragt. Als Kriteriumsvariablen in den multiplen Regressionsanalysen fungierten die Intelligenzfaktoren „Zahlenverständnis", „Schnelligkeit", „Räumliches Erfassen" und „Sprachverständnis". Die Ergebnisse der Untersuchung sind sehr vielgestaltig, da die Autoren auch getrennte Auswertungen hinsichtlich des Geschlechts der Eltern und Kinder vornehmen. Wie schon in der Untersuchung von Marjoribanks (1972) zeigt sich auch hier, daß insbesondere der Intelligenzfaktor „Sprachverständnis" im Zusammenhang mit vom Kind wahrgenommenen Erziehungseinstellungen und Erziehungszielen steht (32% Varianzaufklärung bei den Töchtern, 23% bei den Söhnen). Aber auch für die Faktoren „Räumliches Erfassen" bzw. „Zahlenverständnis" ergeben sich, wenn auch nur für die die Söhne, signifikante Zusammenhänge (Varianzaufklärung 27% bzw. 24%). Keinen Zusammenhang zu den erfragten Erziehungseinstellungen und Erziehungszielen zeigte sich dagegen bezüglich des Faktors „Schnelligkeit". Die Frage nach dem differentiellen Einfluß der verschiedenen Erziehungsvariablen mütterlicher- und väterlicherseits ist ebenfalls nicht leicht zu beantworten, da je nach betrachteter Dyade (Mutter-Sohn; Mutter-Tochter; Vater-Sohn; Vater-Tochter) unterschiedliche Ergebnisse vorliegen. Zusammenfassend läßt sich jedoch sagen, daß die wahrgenommene Nachsichtigkeit der Eltern in Kombination mit geringem Prestigestreben offenbar Lernprozesse erleichtert und dieser „wenig repressive Erziehungsstil" (Darpe, Darpe & Schneewind 1975, 70) nach Ansicht der Autoren eine plausible Erklärung für die mit diesem Erziehungsverhalten verbundenen höheren sprachlichen Fähigkeiten bietet. Dennoch muß beachtet werde, daß mit dem vorliegendem Untersuchungsdesign lediglich korrelative Zusammenhänge aufgezeigt werden können und eine „Verursachungsrichtung“ lediglich theoretisch angenommen werden kann.

Ein z.T. auch längsschnittlicher Ansatz zur Frage der Zusammenhänge zwischen familiärer Umwelt und kognitiver Leistung der Kinder wird in der Arbeit von Schuck & Schuck (1979) vorgestellt. Wie schon in den beiden bisher erwähnten Studien werden zunächst für die Intelligenzentwicklung möglicherweise bedeutsame Umweltvariablen postuliert (vgl. hierzu auch die Arbeit von Trudewind [1975] mit seiner Taxonomie des nichtschulischen Lebensraumes). Den Ausgangspunkt bilden 530 Items, zusammengefaßt zu sieben Fragebogen. Nach zwei hintereinanderdergeschalteten Faktorenanalysen ergeben sich schließlich folgende drei Umweltdimensionen: „Sozioökonomisches und soziokulturelles Niveau der Familie“, „Emotionale Wärme und Unterstützung“ und „Autorität und Kontrolle“. Im Querschnitt zeigte sich für die 145 Kinder im Vorschulalter, unter Herauspartialisierung des IQen der Eltern und des familiären Sozialstatus, daß „gemeinsam mit hohen Intelligenztestleistungen der Kinder (unabhängig vom Leistungschwerpunkt) ein eher höheres sozioökonomisches und soziokulturelles Niveau der Familie, eine deutlichere Tendenz zu emotionaler Wärme und Unterstützung sowie eine deutliche Befürwortung von Autorität und Kontrolle auftritt“ (Schuck & Schuck 1979, 145). Interessant ist nun, daß bei einer erneuten Testung von 90 Kindern nach einem Jahr die Vorhersagequalität des vorherigen Intelligenztestergebnisses anstieg, wenn verschiedene Umweltvariablen als Prädiktoren mit herangezogen wurden (Hawiva-Verbalteil r_{t1-t2}=0.67, unter Hinzunahme von vier Umweltvariablen: R=0.74; Hawiva-Handlungsteil r_{t1-t2} =0.63, unter Hinzunahme von drei Umweltvariablen: R=0.71). Auch nach einer erneuten Testung von 49 Kindern nach vier Jahren zeigte sich noch, daß die Vorhersagequalität von Intelligenztestwerten und auch von Schulleistungen anstieg, wenn familiäre Umweltvariablen, hier z.B. die Variable „Hohes Maß an Zufriedenheit der Eltern mit ihren Kindern“, als zusätzliche Prädiktoren in die Vorhersagegleichung aufgenommen wurden.

In den sehr ähnlichen Modellvorstellungen zur Aufklärung der Bedingungen von Schulleistung bzw. Schulerfolg (Kühn 1983; Krapp 1984; Sauer & Gattringer 1985) sind familiäre Faktoren immer mit eingeschlossen. Die meisten Modelle enthalten Rückkopplungsschleifen, so daß etwa die aktuellen Schulleistungen der Kinder die Bildungserwartungen der Eltern beeinflussen können und, vermittelt über Erwartungshaltungen der Eltern, so wieder z.B. auf die Leistungsmotivation der Kinder zurückwirken.

Im Modell von Seginer (1983), die die elterlichen Erwartungen an die Leistungen ihrer Kinder zum einen als Ursache, zum anderen aber auch als Folge der kindlichen Leistungsfähigkeit ansieht, sind hauptsächlich drei Faktoren für die Herausbildung der elterlichen Leistungserwartungen verantwortlich. Die Rückmeldung der schulischen Leistungen („school feedback") bietet den Eltern ein wichtiges Korrektiv ihrer eigenen Erwartungen. Die Untersuchungen hierzu sind jedoch widersprüchlich. In Abhängigkeit vom Geschlecht, Sozialstatus u.a.m. schwanken die Effekte von ß=0.03 bis ß=0.40 (Pfadkoeffizienten in Pfadanalysen; vgl. Howell & Frese 1979, in Seginer 1983). Notwendig sind hier im Grunde Längsschnittstudien, die sich der Frage widmen, wie die Eltern vor einer ersten Rückmeldung (Kinder im Vorschulalter) und nach dem Erhalt der ersten Schulnoten ihrer Kinder den Beurteilungsprozeß vollziehen (vgl. hierzu die Studie von Entwisle & Hayduk 1978, in Seginer 1983). Die Hoffnungen der Eltern („parents' aspirations") und das allgemeine Wissen über die Bedingungen von Schulleistungen bzw. die Fähigkeit zum Erkennen der kindlichen Begabung („parental knowledge") sollen ebenfalls die konkreten Schulleistungserwartungen der Eltern beeinflussen. Die „Verbindung" von den Erwartungen der Eltern zu den Leistungen der Kinder geschieht im Modell nach Seginer einmal über leistungsförderndes Erziehungsverhalten („achievement supporting behavior"), z.B. ein hohes Interesse und Eingebundensein der Eltern in die Lernaktivitäten der Kinder, aber auch über die bekannten Verstärkungsmechanismen („differential reinforcement") Lob und Tadel. Als dritten Faktor vermutet Seginer eine eher indirekte Übermittlung elterlicher Erwartungen auf die gezeigten Leistungen der Kinder über deren eigenen Leistungserwartungen. Eltern, die ihren Kindern keine guten Schulnoten zutrauen (wo immer diese Einstellung auch herkommt), haben scheinbar auch Kinder, die bezüglich ihrer Leistungserwartungen eher mutlos sind und dementsprechend weniger Anstrengungen unternehmen, den Erwartungen ihrer Eltern durch bessere Noten zu widersprechen. Im Anschluß hieran stellt sich die Frage, zu welchem Zeitpunkt kindlicher Entwicklung eine Beeinflussung durch elterliche Leistungserwartungen in positiver wie in negativer Hinsicht besonders wirksam ist. Hierzu liegen leider noch zu wenig Untersuchungsergebnisse vor.

Einen weiteren Ansatz zur Erforschung der familiären Prozesse kognitiver Sozialisation bieten die Untersuchungen zum Stichwort „Parents' Beliefs" (vgl. etwa McGillicuddy de Lisi 1985; Sigel 1985; zusammenfassend Miller 1988). Die Ausgangsthese dieser Forschungsrichtung lautet:

> Eltern als denkende Individuen handeln in der Erziehung ihrer Kinder strukturiert, zielbewußt und vorhersagbar.

Die dem elterlichen Erziehungshandeln zugrundeliegenden kognitiven Konstrukte gilt es demnach näher aufzuklären. In einer Untersuchung an 122 Familien mit Vorschulkindern (McGillicuddy des Lisi 1985) zeigte sich, daß neben einem spezifischen, die kognitive Entwicklung fördernden Interaktionsstil („distancing strategies", vgl. Sigel 1982), sowohl die mütterliche als auch die väterliche „Grundannahme", daß Kinder sich ihre eigene Welt aufgrund aktiver Auseinandersetzung mit der Umwelt selber schaffen und daß Eltern ihnen hierbei behilflich sein sollten, einen eigenständigen Beitrag zur Aufklärung der kognitiven Leistungen der Kinder aufwies (Pfadkoeffizienten: Mutter: ß=0.20; Vater: ß=0.24).

Abschließend erscheint für unsere Fragestellung nach möglichen Besonderheiten der Familien mit hochbegabten Kindern folgendes von Interesse:

(a) Wie denken die Eltern über die kognitive Entwicklung ihrer offenbar sehr begabten Kinder?

(b) Wie gut können die Eltern die besonderen Begabungen ihrer Kinder wahrnehmen?

(c) Wie lauten die weiteren „Entwicklungsziele" für ihre Kinder (Schulabschlußerwartung, Berufliche Orientierung etc.)?

3.3 Diskussion einiger Probleme der Erforschung kognitiver Sozialisation

3.3.1 Erbe contra Umwelt

Bei der Suche nach den Ursachen von Verhaltensunterschieden im Bereich kognitiver Fähigkeiten und damit letztlich auch bei der Suche nach dem Spielraum für Veränderungen und den Möglichkeiten der Einflußnahme spielte die Frage nach dem Einfluß von Erbe und Umwelt immer wieder eine Rolle.[8] Einig ist man sich lediglich in der trivialen Feststellung, daß das Verhalten eines Individuums (Phänotyp) als Resultat eines „Zusammenspiels" von genetischer Anlage (Genotyp) und spezifischer Umwelt betrachtet werden muß. Über die Art und Weise der Gewichtung von Anlage und Umwelt bzw. über zusätzliche Annahmen von Interaktion und Kovarianz von Anlage und Umwelt in bezug auf ein bestimmtes Merkmal herr-

---

8 Wichtige Stationen dieser Diskussion bis zum Anfang der 70ger Jahre sind nachzulesen im Sammelband „Umwelt und Begabung", herausgegeben von Skowronek (1982). In der Monographie von Helbig (1988) wird in Kapitel III. (ebd., 127-249) sehr ausführlich die Frage nach der Erblichkeit von Begabung (Intelligenz) diskutiert, und es werden auch neuere Ergebnisse der Zwillings- und Adoptionsforschung vorgestellt.

schen bereits unterschiedliche Auffassungen vor (vgl. einführend Merz & Stelzl 1977).

Hierbei muß ausdrücklich betont werden, daß die Begriffe „Vererbung“ bzw. „Erblichkeit“ oft mißverständlich gebraucht werden. Umgangssprachlich dreht sich die Diskussion zumeist um die Frage der *Vererbung*. Implizit wird hierbei vorschnell angenommen, daß für den Fall einer Vererbung etwa von Intelligenz keinerlei Einflußnahme auf intelligentes Verhalten besteht. Diese Befürchtungen sind jedoch auszuräumen, denn sie beruhen auf einem Fehlschluß: „vererbt“ ist nicht gleichzusetzen mit „unveränderbar“, genauso wie „erworben“ nicht bedeutet, daß hier in jedem Fall auf das entsprechende Merkmal Einfluß genommen werden kann. Als Beispiel für ersteres wird immer wieder die Stoffwechselkrankheit Phenylketonurie herangezogen. Hier fehlt ein spezifisches Enzym zur Umwandlung eines Eiweißes. Der Erbgang dieser Krankheit ist aufgeklärt, Phenylketonurie ist erblich und dennoch ist es möglich, durch eine entsprechende Diät die Folgen der Krankheit, die unbehandelt zu geistigem Schwachsinn führt, abzuwenden. Im Gegensatz dazu läßt sich eine durch einen Unfall erworbene Erblindung leider durch keine noch so großen medizinischen Anstrengungen rückgängig machen.

Der Begriff der *Erblichkeit* entstammt dem varianzanalytischen Erblichkeitsmodell der Populationsgenetik. Der Erblichkeitskoeffizient ist ein Schätzwert des genetischen Anteils (genotypische Varianz) an der Gesamtvarianz eines Merkmals (phänotypische Varianz) in einer bestimmten Population. Wie in jedem varianzanalytischen Modell sind zusätzlich zu den beiden Haupteffekten (Erbe vs. Umwelt) auch Interaktions- und Kovarianzeffekte anzunehmen. Sollte es sich herausstellen, daß für die kognitive Entwicklung hochbegabter Kinder der Anregungsreichtum innerhalb der Familie keine bedeutsame Rolle spielt, z.B. weil sich das hochbegabte Kind auch unter schwierigsten sozialen Umständen seine optimale Anregung aktiv sucht, das „Durchschnittskind“ jedoch sehr wohl von einer kognitiv-fördernden Umwelt profitiert und unter dem Gegenteil in seiner kognitiven Entwicklung leidet, so ist von einer Anlage-Umwelt Interaktion auszugehen. Unterschiedliche Genotypen (hochbegabt vs. durchschnittlich begabt[9]) reagieren in diesem Fall auf die glei-

---

9 Die Gleichsetzung der Begriffe „hochbegabt“ und „durchschnittlich begabt“ mit zwei verschiedenen Genotypen bleibt zu kritisieren und dient hier nur der Verdeutlichung eines Interaktionseffektes zwischen Erbe und Umwelt. Die Zuordnung beider Begriffe zu Personen oder Personengruppen erfolgt aufgrund spezifischer Operationalisierungen (vgl. die verschiedenen Hochbegabungsdefinitionen in Kapitel 1) und meint immer schon die *phänotypische* Ausprägung eines entsprechend definierten Merkmals bzw. einer Merkmalskombination.

che Umwelt (z.B. eine wenig anregende familiäre Umwelt) jeweils in unterschiedlicher Art und Weise. Der Begriff der Kovarianz meint dagegen lediglich, daß eine spezifische Form der Abhängigkeit zwischen dem Genotyp und seiner Umwelt angenommen werden muß. Ein musikalisch begabtes Kind hat z.B. sicherlich eine größere Chance, entsprechende Förderungen zu erhalten, als ein Kind, das diese Begabung zunächst einmal nicht zeigt. Neben Kovarianz und Interaktion komplizieren zusätzlich Effekte selektiver Partnerwahl die quantitative Abschätzung der Erblichkeit von Intelligenz. Die immer wieder gefundene relative Ähnlichkeit der Ehepartner im IQen sollte nach dem erbpsychologischen Modell dazu führen, daß die Varianz zwischen den Familien über verschiedene Generationen immer größer wird.

Auf die unterschiedlichen Methoden und Ergebnisse der Erbpsychologie (Stammbaumanalyse, Zwillings- und Adoptionsstudien) im Zusammenhang mit der Klärung der „Erblichkeit“ von Intelligenz und auf die umfangreiche Kritik kann hier nicht weiter eingegangen werden (vgl. zur „Jensen-Debatte“ Jensen 1969 [deutsche, leicht gekürzte Fassung in Skowronek 1982); Jensen 1975; Williams 1975; Klauer 1975; ansonsten auch Merz & Stelzl 1977; Helbig 1988; Krapp 1988; Lewontin, Rose & Kamin 1988). Im folgenden sollen jedoch einige grundsätzliche Fragen erbpsychologischer Forschung kurz angesprochen werden.

Als Populationsschätzwert gibt der Erblichkeitskoeffizient Auskunft über die Verteilung des Merkmals in einer bestimmten Population, d.h. er ist kein einmal festzulegender, quasi biologisch bedingter Wert. Eine der Grundannahmen der Erbpsychologie, ausgedrückt in der Formel „Varianz(Phänotyp)= Varianz(Erbe) + Varianz(Umwelt)“ macht die Umweltabhängigkeit des Koeffizienten deutlich. Je ähnlicher die Umwelt einer Population, d.h. je geringer die Umweltvarianz, desto höher sollte der Erblichkeitskoeffizient des gemessenen Merkmals für diese Population ausfallen. Dagegen führt eine stark ausdifferenzierte Umwelt dazu, daß der Erblichkeitsanteil an der phänotypischen Varianz des Merkmals sinkt. Festgehalten werden muß, daß der Erblichkeitskoeffizient etwas über „... das Ausmaß an *Unterschiedlichkeit* in Genotypen und Umwelten...“ aussagt, jedoch nichts über die „... *Bedeutung* von Anlage- und Umweltfaktoren für die Entstehung bzw. Entwicklung eines Merkmals wie Intelligenz beim einzelnen Individuum“ (Prenzel & Schiefele 1986, 132, Hervorhebungen im Text).

Daß sich die Erbpsychologie überhaupt einem so komplexen und nach wie vor nicht eindeutig definiertem (und vielleicht auch nicht eindeutig definierbarem) Merkmal wie der Intelligenz (vgl. auch 1.3) zuwendet, hat u.a. seine Gründe darin, daß einige empirische Beobachtungen auf eine Vererbung hindeuten[10]. So konnte etwa gezeigt werden, daß mit höherem genetischen Verwandtschaftsgrad die Ähnlichkeit in den kognitiven Fähigkeiten zunimmt (vgl. Plomin & deFries 1980). Diesen Zusammenhang zeigen auch einige Ergebnisse der Hochbegabtenforschung. Geschwister von Hochbegabten sind häufig ebenfalls besonders begabt und die Eltern in Hochbegabtenfamilien zeichnen sich oft auch durch besondere kognitiven Fähigkeiten aus (vgl. 4.3.3.1).

Dennoch bleibt die in den mehr oder weniger komplexen Formeln der Erbpsychologie (vgl. Merz & Stelz 1977, 34-65; Helbig 1988, Kapitel III) angenommene Trennung in Anlage- und Umweltvariablen fragwürdig. Strittig ist z.B. schon, ob die Komponente „selektive Partnerwahl“ eher dem Bereich „Erbe“ (vgl. Jensen 1969; 1982) oder mehr dem Bereich „Umwelt“ (vgl. Helbig 1988) zuzuordnen ist. Die größere Häufigkeit der Partnerwahl innerhalb vergleichbarer sozio-kultureller Schichten ist u.E. mit einer Umwelttheorie genauso einfach erklärbar wie durch die Annahme sozio-biologischer Wirkmechanismen. Ebenso bleibt empirisch zu überprüfen, welche „Seite“ bei einer angenommenen Kovarianz von Erbe und Umwelt die treibende Kraft darstellt und zu welchem Zeitpunkt in der Entwicklung eine gewünschte Einflußnahme am besten durchzuführen wäre. Beispielsweise ist man im Rahmen der Projekte kompensatorischer Erziehung davon ausgegangen, daß eine frühe Förderung wesentlich größere Erfolgschancen hätte als eine spätere. Kritiker stellen zudem immer wieder die Frage, ob bei den Zwillings- und Adoptionsstudien die im Modell geforderte Entflechtung zwischen Anlage und Umwelt angenommen werden kann und ob darüber hinaus die Ergebnisse aus diesen „Spezial“Familien überhaupt auf den „Normal“-Fall übertragbar sind.

Bei der Feststellung der Intelligenzverteilung einer Population als Ausgangspunkt der Untersuchungen zur Erblichkeit von Intelligenz sind Anlage und Umwelt immer schon untrennbar miteinander verknüpft. Ohne Umwelt ist schließlich keine Entwicklung des Genotyps denkbar. Andererseits sind Umweltwirkungen nur denkbar

---

10 Wenn in einer Gesellschaft Bildungs- und damit zusammenhängend auch „Lebenschancen“ zu verteilen sind und diese Verteilung u.a. nach den Fähigkeiten ihrer Mitglieder vorgenommen werden soll, dann interessiert es natürlich sowohl den (Bildungs-)Politiker wie auch den Einzelnen, wo diese Fähigkeiten „herkommen“ und wie man sie gegebenenfalls verbessern kann. Daß es hier zu einem Interessenskonflikt kommen muß, wird schnell deutlich: der Einzelne ist an einem möglichst guten Abschneiden im Verteilungs“kampf“ interessiert, die Selektionsinstitutionen (Schule, Universität, berufliche Fortbildungen) müssen und wollen nur die Fähigsten fördern, zumal die Mittel begrenzt sind.

auf dem Hintergrund genetischer Dispositionen. Die Umwelt wird in der Perspektive der Erbpsychologie zumeist lediglich als „unbestimmte Quelle einer Restvarianz (des IQ) nach Abzug der Erblichkeit“ (Helbig 1988, 215) betrachtet, und man muß sich u.E. fragen, ob diese Gewichtung dem tatsächlich Vorfindlichen, aber auch dem Anliegen psychologischer Forschung gerecht wird. Vielmehr ist hier Klauer (1975) zuzustimmen, der angesichts der Jensen-Debatte der 70ger Jahre eindringlich dafür plädierte, im Rahmen einer präskriptiven Forschungsorientierung den Blick doch stärker auf Möglichkeiten der Beeinflußbarkeit zu richten. Die Feststellung eines IQen sage schließlich noch nichts Endgültiges über die Lernfähigkeit eines Individuums aus, auch wenn sicherlich mit Grenzen der pädagogisch-psychologischen Einflußnahme zu rechnen sein wird. Aus dem bisher Gesagten sollte deutlich geworden sein, daß kein psychologisches Merkmal als solches „vererbt“ ist und daß der Einfluß von Vererbung auf Verhalten immer nur ein indirekter sein kann (vgl. hierzu schon Anastasi in Skowronek 1982).

Umso erstaunlicher ist da ein jüngerer Artikel von Weiss (1993a; 1993b), in dem versucht wird, mit Hilfe genetischer Hypothesen eine Begründung für das dreigliedrige Schulsystem zu liefern. Die der Argumentation zugrundeliegenden Daten entstammen einer Begabtenstudie zur Förderung mathematisch Hochbegabter der ehemaligen DDR. Für die 1329 Teilnehmer der Mathematikolympiade schätzt Weiss entsprechend der Selektionsquote einen IQ $\geq$ 130. Den IQen der Verwandten 1. und 2. Grades sowie der Cousins der Teilnehmer und deren Eltern ermittelt er „aus den statistischen Beziehungen zum Kompliziertheitsgrad des Berufes bzw. der Tätigkeit, den Schulleistungen und der Lebensleistung (z.B. Erfindungen, Patente, berufliche Auszeichnungen)“ (Weiss 1993a, 173). Dieser äußerst problematische Rückschluß von Sozialdaten auf den IQen, zumal wenn hierdurch genetische Hypothesen „getestet“ werden, die wiederum eine „soziale Gliederung“ begründen helfen sollen, sieht Weiss selber und wird auch in den beiden sich an seinen Aufsatz anschließenden Kritiken deutlich hervorgehoben (vgl. Lukesch 1993; Grupe 1993).

Den Kern der Überlegungen von Weiss bildet „die Hypothese der Mendelschen Spaltung eines „*Hauptgenlocus der Allgemeinen Intelligenz*“ (ebd. 175, Hervorhebung durch die Autorin) mit den kombinierbaren Allelen M1 und M2. Weiss vergleicht die aufgrund der Erbgesetze erwarteten Häufigkeiten mit den empirisch ermittelten. Und tatsächlich zeigt sich eine Dreigliedrigkeit, wie sie bei der freien Kombination von zwei Variablen (M1M1, M1M2 bzw. M2M1, M2M2) auch zu erwarten wäre. Aus der Intelligenzverteilung innerhalb der Verwandtschaft der Olympiadenteilnehmer schätzt Weiss die Genfrequenz für M1 bei 0.20 und jene für M2 bei 0.80. Hierdurch lassen sich nach Weiss sogar Schätzwerte für die prozentualen Häufigkeiten der Intelligenzklassen in der Bevölkerung angeben: den seltenen „Klugen“ (homozygot für das „Intelligenzgen“ M1M1, Häufigkeit 5%, IQ-

Median=130) und wenigen „leicht Überdurchschnittlichen" (heterozygot mit M1M2, Häufigkeit 27%, IQ-Median=112) steht die Mehrzahl der „leicht Unterdurchschnittlichen" (homozygot mit M2M2, Häufigkeit 68%, IQMedian=94) gegenüber.

Im letzten Abschnitt des Artikels diskutiert Weiss die Folgen der „*Existenz* dieser drei Begabungsstufen" (ebd. 179, Hervorhebung durch die Autorin) für die Bildungspolitik. Der Übergang von einer mit verschiedenen Hilfskonstruktionen (vgl. die Ermittlung des „IQ" der Verwandten) gefundenen erbpsychologischen Erklärung der Intelligenzverteilung einer Gruppe von mathematisch Hochbegabten und deren Verwandten hin zur Empfehlung einer „vollständigen Trennung der drei Leistungsstufen in unterschiedliche Bildungswege" (ebd., 181) gelingt Weiss erstaunlich schnell. Auf eine differenzierte Kritik an der Argumentation von Weiss kann hier nicht weiter eingegangen werden (vgl. Lukesch 1993; Grupe 1993). Es sollte allerdings deutlich geworden sein, daß selbstverständlich auch für die Daten von Weiss die prinzipiell untrennbare Konfundierung von Anlage- und Umweltfaktoren gilt und insofern die Prüfung der Hypothese eines Hauptgenlocus der Allgemeinen Intelligenz anhand seiner Daten u.E. nicht sauber durchführbar ist. Weitergehend kann man sich sogar fragen, ob es überhaupt sinnvoll ist, bei einem so komplexen Persönlichkeitsmerkmal wie der „Intelligenz" eines Menschen einen so einfachen Erbgang anzunehmen. Weiss schießt über sein Ziel hinaus und man gewinnt den Eindruck, daß auch hier, wie zuvor in der „Jensen-Debatte" der 70ger Jahre, „der eigentliche Motor dieser A.-U. Debatte weniger auf der wissenschaftlichen Ebene als vielmehr auf der Ebene *bildungs- und gesellschaftspolitischer Auseinandersetzungen* (Hervorhebung im Text) zu suchen ist (Krapp 1988, 40).

3.3.2 Wer „sozialisiert" wen?

Wie schon kurz im Abschnitt 2.2 angesprochen, hat sich der Fokus familiärer Sozialisationsforschung in den letzten Jahren erheblich geweitet. Wurde in früheren Arbeiten das Kind als weitestgehend passiver Empfänger elterlicher Erziehungsvorstellungen und Erziehungsaktionen betrachtet, kehrte sich in den 70ger Jahren die angenommene „Wirkrichtung" zunächst um. Konstitutionelle Bedingungen des Kindes, so wurde postuliert, sollte entsprechendes Verhalten bei den Eltern hervorrufen können und so einen „Kindeffekt" familiärer Sozialisation ausmachen.

Ausgelöst wurde die sogenannte „child-effect" Forschung (Lewis & Rosenblum 1974; Bell & Harper 1977; Lerner & Spanier 1978) durch den Artikel „Reinterpretation of the direction of effects in studies of socialization" von Bell 1968 (vgl. auch Bell 1979; Baumrind 1980). Elterliches Erziehungsverhalten wird hier nicht mehr länger als unabhängige Variable aufgefaßt, sondern wird selber erklärungsbedürftig. Bell postuliert drei angeborene Kindfaktoren, die jeweils Einfluß auf elterliches Verhalten nehmen sollen: Kinder unterscheiden sich hinsichtlich ihrer „Durchsetzungsfähigkeit", ihrer „Aktivität und sensomotorischen Fähigkeit" und ihrer „Personorientiertheit". Eltern reagieren auf das gezeigte Verhalten ihrer Kinder mit Hilfe zweier Kontrollmechanismen. Unter Maximussteuerung („upper-limit control") versteht Bell die Einhaltung einer Obergrenze noch zu ertragenden kindlichen Verhaltens. Als extremste Form dieses Kontrollmechanismus wäre die körperliche Bestrafung anzusehen. Die Minimumsteuerung (low-limit control") tritt dann ein, wenn kindliche Verhaltensweisen elterliche Normen unterschreiten und die Eltern, etwa bei lethargischen oder gering entwickelten Kindern (jedenfalls in der elterlichen Beurteilung), eine Anregung gewünschter kindlicher Verhaltensweisen in Gang setzen. Als ein Beispiel seiner veränderten Sichtweise erwähnt Bell u.a. folgendes Ergebnis aus dem Bereich kognitiver Sozialisationsforschung: Mütter von Kindern mit einer hohe verbalen Intelligenz lassen ein engeres und anspruchsvolleres Verhältnis zu ihren Kindern erkennen als Mütter von Kindern mit hohen nonverbalen Fähigkeiten. Die „traditionelle" Interpretation sieht hier die enge und anspruchsvolle Beziehung der Mutter zu ihrem Kind als Bedingung der verbalen Fähigkeiten des Kindes. Die Alternativerklärung Bells lautet dagegen folgendermaßen: Kinder, die von Geburt an stark personorientiert und eher wenig durchsetzungsfähig sind, besitzen eine positive Verstärkungsfunktion für die sozialen Reaktionen ihrer Mütter. Durch die zu erwartende hohe Fürsorglichkeit der Mütter (intensive verbale Kommunikation mit dem Kind) werden die verbalen Fähigkeiten des Kindes besonders gefördert.

Das zunehmende Interesse an der Entwicklung der Eltern-Kind Beziehung über die gesamte Lebensspanne (Baltes & Schaie 1973), die Konzeption von Familienentwicklung als wiederholte Bewältigung von notwendig auftretenden Entwicklungsaufgaben (Havighurst 1979; Duvall 1977; vgl. auch Schneewind 1987) und die Orientierung an ökologischen Konzepten zur Analyse der menschlichen Entwicklung (Bronfenbrenner 1979, Walter & Oerter 1981; Schneewind, Beckmann & Engfer 1983) gingen weit über die Annahme einer einfachen „Reziprozität der Eltern-Kind Beziehung" (Pauls 1983) hinaus. Das Gesamt an Beziehungsentwicklung über die Zeit sollte in den Blick genommen werden. Konzepte wie „Soziale Interaktion" (vgl. Brunner & Huber 1989) oder auch „soziale Kognition" (vgl. den Überblick bei Silbereisen 1987) werden zunehmend als „Arbeits"-Variablen zur Beschreibung und Erklärung von Sozialisation bzw. Erziehung mit herangezogen.

Gefordert wird zudem ein Wechsel vom Modell statischer Interaktion hin zu einem Modell dynamischer Interaktion (vgl. Brunner & Huber 1989). Unter statischer Interaktion wird hierbei verstanden, daß das Kind oder auch die Eltern (s.o.) im wechselseitigen Erziehungsprozeß lediglich passive Empfänger irgendwelcher erzieherischer Interventionen (Kind) bzw. kindlicher Aktionen (Eltern) sind, auf die sie quasi wie Statisten in spezifischer Weise zu reagieren haben. Diese Forschungsrichtung sei durch ein „produktzentriertes Verständnis" von Interaktion gekennzeichnet und könne daher treffend als „Prozeß-Produkt-Forschung" bezeichnet werden (Brunner & Huber 1989, 22). Dem wird als „bessere" Variante die „Prozeß-Prozeß-Forschung" gegenübergestellt, die sich vornehmlich der Analyse von Veränderungen im Erziehungsprozeß widmet. Hier geht es darum, die Veränderungen der wechselseitigen Beziehungen über die Zeit zu betrachten und die hierbei auftretenden dynamischen Interaktionen der jeweils sich aufeinander beziehenden aktiven Interaktionspartner zu analysieren.

Die Vorstellung eines aktiven, sich seine personale Umwelt schaffenden Individuums läßt unschwer den Einfluß Piagets (vgl. etwa Piaget 1981) erkennen, der Entwicklung als einen selbstkonstruktiven Prozeß, als Folge einer ständigen Interaktion zwischen Subjekt und Umwelt aufgefaßt hat. Durch Assimilation (Integration externer Elemente an bereits vorhandene Strukturen eines Organismus), Akkomodation (Veränderung vorhandener Strukturen des Organismus hin auf die Besonderheiten der externen Elemente) und den Prozeß der Äquilibration (Auflösung von Widersprüchen mittels Umstrukturierung bzw. Neuaufbau bisher vorhandener Strukturen) geschieht nach Piaget Entwicklung, allerdings eingebunden in verschiedene Entwicklungsstadien.

In Anlehnung und Weiterführung der Gedanken Piagets formuliert der Entwicklungspsychologe Youniss schließlich seine Beziehungstheorie, nach der zwischenmenschliche Beziehungen die Grundlage einer Entwicklung des Selbst bilden:

> „Interpersonale Beziehungen, an denen das Selbst teilhat, bilden die Grundlage für die Definition des Selbst. Wenn Beziehungen sich durch Kooperation und Kollaboration mit anderen entwickeln, werden neue Definitionen des Selbst möglich und so konstruiert, daß sie diesen Beziehungen entsprechen. Der Organismus verliert seine Individualität nie, trotzdem ist Individualität gleichzeitig das Ergebnis vergangener, gegenwärtiger und möglicher Beziehungen... Stabile Individualität beruht auf Mitgliedschaft in Beziehungen, und Beziehungen sind entwicklungsfähig, wodurch sie Mittel für Veränderungen des Selbst bieten" (Youniss 1994, 170-171).

Es bleibt allerdings abzuwarten, inwiefern aus solchen theoretischen Vorstellungen der menschlichen Entwicklung, wobei dem Leben innerhalb der Familie sicherlich besondere Aufmerksamkeit geschenkt werden müßte, empirisch prüfbare Hypothesen ableitbar sind. Denn für Forschungsannahmen, die vom varianzanalytischen

Erklärungsmodell mit seiner notwendigen Festlegung von unabhängiger und abhängiger Variable und der Erklärung durch Haupteffekte und Wechselwirkungseffekte Abstand nehmen, fehlen zur Zeit alternative methodische Untersuchungsstrategien. Deutlich ist jedenfalls, daß mehr Längsschnittstudien erforderlich sind, um den Prozeß der Personalisation und Individuation genauer aufzuklären.

4 FAMILIEN MIT HOCHBEGABTEN KINDERN: DER FORSCHUNGSSTAND

4.1 Einleitung

Eine Zusammenfassung bisheriger Forschungsergebnisse zum Thema „Familien mit hochbegabten Kindern“ ist aufgrund der Unterschiedlichkeit der vorliegenden Arbeiten hinsichtlich Entstehungszusammenhang, Fragestellung und Durchführung (insbesondere was die Qualität der empirischen Methodik betrifft) nicht einfach zu leisten.

Hinsichtlich des *Entstehungszusammenhanges* sind empirische Arbeiten von sogenannter Ratgeberliteratur zu unterscheiden. Eine inhaltliche Auseinandersetzung mit den Themenstellungen auch der (außerwissenschaftlichen) Beratungsliteratur ist insofern notwendig und interessant, als im Bereich der Hochbegabtenforschung die Grenzen zwischen „U“- und „E“-Wissenschaft durchlässiger sind als in anderen Bereichen. Zur Begründung dieser These, die durchaus eine abqualifizierende Kritik weiter Bereiche der Hochbegabtenforschung beinhaltet, möchte ich in einem ersten Abschnitt dieses Kapitels (vgl. 4.2) zeigen, wie allgemeine Überlegungen zum familiären Zusammenleben mit einem hochbegabten Kind spezifische Alltagsmythen über „die Hochbegabtenfamilie“ entwickelt haben, die u.a. ihren Niederschlag in unzulässigen Interpretationen und Generalisierungen empirischer Arbeiten (vgl. insbesondere Grobel [1990] bzw. 4.3.1.2) finden.

Wissenschaftliche Untersuchungen zur Frage nach möglichen Besonderheiten in Familien mit hochbegabten Kindern sind - wie viele Studien zur Hochbegabung überhaupt - hinsichtlich der methodischen *Durchführung* durch folgende Probleme gekennzeichnet:

(a) unterschiedliche und häufig unscharfe Operationalisierung von „Hochbegabung“;

(b) fehlende Vergleichsgruppen;

(c) kleine Stichprobengrößen, so daß differenzierte Subgruppenanalysen nur selten durchgeführt werden;

(d) vorselegierte Stichproben, z.B. Klientel einer Beratungsstelle oder Teilnehmer eines schulischen oder auch außerschulischen Sonderprogramms für Hochbegabte;

(e) fehlende Kontrolle des Wissens der Familie um die Hochbegabung ihres Kindes;

(f) unterschiedliche Altersgruppen innerhalb einer Untersuchung;

(g) unilateraler Forschungsansatz, d.h. es wird die Bedeutung verschiedener Familienvariablen für das hochbegabte Kind untersucht und weniger die Interaktion in „Hochbegabtenfamilien“.

Ein Überblick über den Forschungsstand der Familienforschung bei Hochbegabten beinhaltet zwangsläufig auch Arbeiten, die methodisch nicht immer den wissenschaftlichen Standards genügen. Allein aus ökonomischen Gründen ist es häufig nicht möglich, eine ausreichend große, möglichst unselegierte und altershomogene Gruppe hochbegabter Kinder und ihrer Familien zu untersuchen. Definiert man etwa zwei bis fünf Prozent der in Betracht kommenden Population als „hochbegabt“, wird deutlich, wie umfangreich die Suche nach dem seltenen Phänomen „Hochbegabung“ sein muß. Fehlende Vergleichsgruppen oder unscharfe Auswahlkriterien bezüglich der Hochbegabten sind jedoch nicht zu entschuldigen. Der Vollständigkeit halber sollen bei entsprechender Kennzeichnung jedoch auch einige der methodisch fragwürdigen Arbeiten mit aufgeführt werden.

Das Thema „Familien mit hochbegabten Kindern“ läßt schon bei erster Überlegung eine Vielzahl von *Fragestellungen* zu. Die Persönlichkeit der Eltern, deren Intelligenz und Kreativität, das elterliche Selbstkonzept, Erziehungsstile und Bildungserwartungen bezüglich des hochbegabten Kindes, familiäre Interaktionsformen, Qualität der Geschwister- und der Ehepaarbeziehung, Einschätzung des Familiensystems durch Eltern und Kind, sozioökonomischer Hintergrund der Familie u.a.m. sind Inhalte empirischer Arbeiten. Es stellt sich die Frage, welcher Systematik eine Darstellung bisheriger Forschungsergebnisse folgen soll.

Überblicksartikel ordnen die Ergebnisse der „Familienforschung bei Hochbegabten“ nach unterschiedlichen Kriterien. Cornell (1984) etwa gliedert nach dem jeweils verwendeten Begriff von Hochbegabung und unterscheidet Studien zum Thema „Intelligenz und Familie“, „Schulleistung und Familie“ und „Kreativität und Familie“. Colangelo & Dettmann (1983) und auch Keirouz (1990) referieren die Artikel dagegen nach bestimmten Hauptfragestellungen. Beide Reviews enthalten Abschnitte zum Thema „Probleme in Familien mit hochbegabten Kindern“, „Elternhaus und Schule“ und „Besonderheiten in der Erziehung hochbegabter Kinder“. Bei Colangelo & Dettmann (1983) finden sich darüber hinaus noch Abschnitte zu allgemeinen Kennzeichen von Hochbegabtenfamilien, zu elterlichen Einstellungen und Wertvorstellungen, zur Rolle der Eltern im Identifikationsprozeß und zur Frage des familiären Einflusses auf das Problem der sogenannten Underachiever (Personen mit niedrigen Leistungen bei überdurchschnittlicher Intelligenz). Der später erschienene Artikel von Keirouz (1990) trägt der in der Familienforschung zunehmend stärkeren Beachtung familiärer Interaktionen Rechnung und enthält zusätzlich Abschnitte zu familiären Rollen, zur Geschwister- und Ehepaarbeziehung, zum elterlichen Selbstkonzept aber auch zu Fragen der Auseinandersetzung der Hochbegabtenfamilie mit Nachbarschaft und Gemeinde.

Zwei weitere Überblicksartikel, die jeweils eine eigene empirische Studie anschließen, sind durch ein stärker theoretisches Vorgehen bei der Ordnung bisheriger Ergebnisse der Familienforschung bei Hochbegabten gekennzeichnet. Für Kulieke & Olszewski-Kubilius (1989, 40) gilt die Familie als „critical component in the translation of talent, ability, and promise into achievement for gifted individuals". Als wichtigste Einflußvariablen im Prozeß der Ausbildung von Hochbegabung im Sinne einer Überführung von herausragender Fähigkeit in besondere Leistungen sehen die Autorinnen zum einen die in Familien tradierten Wertvorstellungen von Leistung, Erfolg, Ehrgeiz, Interesse an der Arbeit, Unabhängigkeit u.a. und zum anderen ein spezifisches Familienklima, das durch ein hohes Maß an Kindzentrierung, Zusammenhalt, emotionaler Offenheit und Betonung von Kontrolle, Regeln und Organisation gekennzeichnet ist. Entsprechend dieser Gliederungspunkte (familiäre Wertvorstellungen und Familienklima) werden bisherige empirische Befunde zusammengefaßt und die Fragestellung der eigenen Studie entwickelt. Unter dem Oberbegriff „Traditional approaches" fassen Frey & Wendorf (1985) Studien zusammen, die den Einfluß von Variablen wie sozialer Hintergrund der Familie, elterliches Leistungsstreben und Stellung in der Geschwisterreihe auf die Entwicklung des hochbegabten Kindes haben. Sie unterscheiden hierbei Studien, in denen die Beziehung des Kindes zu seinen Eltern isoliert von den übrigen Beziehungen innerhalb der Familie betrachtet werden, von Studien, die im Rahmen einer interaktionistischen Sichtweise stärker die Gesamtfamilie im Blick haben. Die von den Autoren durchgeführte Untersuchung ist in Abgrenzung zu den traditionellen Ansätzen einer systemischen Orientierung verpflichtet, d.h. sie versucht der Frage nachzugehen, wie sich die einzelnen Mitglieder einer Familie mit einem hochbegabten Kind wechselseitig beeinflussen.

Überlegungen zur Familiendiagnostik (vgl. Kapitel 2) legen nahe, eine Gliederung der Forschungsergebnisse entsprechend der jeweils betrachteten Systemebenen vorzunehmen. Nachdem in einem ersten Abschnitt Ergebnisse zu familiären Strukturvariablen („Sozialstatus", „Familiengröße", „Geschwisterposition", „Alter und Ausbildung der Eltern") berichtet werden, folgen Studien zur Persönlichkeit der Eltern hochbegabter Kinder (Person-System) bzw. zur Ehepaar- und Geschwisterbeziehung und zu den Erziehungsstilen in Hochbegabtenfamilien (Beziehungssystem). In einem dritten Abschnitt sollen schließlich diejenigen Arbeiten vorgestellt werden, die versuchen, auf der Ebene des Gesamtsystems „Familie" mögliche Besonderheiten sogenannter Hochbegabtenfamilie auszumachen. Die Darstellung erfolgt der Übersicht halber teilweise in tabellarischer Form. Zwei zusätzliche Themenstellungen, die Auswirkungen des Etiketts „hochbegabt“ auf das Familiensystem und die Bedeutung der Familie für das Problem der sogenannten underachiever, werden gesondert behandelt.

4.2 Allgemeine Überlegungen zur „Hochbegabtenfamilie“

Die Frage danach, welche Auswirkungen die Hochbegabung eines Kindes auf seine Familie hat, ist zunächst eine Frage nach der eigenen Vorstellung von Hochbegabung bzw. von hochbegabten Kindern überhaupt. Hat man Kinder vor Augen, die, gelangweilt von Schule und Gleichaltrigen, den ganzen Tag vor Büchern und Computer sitzen, die Eltern mit Fragen „löchern“ und durch ihre Skurilität, Egozentrik und emotionale Unreife die Familiendynamik stören, so wird man u.U. zu dem Urteil kommen, daß „Hochbegabtenfamilien“ (in Analogie zu Familien mit behinderten Kindern) besonders belastete Familien sind und sicher häufiger Hilfe „von Außen“ benötigen.

Anders sieht es aus, wenn das Bild vom besonders begabten Kind dem eines „Idealkindes“ ähnelt. Das hochbegabte Kind hat keine Probleme mit der Schule. Es ist vielseitig interessiert und verfolgt mit hoher Ausdauer und Konzentration seine Hobbys. Durch seine hohe kognitive Begabung ist es schon im frühen Alter „diskursfähig“ und so fällt der Umgang mit ihm/ihr auch in problematischen Familiensituationen eher leicht.

Die inhaltliche Ausgestaltung solcher „Alltagsmythen“ ist sicherlich auch eine Folge bisheriger Erfahrungen mit der Thematik. Mitarbeiter spezieller Beratungsstellen für das hochbegabte Kind etwa neigen dazu, die vielen problematischen Entwicklungsverläufe, die sie in ihrer täglichen Praxis miterleben, unzulässig auf alle „Hochbegabtenfamilien“ zu übertragen, ohne an die hohen Selektionseffekte einer Beratungssituation zu denken. Der Anteil an „Hochbegabtenfamilien“ ohne irgendwelche Probleme ist nicht abzuschätzen, da diese keine Beratungsstelle aufsuchen werden.

Die andere Seite des Mythos, dieses Bild eines Kind, dem einfach alles gelingt, ist möglicherweise Folge einer übertriebenen Hochschätzung der intellektuellen „Ausstattung“ einer Person in Verbindung mit einem nur wenig differenzierten Persönlichkeitsbild. Eine hohe Intelligenz bestimmt hier positiv alle anderen Dimensionen der Persönlichkeit, d.h. an eine problematische Differenz etwa zwischen kognitiver und emotionaler Entwicklung ist nicht zu denken. Sozial „verkümmerte“ Hochbegabte kann es dann nicht geben. Zwischen diesen beiden Extremen bewegt sich inhaltlich die Ratgebenerliteratur (vgl. etwa Chauvin 1979; Freeman 1985; Webb, Meckstroth & Tolan 1985; Cropley, McLeod & Dehn 1988; Heinbokel 1988; Roedell, Jackson & Robinson 1989; Landau 1990; „Begabte Kinder finden und fördern" - Broschüre des BMBW 1991), wobei der Pol, wie bei einem *Ratgeber* zu erwarten, zum Hochbegabten als einem Problemkind hin verschoben ist.

Ein später Vertreter der „Genie und Irrsinn"-Hypothese von Lange-Eichbaum (1928), welche durch die empirischen Ergebnisse der Hochbegabten-Längsschnitt-ttstudie von Terman und Mitarbeitern (Terman et al. 1925; Terman & Oden 1947; Terman & Oden 1959) zunächst widerlegt schien, ist Asperger (1982) mit seiner Ansicht, daß „eine hohe Intelligenz, wenn sie nicht gehalten ist von Gemütskräften, sehr wohl verbunden sein kann - wir meinen: ursächlich verbunden - mit gefährlichen charakterlichen Anomalien" (ebd., 243). Schon im Kleinkindalter zeigten sich schwere familiäre Konflikte, ausgelöst durch die Respektlosigkeit der hochbegabten Kinder, die die Autorität ihrer Eltern nicht anerkennen wollen. Es komme zu „sehr wirkungsvoll agierten Trotzreaktionen", zu „Aggressionen oder 'asthenisches' Sich-zurückziehen in Angst und Hemmung" bis hin zu „überlegten und darum nicht ungefährlichen Bosheitsakten" (ebd., 244). Hochbegabte haben für Asperger „deutliche Berührungspunkte mit autistischen Kindern (ebd., 247). Auch andere Autoren vertreten diese These von der Andersartigkeit hochbegabter Kinder. Nach Freeman (1982) leidet das hochbegabte Kind unter einer „Potenz zum Unglücklichsein" (ebd., 129), für Webb, Meckstroth & Tolan (1985) sind hochbegabte Kinder „nicht einfach normale Kinder mit Zierat, sie sind wirklich fundamental anders" (ebd., 38). Ihre Empfehlung an die Eltern lautet: „Daß sie ihr Kind lieb haben, genügt nicht: Sie müssen wissen, wie sie vorgehen wollen" (ebd., 46). Diesen Ratschlag sollte man selbstverständlich allen Eltern und nicht nur den Eltern hochbegabter Kinder mit auf den Weg geben.

Die Erziehung hochbegabter Kinder stellt an Eltern offenbar hohe Anforderungen. Nach Ross (1979) besteht eine besondere Schwierigkeit darin, daß Entwicklungs- und Erziehungsvorstellungen im allgemeinen am „Durchschnittskind" ausgerichtet sind (vgl. auch Araoz 1977; French & Murphy 1983). Die Erwartungen an das, was Kinder zu einem bestimmten Zeitpunkt können sollten, werden durch das hochbegabte Kind in einigen Bereichen übermäßig erfüllt (frühes Lesen, unstillbare Wißbegier). Dies kann nach Ross bei den Eltern von Gefühlen der Unsicherheit, Ängstlichkeit und der Überforderung begleitet sein. Eltern hochbegabter Kinder müssen in besonderem Maße lernen „to cope with the dissonance between their image of 'a child' and the reality of 'their child' „ (ebd., 402). Familiäre Probleme tauchen nach Ross vor allem dort auf, wo innerhalb der Familie große Differenzen in der intellektuellen Begabung der einzelnen Mitglieder bestehen. So könnten sich Eltern schuldig fühlen, weil sie ihrem hochbegabten Kind mehr Aufmerksamkeit schenken als seinen weniger begabten Geschwistern. Insbesondere wenn ein jüngeres, aber hochbegabtes Geschwister seinen älteren Bruder oder seine ältere

Schwester in der Schule zu überflügeln scheint, sollen innerfamiliäre Konflikte vorprogrammiert sein. Auf mögliche Probleme zwischen den Geschwistern in „Hochbegabtenfamilien" wird immer wieder hingewiesen (vgl. u.a. Peterson 1977; Hackney 1981; Sunderlin 1981; Kline & Meckstroth 1986; Colangelo 1988). Nach den Erfahrungen von Silverman (1986) ist es häufig so, daß auch die Geschwister hochbegabter Kinder eine außergewöhnliche Begabung aufweisen: „... giftedness tends to run in families" (ebd., 78).

Das Engagement von Eltern spielt bei der Entwicklung der Begabung ihrer Kinder selbstverständlich eine besondere Rolle. Bloom (1985) konnte anhand einer Befragung von herausragenden Künstlern, Mathematikern und Sportlern zeigen, daß bei der Ausbildung eines Talents offenbar die Eltern ihre Kinder an die speziellen Lernbereiche herangeführt hatten. Die Befragten berichteten, daß es für ihre Entwicklung sehr entscheidend gewesen war, daß ihre Eltern sie schon als Kind insgesamt für sehr begabt gehalten hatten, hohe Erwartungen in sie gesetzt und sie später in ihrem speziellen Talentbereich mit hoher persönlicher Energie und unter Aufwendung finanzieller Ressourcen unterstützt hatten.

Auch auf die Gefahr der Idealisierung hochbegabter Kinder durch ihre Eltern wird vielfach hingewiesen. Nach Sebring (1983) kann es dazu kommen, daß Eltern ihre besonders begabten Kinder dazu benützen, um eigene, nicht erreichte Erfolge nachzuholen, oder ihre Kinder als Status-Symbole mißbrauchen. Cox (1981) berichtet von einem „unusual interest of both parents in their children .... and their obvious pride in and affection for their children ..." (ebd., 109). Für Alice Miller (1979) liegt das „Drama des begabten Kindes" vor allem darin, daß diese intelligenten und hochsensiblen Kinder in besonderem Maße fähig sind, die narzißtischen Bedürfnisse ihrer Mütter zu erkennen und an deren Stelle zu erfüllen. Es entstehe in der Kindheit zwar eine nach außen hin ausgesprochen harmonische Mutter-Kind Beziehung, doch verhindere diese besondere Familienkonstellation auf der Seite des Kindes die Ausbildung einer eigenständigen Person mit jeweils eigener Bedürfnisstruktur. Diesen, aus ihrer Arbeit als Analytikerin erwachsenen Überlegungen zu folgen, fällt schwer. Weitergehende Belege fehlen und so bleibt es die Aufgabe des Lesers, die Gedanken von Miller für mehr oder weniger plausibel zu halten.

Die „Hypothesen" über mögliche Besonderheiten im Familienleben mit einem hochbegabten Kind ließen sich noch weiter fortführen (vgl. Chamrad & Robinson 1986; Colangelo 1988; McMann & Oliver 1988). In der überwiegenden Mehrzahl der Überlegungen wird davon ausgegangen, die Erziehung hochbegabter Kinder sei mit spezifischen Schwierigkeiten verbunden. Es stellt sich im Anschluß nun die Frage, inwieweit empirische Untersuchungen diese „allgemeinen Überlegungen" widerlegen oder stützen können.

4.3 Empirische Ergebnisse der Familienforschung bei Hochbegabten

Im folgenden sollen zunächst zur Einführung zwei Arbeiten, die sich explizit dem Thema „Hochbegabung in Familien" widmen, in ihrer Unterschiedlichkeit hinsichtlich Stichprobenauswahl und Qualität der methodischen Durchführung und Auswertung kritisch gegenübergestellt werden. Es handelt sich um die als Dissertationen angenommenen Arbeiten „Families of gifted children" von Cornell (1984) und „Hochbegabung in Familien" von Grobel (1990).

4.3.1 Zur Einführung: „Families of gifted children" (Cornell 1984) und „Hochbegabung in Familien" (Grobel 1990). Ein kritischer Vergleich

4.3.1.1 Cornell (1984): „Families of gifted children"

Theoretischer Hintergrund, Fragestellung. Cornell (1984) beginnt seine Arbeit mit einem Überblick über bisherige Studien zu hochbegabten Kindern und deren Familien. Er kritisiert vor allem die Substantialisierung des Konstrukts „Hochbegabung", als sei Hochbegabung so etwas wie eine natürliche Gabe, die einige Personen besitzen, andere dagegen nicht. Für ihn ist „Hochbegabung" nichts mehr und nichts weniger als ein Etikett, das denjenigen Personen zukommt, die bestimmten, von anderen Personen wiederum festgelegten Kriterien (und, betrachtet man die unterschiedlichen Hochbegabtendefinitionen, immer wieder wechselnden Kriterien) entsprechen müssen: „Giftedness is a social-psychological act, not just a psychobiological fact". ... „In a sense, giftedness constitutes a social invention, or convention, rather than a discovery in nature." (ebd., 2).

Angeregt durch Arbeiten, die die Problematik negativer Etikettierungen etwa bei Lernbehinderten, geistig Behinderten u.a. aufzeigen konnten, untersucht Cornell die Auswirkungen, die ein als hochbegabt identifiziertes und positiv (?) etikettiertes Kind auf die Familienbeziehungen ausübt. Die zentrale Frage seiner Untersuchung lautet: „How does giftedness influence the family?" (ebd., 3). Cornell folgt den Vorstellungen des Symbolischen Interaktionismus (Blumer 1969), die besagen, daß das Verhalten von Individuen gegenüber Dingen oder Menschen vor allem durch die Bedeutungen, die sie diesen geben, bestimmt wird. Die Bedeutungen ihrerseits entstehen durch soziale Interaktionen und verändern sich auf der Basis interpretativer Prozesse. Entscheidend für das Verhalten der Eltern gegenüber einem hochbegabten Kind ist daher für Cornell die Bedeutung, die diese der Hochbegabung ihres Kindes bzw. überhaupt dem Konzept Hochbegabung zumessen. Cornell versucht zudem, die Familien möglichst umfassend, auf verschiedenen theoretischen Ebenen zu beschreiben.

Stichprobe, Variablen, Durchführung und Auswertung. Die Zielgruppe der Studie von Cornell setzt sich zusammen aus 22 Zwei-Kind Familien, wobei entweder nur eines der beiden Kinder (n=12 Familien) oder gleich beide Kinder (n=10 Familien) durch die Schule als hochbegabt identifiziert worden waren und entsprechende Sonderprogramme besuchten. Genauere Angaben über die Bedingungen der Aufnahme der sechs- bis zwölfjährigen Kinder in Hochbegabtenprogramme werden nicht mitgeteilt. Es ist zu erwarten, daß sie für verschiedene Schulen (öffentliche Schule/Privatschule) und je nach Schwerpunkt des Hochbegabtenprogramms unterschiedlich ausfallen. Für Cornell ist es nicht entscheidend, wie der Identifizierungsprozeß ausgesehen hat (auch wenn er später [s.u.] die feststellbaren Intelligenz- und Leistungstestwerte mitteilt), sondern entsprechend seiner Fragestellung nach den Auswirkungen des Etiketts „hochbegabt" auf die Familie interessiert ihn vor allem der Umstand, daß der Familie bzw. den Eltern mitgeteilt wurde, daß sie ein oder zwei hochbegabte Kinder haben.

Je fünf Familien haben zwei Mädchen bzw. zwei Jungen, in fünf Familien ist das erstgeborenen Geschwister ein Junge und in sieben Familien das erstgeborene ein Mädchen. Die Vergleichsgruppe besteht aus 20 Familien, parallelisiert nach Geschlecht/Geschwisterposition, Alter und Sozialstatus, deren Kinder keine Hochbegabtenprogramme besuchen. Das durchschnittliche Alter der Erstgeborenen beträgt 10.3 Jahre, das der Zweitgeborenen 8.1 Jahre. In der Zielgruppe besuchen alle 22 Erstgeborenen, aber nur 10 der 22 Zweitgeborenen ein Hochbegabtenprogramm. In den 12 Familien mit nur einem als hochbegabt identifizierten Kind war dies immer das Erstgeborene. Dieser „Positionseffekt" ist hoch signifikant ($p<.0001$).

Lediglich für 25 der 32 Zielgruppenkinder konnten IQ-Werte ermittelt werden. Der durchschnittliche IQ (Stanford-Binet, WPPSI bzw. WISC-R) beträgt 135 bei einer Spannweite von 119 bis 150. Auch für vier der nicht als hochbegabt identifizierten 12 Geschwister waren die IQ Werte bekannt. Bei zwei der Kinder lagen sie im oberen Mittelbereich (WISC-R: 119; WPPSI: 118), bei den anderen beiden jedoch -wie bei ihren Geschwistern- weit über dem Durchschnitt (WISC-R: 141; WPPSI: 133). Für 18 der Kinder aus Hochbegabtenprogrammen lagen zudem verschiedene Leistungstestdaten vor. Die Werte zeigen, daß diese Kinder auch in ihrer schulischen Leistung weit über dem Durchschnitt (>85. Perzentil) liegen. Intelligenzwerte für die Vergleichsgruppenkinder werden nicht mitgeteilt. Die für 28 dieser 40 Kinder vorhandenen Leistungstestdaten zeigen ein leicht überdurchschnittliches Niveau (62. Perzentil) bei einer allerdings großen Spannbreite der Werte (14. bis 99. [!] Perzentil).

Zur Ermittlung möglicher Unterschiede in den allgemeinen familiären Wertvorstellungen von Ziel- und Vergleichsfamilien verwendete Cornell die *Family Envi-*

ronment Scale (FES) von Moos (1974), wobei die Eltern jeweils getrennt die 10 Skalen ausfüllen. Die Skalenbezeichnungen lauten: Cohesiveness, Expressiveness, Conflict, Independence, Achievement Orientation, Intellectuell-Cultural, Active-Recreational, Moral-Religious, Organization, Control. Es sollte überprüft werden, ob sich die Eltern eines als hochbegabt identifizierten Kindes von den Eltern der Vergleichsgruppe in ihren Einschätzungen unterscheiden.

Jedes Kind der Familie, ob hochbegabtes Kind oder sein durchschnittlich begabtes Geschwister oder Kind der Vergleichsgruppe, beantwortete den *Children's Personality Questionnaire (CPQ)* von Porter & Cattell (1979). Cornell interessierte sich hierbei vor allem für das nicht hochbegabte Geschwister in Hochbegabtenfamilien. Zwei Hypothesen sind seiner Ansicht nach hinsichtlich der psychosozialen Anpassung dieser Kinder denkbar. Entweder das nichthochbegabte Kind profitiert auch von der „hochbegabten" Familienatmosphäre und ist somit ähnlich gut psychosozial angepaßt wie sein hochbegabtes Geschwister, d.h. es erhält günstigere Werte im CPQ als die Kinder der Vergleichsgruppe, oder aber der herausragende familiäre Status des hochbegabten Kindes führt zu negativen Vergleichen innerhalb der Familie und infolgedessen möglicherweise zu einer schlechteren Anpassung des nicht hochbegabten Geschwisters.

Die Beobachtung und anschließende Auswertung von drei „*Familienaufgaben*" lieferte verschiedene Indikatoren der aktuellen Familieninteraktion. Bei den Hausbesuchen wurden die Familienmitglieder aufgefordert, als Gruppe im Zeitrahmen von jeweils drei Minuten zunächst eine gemeinsame Unternehmung zu planen, dann zu drei Karten des TAT (Thematischer Apperzeption Test) eine Geschichte zu erfinden und schließlich fünf Items aus der FES (Family Environment Scale) mit dem Ziel zu diskutieren, einen Familienkonsens zu finden. Für diese letzte Aufgabe war keine Zeitbegrenzung vorgegeben. Ausgewertet wurden aber wiederum nur die ersten drei Minuten. Die Gespräche wurden auf Tonband mitgeschnitten, transkribiert und von geschulten Fachkräften mit Hilfe eines üblichen Kodiersystems (Bales 1970) ausgewertet. Für folgende fünf Interaktionsvariablen sollten Gruppenvergleiche (Familien mit zwei „hochbegabten" Kindern, Familien mit nur einem „hochbegabten" Kind und einem nicht als hochbegabt identifiziertem Geschwister, Familien der Vergleichsgruppe) durchgeführt werden: Als Index für den *Status eines Familienmitglieds* („family power") gilt das Ausmaß, in dem eine Person der Familie selber spricht („dominance") bzw. die Häufigkeit, mit der diese Person von anderen Familienmitgliedern angesprochen wird („recognition"). Die *Starrheit des Familiensystems* („family rigidity") wird mittels einer komplizierten Verrechnung (vgl. ebd., 33) einzelner Interaktionsmuster festgestellt. Familiäre Starrheit bzw. eine geringe Flexibilität des Familiensystems ist dann gegeben, wenn die Familienmitglieder in festgefügten Kommunikationsmustern interagieren und keine Abweichungen im Sinne einer stärkeren Einbeziehung aller Familienmitglieder zulassen. *Familiäre Unterstützung* („supportiveness") bzw. *familiärer Konflikt* („conflict") wird durch die Anzahl positiver (Übereinstimmung, Lob) bzw. negativer (Unstimmigkeiten, Kritik) Bemerkungen der Familienmitglieder untereinander erhoben. Das Ausmaß an *familiärer Verstrickung* („familiy enmeshment") schließlich wird operationalisiert durch die Anzahl der Äußerungen, die die einzelnen Familienmitglieder der Familie als undifferenziertem Ganzen zukommen lassen. Für die letzteren vier Variablen („family rigidity", „supportiveness", „conflict", „enmeshment") wurden Gruppenunterschiede erwartet. Hinsichtlich des familiären Status sollen zum einen Unterschiede innerhalb der Familien entsprechend der familiären Rollen (Vater, Mutter, Erstgeborene, Zweitgeborene) geprüft werden, zum anderen postuliert Cornell auch Unterschiede zwischen den Gruppen. So vermutet er u.a., daß erstgeborene „Hochbegabte" mit einem nicht „hochbegabten" Geschwister einen höheren familiären Status besitzen als erstgeborene „Hochbegabte" mit einem ebenfalls „hochbegabten" Geschwister.

Im umfangreichen *Elterninterview* befragte Cornell jeden Elternteil nach seiner Einstellung zur „Hochbegabung" („giftedness scale", vgl. [a] bis [c], s.u.) und zu seiner persönlichen Beziehung seinen Kindern gegenüber („relationship scale", vgl. [d] bis [g], s.u.). Wieder wurden die Gespräche auf Tonband aufgenommen, transkribiert und kodiert, wobei folgende Items bzw. Ratingsskalen gebildet wurden: [a] Betrachten die Eltern ihr Kind als hochbegabt (ja/nein)? [b] Wie definieren die Eltern den Begriff „Hochbegabung"? [c] Wie ist die Einstellung der Eltern gegenüber dem Begriff „Hochbegabung" (positiv/negativ/neutral)? [d] Wieviel Stolz empfinden die Eltern in ihrer Beziehung zum Kind (4-Punkte Skala)? [e] Weshalb sind die Eltern stolz auf ihr Kind? [f] Wie stark ist die Beziehung der Eltern zum Kind (4-Punkte Skala)? [g] In welchem Ausmaß meinen die Eltern, daß das Kind ihnen ähnelt (4-Punkte Skala)?

Um zu überprüfen, welche Auswirkungen die elterliche Wahrnehmung der Hochbegabung ihres Kindes vor allem auf die persönliche Beziehung zu diesem Kind hat, bildet Cornell drei verschiedene Elterngruppen: Entweder beide Eltern sind der Ansicht, ihr Kind sei hochbegabt bzw. nicht hochbegabt, oder Vater und Mutter sind diesbezüglich verschiedener Meinung. Cornell erwartet u.a., daß diejenigen Eltern, die von der Hochbegabung ihres Kindes überzeugt sind, eine engere Bindung zu diesem Kind aufweisen und auch eine andere Definition und Einstellung zum Begriff „Hochbegabung" äußern als Eltern, die ihr Kind nicht als hochbegabt bezeichnen. Dies sollte auch dann gelten, wenn die Eltern innerhalb der Familie eines ihrer Kinder als hochbegabt, das Geschwister jedoch als durchschnittlich begabt wahrnehmen.

Hauptergebnisse. Während sich die Einschätzung der Familienatmosphäre (FES) durch die Väter der Hochbegabtenfamilien nicht von denen der Vergleichsfamilien unterschied ($F_{10,31}$=1.06, n.s.), wurde der Gruppenvergleich für die Mütter dagegen signifikant ($F_{10,31}$=3.07, p<.01). Mütter von hochbegabten Kindern gaben ihren Familien im Vergleich zu den Müttern der Vergleichsgruppe höhere Werte in der familiären Zusammengehörigkeit (Cohesiveness, p<.05) und der intellektuell-kulturellen Orientierung (Intellectual-Cultural, p<.01) bzw. niedrigere Werte für den Bereich der familiären Konflikte (Conflict, p<.05).

Die Frage nach der psychosozialen Anpassung (CPQ) der Kinder in den verschiedenen Untersuchungsgruppen (zusätzlich hier auch die Gruppe der nicht hochbegabten Geschwister in Hochbegabtenfamilien) untersuchte Cornell getrennt für erst- und zweitgeborene Kinder. Leider ist die Ergebnisdarstellung schlecht dokumentiert. Fehlende Skalenbezeichnungen verhindern eine weiterführende Interpretation der Ergebnisse. Für die Erstgeborenen war nur ein Vergleich zwischen der Hochbegabtengruppe und der Vergleichsgruppe möglich. Hier ergab sich multivariat zwar ein signifikanter Effekt, der aber durch nachfolgende Einzelvergleiche in den 13 Subskalen nicht weiter aufgeklärt werden konnte. Es zeigte sich allerdings eine Tendenz in Richtung einer weniger guten psychosozialen Anpassung in der Gruppe der Hochbegabten. Für die Zweitgeborenen konnten drei Gruppen miteinander verglichen werden: Hochbegabte ([1], n=8), deren nicht hochbegabte Geschwister ([2], n=10) und ebenfalls nicht hochbegabte Vergleichskinder ([3], n=13). Hochbegabte Zweitgeborene sind offenbar weniger ängstlich und auch weniger neurotisch als nicht hochbegabte Zweitgeborene ([1] vs [2,3]). Dagegen sind die nicht hochbegabten Geschwister aus Hochbegabtenfamilien ängstlicher und neurotischer als Kinder aus Familien ohne Hochbegabte ([2] vs [3]).

Für die fünf Familien-Interaktionsvariablen ergaben sich zusammenfassend folgende Ergebnisse: Den höchsten familiären Status (recognition) besitzt die Gruppe der hochbegabten Kinder mit durchschnittlich begabten Geschwistern. Ein nachfolgender Vergleich konnte zeigen, daß in der Status-Rangfolge die Gruppe der allein hochbegabten Kinder selbst die Gruppe der hochbegabten Kinder mit ebensolchen begabten Geschwistern weit übertraf ($F_{1,21}$=8.7, p<.01). Bezüglich der Beobachtungskategorien „familiäre Unterstützung“, „Konflikt“, „familiäre Verstrickung“ und „Starrheit des Familiensystems“ konnten keine Gruppenunterschiede festgestellt werden.

Auf einige wenige Ergebnisse aus den Elterninterviews soll im folgenden nur noch kurz eingegangen werden. Von den 22 erstgeborenen hochbegabten Kindern bezeichnen in knapp der Hälfte der Fälle (n=10) beide Eltern ihr Kind auch als hochbegabt. Bei den 10 zweitgeborenen hochbegabten Kindern sind es dagegen nur noch zwei Elternpaare, die der von der Schule vorgenommenen „Hochbegabtenetikettierung" gemeinsam zustimmen. In den Fällen, wo die Eltern in ihrer Einschätzung der Begabung ihres Kindes nicht übereinstimmen (n=15) sind es hauptsächlich die Mütter (n=13), die ihr Kind für hochbegabt halten und die Väter, die diese Einschätzung nicht teilen. Eltern, die ihre Kinder für hochbegabt halten, erleben in höherem Ausmaß Gefühle des Stolzes gegenüber diesen Kindern (für die Erstgeborenen: p_{Va}<.01; p_{Mu}<.01). Wenn Väter ihre erstgeborenen, als hochbegabt identifizierten Kinder auch als besonders begabte Kinder wahrnehmen (n=10), dann berichten sie auch von einer besonders engen Beziehung zu diesen Kindern im Vergleich zu von ihnen nicht als hochbegabt bezeichneten Kindern (n=32, p<.01)). Mütter, die von der besonderen Begabung ihres Kindes überzeugt sind, haben eher eine positive Einstellung zum Begriff „Hochbegabung" (Mütter [n=18]: positiv-56%, neutral-11%, negativ-33%; Väter [n=10]: positiv-50%, neutral-0%, negativ50%). Eltern, die ihre Kinder als nicht besonders begabt wahrnehmen, zeichnen sich dagegen durch eine stärker neutrale oder sogar negative Einstellung aus (Mütter [n=22]: positiv-9%, neutral-41%, negativ-50%; Väter [n=32]: positiv-9%, neutral-56%, negativ-34%). Sind zwar die Mütter, nicht aber die Väter von der Hochbegabung ihres erst- bzw. zweitgeborenen Kindes (n=18 bzw. n=8) überzeugt, so erreichen die Mütter signifikant höhere Werte in den Variablen „Stolz" und „Beziehungsdichte" gegenüber ihren Kindern. Wenn innerhalb einer Familie Väter und Mütter ein Kind als hochbegabt bezeichnen, das andere jedoch nicht (Mütter: n=12, Väter: n=6), so sind beide Eltern in höherem Maß stolz auf ihr besonders begabtes Kind (p jeweils <.05) und die Väter erleben zudem eine größere Ähnlichkeit diesem Kind gegenüber (p<.01). Ein Vergleich mit den Ergebnissen in den Familien, wo kein Elternteil die erst- und zweitgeborenen Kinder als hochbegabt wahrnimmt, macht jedoch deutlich, daß der Effekt einer höheren wahrgenommenen Ähnlichkeit zwischen Vater und Kind eher ein Geburtspositionseffekt ist. Väter fühlen sich ihren erstgeborenen Kindern ähnlicher als den zweitgeborenen (p<.01).

Zusammenfassende Bewertung. Die multimodal angelegte und ökonomisch aufwendige Familiendiagnostik der Studie von Cornell ist für empirische Familienstudien nicht nur im Bereich der Hochbegabtenforschung eher ungewöhnlich. Neben den Selbstberichtsverfahren auf der Ebene des Familiensystems (FES: Beschreibung der familiären Atmosphäre durch Vater und Mutter) bzw. auf der Ebene des Individuums (CPQ: Selbstbeurteilung der Kinder hinsichtlich ihrer psychosozialen Anpassung), „verpackt" im klassischen Fragebogendesign, kommen auch Beobachtungsverfahren zum tragen. Die fünf Interaktionsvariablen, erhoben während der „Familienaufgaben", ermöglichen eine „von außen" vorgenommene Beurteilung der zeitlich aktuellen Familieninteraktionen auf der Ebene der Gesamtfamilie. Die Mehrzahl der Variablen des Elterninterviews schließlich beschreiben die Beziehungsqualität familiärer Subsysteme (Vater-Sohn/Tochter; Mutter-Sohn/Tochter). Cornells Datenerhebung berührt demnach die drei, für die Familiendiagnostik relevanten „Ebenen“: die Ebene des Individuums, die Ebene der Beziehungen in Subsystemen (etwa „Vater-Tochter-“ bzw. „Mutter-Sohn- Dyade“) und die Ebene des Familiensystems.

Positiv zu beurteilen ist auch die Ausgewogenheit der Untersuchungsgruppen hinsichtlich der Familienstruktur mit einer annährend gleichen Verteilung von Mädchen und Jungen bei ausgeglichener Geburtsposition und einem vergleichbaren Sozialstatus in beiden Gruppen. Problematisch ist jedoch die Zusammensetzung der Gruppen hinsichtlich ihrer (vermeintlichen) Begabung. Auch wenn es Ziel der Studie ist, die Auswirkungen des Etiketts „hochbegabt“ auf die Familien zu untersuchen und die Zielgruppe folgerichtig aus denjenigen Familien besteht, in denen ein oder sogar zwei Kinder durch das Schulsystems als hochbegabt identifiziert wurden, so ist eine Interpretation möglicher Effekte zumindest mit Vorsicht zu betrachten, wenn in der Vergleichsgruppe und in der Gruppe der „nicht hochbegabten“ Geschwister möglicherweise ebenfalls hochbegabte (vgl. die z.T. offenbar hohen Intelligenz- bzw. Leistungstestwerte), wenn auch nicht als solche identifizierte Kinder vorhanden sind. Es verwundert schon, warum es bei dem ohnehin großen Untersuchungsaufwand nicht möglich bzw. es dem Autor offenbar nicht wichtig war, allen Kindern zusätzlich einen Intelligenztest vorzulegen. Denn erst ein Versuchsplan, der Vergleiche zuläßt zwischen Familien mit einem zu recht als hochbegabt identifizierten Kind (hoher IQ/möglicherweise auch hohe Leistungswerte), Familien, deren Kind/Kinder zwar Hochbegabtenprogramme besuchen, wobei ihre Intelligenz- und Leistungswerte jedoch nicht über dem Durchschnitt liegen, und einer Vergleichsgruppe von Familien, deren Kinder nachgeprüft *nicht* hochbegabt sind, ist u.E. dazu geeignet, den Effekt des Labels „Hochbegabung“ auf die Familieninteraktionen zu überprüfen. Die hinsichtlich des Begabungsfaktors zu ungenaue Versuchsgruppenaufteilung verführt den Autor dann auch zu fehlerhaften Interpretationen der empirischen Ergebnisse. So führt er etwa das für ihn unerwartet schlechte Abschneiden der als hochbegabt identifizierten Erstgeborenen im CPQ auf Selektionseffekte zurück. Die Mehrzahl der Zielgruppenkinder besuchte Privatschulen mit Sonderprogrammen für Hochbegabte, was nach Cornell auf bereits früher bestehende Probleme dieser Kinder in den Öffentlichen Schulen hinweisen könnte. Er vergißt hier eine nicht unplausible Alternativerklärung, daß nämlich einige dieser Kinder möglicherweise gar nicht „hochbegabt“ sind und in der Schule und im Elternhaus mit sie ständig überfordernden Erwartungen leben müssen. Eine weitergehende Erklärung bietet sich auch für die auffallend schlechte psychosoziale Anpassung des nicht als hochbegabt identifizierten Geschwisters in den Zielgruppenfamilien. Von den 12 Kindern sind zumindests zwei ebenfalls hochintelligent (vgl. die Intelligenztestwerte s.o.), ohne jedoch an entsprechenden Schulprogrammen teilnehmen zu können. Sollte dies auch noch für weitere der 12 Geschwister zutreffen, so sind sowohl die geringen CPQ-Werte als auch der niedrigere familiäre Status dieser Kinder möglicherweise vor allem durch eine Fehlplazierung im Schulsystem und nicht nur durch die Tatsache eines „hochbegabten“ Geschwisters zu erklären. Die Empfehlung an die Eltern lautet dann nicht mehr nur „Kümmert euch auch um das offenbar nicht so begabte Geschwister“, sondern „Überprüft, ob eure beiden Kinder entsprechend ihrer Begabung beschult werden“. Denn offenbar haben die Erstgeborenen aufgrund ihrer Geburtsposition eine größere Chance, durch das Schulsystem als „hochbegabt“ identifiziert zu werden.

Insgesamt gesehen handelt es sich bei „Families of gifted children“ um eine in ihrer Fragestellung und methodischen Durchführung interessante und durch die vielen Interviewausschnitte zudem sehr lesenswerte Arbeit. Einschränkend ist zu sagen, daß aufgrund der geringen Stichprobengröße der Hauptverdienst der Untersuchung von Cornell vor allem im Bereich der Hypothesengenerierung liegt. Dies zeigen auch viele der später erschienenen Arbeiten zur Familiendynamik in Hochbegabtenfamilien, die häufig in ihren Fragestellungen auf die Ergebnisse von Cornell Bezug nehmen.

4.3.1.2 Grobel (1990): „Hochbegabung in Familien“

Theoretischer Hintergrund, Fragestellung. Grobel (1990) versteht ihre Arbeit als eine Fortsetzung der Studie von Cornell (s.o.). Ihre Hauptfragestellung lautet: „Wie erleben die hochbegabten Kinder selbst ihre offenbar herausragende Stellung innerhalb der Familie?“ Die breit angelegte, durch persönliche Stellungnahmen und quasi zusammenfassende, aber allgemein gehaltene Überlegungen immer wieder unterbrochene (und daher nur mit Mühe zu lesende) Darstellung der bisherigen empirischen Forschungen zum Thema berührt die Bereiche „Familienbeziehungen von Hochbegabten - Erfassungsinstrument Intelligenztest bzw. Kreativitätstest“ (ebd., 41-74 bzw. 75-80), „Familienbeziehungen hochbegabter over- und underachiever“ (ebd., 81-104), „Spezielle Familienprobleme mit hochintelligenten Kindern und Jugendlichen“ (ebd., 105-112) und „Zum Verhältnis von Intelligenz und Persönlichkeit“ (ebd., 113-120). Nach einer ausführlichen Darstellung der Studie von Cornell (ebd., 121-141) werden im Abschnitt „Zielsetzung und theoretische Ableitung“ kurz und nicht immer nachvollziehbar drei sozialpsychologische Theorien (Feldtheorie Lewins; Symbolischer Interaktionismus [ohne Literaturangaben!]; Persönlichkeitstheorie Rogers) referiert. Aus deren Prämissen und den Ergebnissen der Studie von Cornell leitet Grobel schließlich ihre Hypothesen (ebd., 178-179) ab. Entsprechend ihrer Frage nach Quantität und Qualität der Familienbeziehungen, wie sie sich für das hochbegabte Kind darstellen, will sie u.a. prüfen, ob hochbegabte Kinder im Vergleich zu durchschnittlich Begabten [1] eine engere Beziehung zu ihren Eltern aufweisen, [2] ihren Bezugspersonen mehr negative Gefühle entgegenbringen, oder [3] ihren Müttern mehr positive Gefühle gegenüber empfinden und dagegen [4] von ihren Vätern weniger emotionale Zuwendung erfahren. Vier Hypothesen ([8]-[11]) berühren die Frage, ob das hochbegabte Kind die eigene Person innerhalb der Familie deutlicher/weniger deutlich wahrnimmt bzw. ob es in bezug auf sich selbst eher ein positives oder negatives Bild zeigt.

Stichprobe, Variablen, Durchführung und Auswertung. Die Untersuchungsgruppe besteht aus 55 der insgesamt 82 Teilnehmern eines 1986 in Arnsberg durchgeführten internationalen Sommercamps, einer Veranstaltung des Lehrstuhls für „Pädagogik und Therapie außergewöhlichen Verhaltens" der Universität Köln. Die Kinder und Jugendlichen aus sieben Nationen waren nach „zufälligen Aufnahmekriterien" (ebd., 180) aufgenommen worden, d.h. es sind keine spezifischen Intelligenz- oder Leistungstestwerte Voraussetzung für eine Teilnahme gewesen. Zur nachträglichen Feststellung der Intelligenzwerte der 36 Jungen und 19 Mädchen ihrer Untersuchungsgruppe verwendet Grobel den sprachfreien Intelligenztest von Cattell in der deutschen Adaption von Weiss (CFT I, CFT II bzw. CFT III). Nach den Ergebnissen der drei Gruppentestungen (8-9jährige: n=6; 10-15jährige: größte Gruppe n=?; älter als 15: n=?) bildet Grobel folgende Intelligenzgruppen: [1] „extrem hohe Intelligenz (IQ 135-150)", 20 Jungen/10 Mädchen; [2] „sehr hohe Intelligenz (IQ 121-134)", 12 Jungen/ acht Mädchen; [3] „hohe Intelligenz (IQ 110-120)", zwei Jugendliche; [4] „durchschnittliche Intelligenz (IQ 91-109)", zwei Jugendliche und [5] „niedrige Intelligenz (IQ 80-90)", ein Jugendlicher. Auffallend, nach Angaben der Autorin für solche Veranstaltungen jedoch typisch, ist der höhere Anteil der Jungen an den Campteilnehmern. Ihre Überlegung, ob Eltern ihre Töchter etwa nur dann zu einem Sommercamp für Hochbegabte schicken, wenn sie von der außerordentlichen Begabung ihres Kindes überzeugt sind, ist allerdings nicht nachzuvollziehen. Bezüglich der Verteilung von Mädchen und Jungen ist für die drei Hauptintelligenzgruppen (Gruppe [3] bis [5] zusammengenommen) nach unseren Berechnungen jedenfalls kein signifikanter Unterschied festzustellen (chi^2_2=0.616, n.s.).

Lediglich fünf der 55 Kinder bzw. Jugendlichen stammen aus Familien mit drei und mehr Kindern. Von den 38 Campteilnehmern mit einem IQ>130 sind 25 entweder Erstgeborenen oder Einzelkinder.

Zur Operationalisierung der vom Kind wahrgenommenen Familienbeziehungen verwendet Grobel den Familienbeziehungtest (FBT)[11] von Bene & Anthony (1957,

---

[11] Eine ausführliche Beschreibung des Testverfahrens, das auch in unserer Untersuchung verwendet wird, findet sich im Abschnitt 6.2.3.

revidierte Fassung 1973), der ebenso wie zuvor der CFT in großer Ausführlichkeit (ebd., 217-259) vorgestellt wird. Dieses projektive Testverfahren ermöglicht es, die positiven und negativen Gefühle, die ein Kind für die Personen seiner Familie empfindet, in einer standardisierten Spielsituation zu erfassen. Ihrer Auswertungsmethode widmet die Autorin lediglich eine Buchseite (ebd., 258/59) und der Abbildung „Blockbildungen meiner Experimentalgruppen" (ebd., 260) fehlt jegliche Erläuterung im Text. Offenbar teilt Grobel ihre Untersuchungsgruppe in vier „Experimentalgruppen", wobei das eine Mal zunächst nach der Variable Intelligenz und dann nach der Altersvariable, das andere Mal genau umgekehrt verfahren wird. Die Gruppenteilung wird dabei jeweils vorgenommen bei einem IQ größer bzw. kleiner 130 und bei einem Alter von unter oder über 13 Jahren.

Hauptergebnisse. Grobel beginnt ihre Ergebnisdarstellung zunächst mit vier ausführlichen Fallbeschreibungen. Es folgt eine Diskussion der Figur des „Niemand". Diese Spielfigur des FBT soll den Probanden ermöglichen, diejenigen positiven wie negativen Gefühle, die sie keinem Familienmitglied zuordnen können oder wollen, dennoch in dieser Art „Papierkorbfigur" unterzubringen. Grobel stellt fest, daß je höher der IQ der Kinder/Jugendlichen ist, desto eher dem „Niemand" positive Gefühle zugeordnet werden. In dieser „Verleugnung positiver Gefühle" (ebd., 284) gegenüber der Familie sieht Grobel ein Zeichen dafür, daß „der pubertäre Entwicklungsprozeß in intellektuell-geistiger Hinsicht bei hochintelligenten Kindern früher einsetzen kann als bei 'normal intelligenten', ..." (ebd., 283). Im Abschnitt „Diskussion der Hypothesen" (ebd., 294-322) werden die Untersuchungsergebnisse vorgestellt und zugleich interpretiert. Außer einigen wenigen Angaben bezüglich des Signifikanzniveaus fehlen alle notwendigen Hinweise auf Gruppengrößen, Mittelwerte, Standardabweichungen, statistische Verfahren oder ähnliches. Dennoch sollen mit entsprechendem Vorbehalt im folgenden kurz die wichtigsten Ergebnisse zusammengefaßt werden: Kinder/Jugendliche der Hochbegabtengruppe (offenbar IQ>130, im folgenden HB,) scheinen stärker an ihre Familien gebunden („total involvement score") als die „Normalintelligenten" (offenbar IQ<130, im folgenden DB). Allerdings soll die Beziehung der HB zu ihren Eltern im Vergleich zu den DB stärker negativ getönt sein. Bezüglich der Qualität der Geschwisterbeziehung konnte Grobel wider Erwarten keine Unterschiede zwischen beiden Gruppen feststellen. HB zeigen im FBT scheinbar eine positivere Beziehung zur Mutter, dagegen eine negativere zum Vater (p jeweils <.05). Die HB sollen ihre Eltern zudem als stärker überbehütend/überverwöhnend erleben als die DB ihre Eltern (p<.05). Ihrer eigenen Person ordnen die HB signifikant weniger Beziehungsaussagen zu (p<.001). Grobel vermutet bei den HB eine „gestörte Entwicklung des 'Selbst' „ (ebd., 311), die mit dazu beiträgt, daß diese die ihnen aus der Familie zukommenden Beziehungsangebote leugnen. HB zeigen darüber hinaus in stärkerem Maße „negative Selbstreferenzen" (ebd., 311), d.h. sie ordnen im Vergleich zu den DB ihrer eigenen Spielfigur mehr negative Beziehungsaussagen zu (p<.05). Für Grobel bestätigen ihre Ergebnisse die These von der „ 'Wesensunterschiedlichkeit' Hochintelligenter“ (ebd., 327).

Zusammenfassende Bewertung. Die bisherige, weitestgehend unkommentierte Darstellung der Arbeit von Grobel ist u.E. nicht unproblematisch, da in nahezu allen Bereichen, vor allem aber hinsichtlich des Untersuchungsdesigns, der methodischen Durchführung und der Ergebnisdarstellung bzw. -interpretation, ihre Studie zur „Hochbegabung in Familien“ als völlig unzureichend beurteilt werden muß. Es besteht bei einer solchen, zunächst „wertungsfreien“ Darstellung leicht die Gefahr, die wie auch immer zustande gekommenen Ergebnisse als Resultat einer nach „den Regeln der Kunst“ durchgeführten empirischen Untersuchung zu betrachten und folgerichtig in seine eigenen Überlegungen einzubauen. Die trotz dieser Bedenken vergleichsweise ausführliche Auseinandersetzung mit der Arbeit von Grobel, die 1989 an der Heilpädagogischen Fakultät der Universität Köln immerhin als Dissertation angenommen wurde, hat ihren Grund darin, daß hier gut gezeigt werden kann, wie allgemeine Vorurteile gegenüber Hochbegabten, gepaart mit einem offenbar geringen empirischen Wissen, zu einer Hochbegabtenforschung führen, die als „U“-Wissenschaft bezeichnet werden kann.

Grobels Einleitung in die Thematik und auch ihre weitschweifige Zusammenfassung des Forschungsstandes, wobei sie auch Arbeiten referiert, die mit der Familienthematik nichts zu tun haben, wird immer wieder durch persönliche Stellungnahmen, die ihre Vorannahmen über das „Wesen“ der Hochbegabten nur allzu deutlich werden lassen, unterbrochen. Schon als Studentin sei es ihr schwergefallen, „das Thema Hochbegabung und das ganze Spektrum seiner verschiedenen Aspekte vorurteilsfrei zu betrachten“ (ebd., 5). Daran hat sich vermutlich auch später nicht viel geändert. Autoren, die von einem „eigenen Entwicklungsrhythmus“ (Ross 1964) begabter Kinder ausgehen, bzw. darüber hinaus von einer besonderen „Beziehungs- und Störanfälligkeit“ (Schmidt 1977), bedingt durch deren „besonderen Sensibilität“ (Bridges 1973), sprechen , und für Hochbegabte „asynchrone Entwicklungsverläufe“ (Terrassier 1982) zwischen psychomotorischer und intellektueller Entwicklung postulieren, werden von Grobel gerne und immer wieder zitiert. Insbesondere das von seinen Autoren explizit als Ratgeber bezeichnete Buch „Hochbegabte Kinder, ihre Eltern, ihre Lehrer. Ein Ratgeber.“ (Webb, Meckstroth & Tolan 1985) wird wiederholt als Ausweis der Richtigkeit ihrer Überlegungen herangezogen. Referiert sie im engeren Sinn empirische Arbeiten, so unterlaufen ihr häufig Fehler, so etwa in der Beurteilung der Reichweite des „Confluence-Modells“ (Zajonc & Markus 1975, vgl. auch Abschnitt 3.1 der vorliegenden Arbeit), einem mathematischen Modell aus der Bevölkerungsstatistik, das die intellektuelle Überlegenheit von Kindern aus kleineren Familien über „die große Zahl“ vorherzusagen vermag und von Grobel unreflektiert auf den Einzelfall angewendet wird. An den

Ergebnissen der Arbeit von Cornell (1984) interessieren Grobel „naturgemäß" diejenigen Aspekte, die auf eine zumindest problematisch zu nennende Familiendynamik hinweisen. Daß sich etwa eine übermäßige Kindzentrierung, ausgelöst durch die starke Idealisierung der hochbegabten Kinder durch die Mütter, nur in wenigen Familien der Untersuchungsgruppen von Cornell aufzeigen läßt, scheint Grobel allerdings übersehen zu haben.

Die Beurteilung ihrer Untersuchungsgruppe als einer „für die Gruppe der Hochbegabten möglicherweise nicht vollständig repräsentativen Stichpobe" (ebd., 181) ist uneingeschränkt zuzustimmen. Vielmehr ist zu vermuten, daß es sich bei den Teilnehmern von zumal internationalen Sommerkursen für Hochbegabte um eine spezifische Subgruppe handelt, wobei es interessant erscheint, einmal die Motivation solcher Campteilnehmer zu untersuchen (ganz abgesehen von den Fragen: „Woher haben die Teilnehmer Informationen über solche Kurse?" oder „Wie wird eine Teilnahme finanziert?" u.a.m.).

Grobels erklärtes Ziel, eine Gruppe hochintelligenter und eine Gruppe durchschnittlich intelligenter Kinder und Jugendlicher hinsichtlich ihrer familiären Beziehungen miteinander zu vergleichen, ist mit ihrem Untersuchungsdesign, soweit dieses überhaupt nachvollziehbar ist, nicht zu erreichen. Es fehlt, wie in so vielen Hochbegabtenstudien, die Vergleichsgruppe „Normalintelligenter". Allein 30 der 55 Teilnehmer haben einen IQ>135 und lediglich drei Teilnehmer liegen mit ihren Intelligenzwerten im Mittelbereich (IQ<109). Zitationswürdig ist in diesem Zusammenhang Grobels Bewertung des Ergebnisses der Intelligenzmessung. Ihrer Ansicht nach zeigte sich „eine erstaunliche und ... überraschende Tatsache: Die statistische Verteilung der Intelligenzquotienten ... entspricht in keiner Weise der angesichts der Normierungstabellen des Tests zu erwartenden Verteilung der zugehörigen Normgruppe." (ebd., 213). Erstaunlich wäre bei den Sommercamp-Teilnehmern wohl eher eine von Grobel offensichtlich erwartete „Normalverteilung" der Intelligenzquotienten gewesen.

Vor dem Hintergrund des mangelhaften Untersuchungsdesigns sind die weiteren Ergebnisse der Studie von Grobel nicht weiter beurteilbar. Ein Vergleich zwischen hoch- und durchschnittlich intelligenten Kindern und Jugendlichen hinsichtlich ihrer Familienbeziehungen hat Grobel jedenfalls nicht durchgeführt. Die höchst problematische Zusammensetzung ihrer Untersuchungsgruppe wird von Grobel an keiner Stelle ihrer Arbeit diskutiert. Immerhin wäre es möglich gewesen, die FBT-Ergebnisse der 55 Campteilnehmer zu den Normwerten dieses Tests in Beziehung zu setzten und so eine Vergleichsgruppe zu schaffen. Grobels Studie „Hochbegabung in Familien" kann u.E. nur als ein abschreckendes Beispiel der Familienforschung bei Hochbegabten gelten.

4.3.2 Sozioökonomischer Hintergrund und Familienstruktur in „Hochbegabtenfamilien"

Wiederholt wurde festgestellt, daß Kinder mit überdurchschnittlichen kognitiven Fähigkeiten aus gehobeneren sozialen Schichten stammen (vgl. Tabelle 4.1). Die Eltern sind besser ausgebildet, und die Väter haben einen dementsprechend hohen Berufsstatus. Zur Berufstätigkeit der Mütter finden sich nur vereinzelt und z. T. widersprüchliche Angaben (vgl. Van Tassel-Baska 1983; Gross 1993; aber auch Groth 1975 in Tabelle 4.2 bzw. Karnes, Shwedel & Steinberg 1984 und Loeb & Jay 1987 in Tabelle 4.3).

Beide Elternteile sind bei der Geburt ihrer Kinder älter als der Durchschnitt, vermutlich weil aufgrund der längeren Ausbildungszeiten die Entscheidung zur Gründung einer Familie zunächst aufgeschoben wurde. Die Ehepaarbeziehung wird durch die Hochbegabung eines Familienmitglieds offenbar nicht übermäßig belastet. Jedenfalls berichten einige Studien von einer im Vergleich geringeren Scheidungsrate in Hochbegabtenfamilien.

Tabelle 4.1: Übersicht über 8 Studien zum sozioökonomischen Hintergrund von „Hochbegabtenfamilien", zur Familiengröße und zur Geburtsposition des hochbegabten Kindes

Autor/Jahr	Stichprobe	Variablen	Hauptergebnisse
Terman et al. (1925)	HB: N=1528; 857 Jungen, 671 Mädchen; der größte Teil im Alter von 8 bis 12; IQ>135 VG: US Population	I: Vorauswahl durch Lehrernomination (drei „besten" Kinder in der Klasse und jüngstes Kind), z.T. Gruppenintelligenztests, zuletzt Stanford-Binet (Einzeltest); Informationen zum Elternhaus u.a.m.	Vater und Mutter haben im Durchschnitt 12 grades (SD=3.5). Ihre Ausbildungszeit ist 4 grades länger als der Bevökerungsdurchschnitt; auch die Großeltern sind überdurchschnittlich gut ausgebildet. Die Väter der HB haben höheren Berufsstatus. Bei der Geburt des Kindes waren die Väter ca. 34 und die Mütter 29 Jahre alt. In 182 Familien nahmen 2 und mehr Kinder an der Längsschnittstudie teil. 60% der Kinder waren Einzelkinder oder älteste Kinder. Die Familiengröße lag unter dem der Vergleichspopulation.
Barbe (1956)	HB: N=456; Alter?; Geschlechterverteilung? Teilnehmer an Spezialklassen (IQ>120) VG: keine	I: Stanford-Binet; Fragebogen zum familiären Hintergrund; über 15 Jahre an die Teilnehmer der Spezialklassen verteilt; Rücklauf: 77%	Die Mehrzahl der HB kommt aus der „upper middle-class". Die Eltern sind überdurchschnittlich gut ausgebildet. Über 60% der Eltern (Väter?) haben Berufe in den Kategorien „Professional and managerial" bzw. „Clerical and sales". Die HB sind überüberwiegend Erstgeborene (53%; hiervon 22% Einzelkinder) mit oft nur einem Geschwister (43%). 6% der Eltern lebten getrennt oder in Scheidung.
Groth (1975)	HB: oberen 2% im Intelligenztest; N=? (entspricht den Elternfragebögen); Alter?; Geschlechterverteilung? VG: US-Population	I: Stanford-Binet oder Wechsler Test; Fragebogen an 600 Eltern der Gifted Children's Association in L.A.; Rücklauf: 60% (hiervon 40% Mütterangaben)	Mütter der HB Kinder sind besser ausgebildet als Frauen im US-Durchschnitt (z.B. 6 mal häufiger „masters" und „doctoral degrees"). Mütter von hb Kindern haben eher kleine Familien (1 bis 2 Kinder). Die Scheidungsrate liegt bei 8% und somit im Vergleich sehr niedrig. 17% der Mütter bekamen ihr 1. Kind mit 30 und älter.
Cox (1977)	HB: N=456; Alter?; 240 Jungen, 216 Mädchen; Teilnehmer an Sommerprogrammen für HB (1972 bis 1975); IQ>130; 2 Jahre voraus in Leistungstests. VG: keine	I: Stanford-Binet; Fragebogen?	70% der HB kommen aus 2- oder 3-Kind Familien. Die durchschnittliche Familiengröße liegt bei 2 Kindern. 47% der HB sind Erstgeborene, 10% bleiben Einzelkinder.

Tabelle 4.1 (Fortsetzung): Übersicht über 8 Studien zum sozioökonomischen Hintergrund von „Hochbegabtenfamilien", zur Familiengröße und zur Geburtsposition des hochbegabten Kindes

Autor/Jahr	Stichprobe	Variablen	Hauptergebnisse
Albert (1980)	HB: Gruppe 1: 26 Jungen mit dem besten Ergebnis bei math. Talentsuche in den USA (1976) Gruppe 2: 26 Jungen (IQ>150) aus Kalifornien; Alter: 11-14 VG: US-Popuation	I: SAT-M (Gruppe 1) ? (Gruppe 2) Angaben zu Familienstrukturvariablen u.a.m.	Familien beider Gruppen haben einen sehr hohen Sozialstatus (obersten 3%), die Eltern einen außergewöhnlich hohen Ausbildungsstand (college-Abschluß: Mütter 65%; Väter 85% bzw. 96%). Die Eltern waren bei der Geburt des Kindes älter als der US-Durchschnitt (Mütter-27; Väter-30). Die Familien haben im Mittel 2.6 Kinder, d.h. es ergeben sich keine Differenzen zur VG. In Gruppe 1 sind 46% Erstgeborene, in Gruppe 2 69% (hiervon 3 Einzelkinder). Über 90% der Kinder leben mit zusammen mit beiden Elternteilen (vs. 83% in der VG).
Benbow & Stanley (1980/81)	HB: N=873 (507 Jungen, 366 Mädchen); Teilnehmer der SMPY Talentsuche von 1976; obersten 3% der Population; Alter: 11-12 Jahre VG: US-Population	I: Jungen: SAT-M=459, SAT-V=373; Mädchen: SAT-M=422, SAT-V=368; Geschlechterdifferenz beim SAT-M signifikant (p<0.01); Fragen zum Ausbildungsstand und Beruf der Eltern	45% der Väter und 24% der Mütter haben einen college-Abschluß, sie sind sich im Ausbildungsgrad sehr ähnlich (r=0.58). Die durchschnittliche Familiengröße liegt bei den Jungen bei 3.0, bei den Mädchen bei 3.2, d.h. die Familien sind signifikant größer (!) als der Durchschnitt mit 1.7 Kindern. Die Jungen stehen im Mittel an Position 2.1, die Mädchen an Position 2.3.
Tassel-Baska, Van (1983)	HB: N=191 (aus der Gruppe der 270 Besten von über 9000 Teilnehmern der Midwest Talent Search); zumeist 13-14 Jahre alt; doppelt soviel Jungen wie Mädchen VG: keine	I: SAT-V > 580; SAT-M >630; Befragung der Teilnehmer z.T. postalisch; Gesamtrücklauf 64%; Fragebogen zu persönlichen Daten, zu Interessen, Freizeitverhalten, zur familiären Situation u.a.m.	Die Eltern der MTS Finalists haben einen sehr hohen Ausbildungsstand. Väter: 32% Doctorate, 20% Masters, 24% 4 yr. College; Mütter: 5% Doctorate, 22% Masters, 37% 4 yr. College. Die Berufe der Väter entsprechen dem hohen Ausbildungsstand (37% Business Management oder Professores). Die Mütter sind trotz guter Ausbildung zumeist Hausfrauen (44%). Am häufigsten sind 2-Kind Familien (50%), gefolgt von 3-Kind Familien (29%) und größeren Familien (15%). Die Hälfte (53%) sind Erstgeborene, nur 5% sind Einzelkinder, 26% sind jüngste Kinder.
Gross (1993)	HB: ausführliche Falldokumentation von 15 Kindern (5-13J.) mit IQ>160; Teilnehmer an Sonderprogrammen für HB in Australien VG: Norm-Population	I: Stanford-Binet; alle Geschwister auch getestet (Slosson Intelligence Test); umfangreiche Elternfragebögen mit Fragen zu Ausbildung, Beruf, Begabungen in der Großelterngeneration, Interessen u.a.m.	Die Eltern (und die Großeltern) sind überdurchschnittlich gut ausgebildet und haben einen hohen Berufsstatus. 64% der Mütter sind Hausfrauen oder arbeiten lediglich stundenweise. Auch die Geschwister sind besonders begabt (Median-IQ=140 [127-175]). Das Alter der Mütter bei Geburt des ersten Kindes ist höher als in der Vergleichsgruppe (VG: 24J.8M.; HB: 27J.3M.). 11 der 15 Kinder (73%) sind Erstgeborene, aber nur 2 Kinder Einzelkinder. Die durchschnittliche Kinderzahl liegt bei 2.3.

Zur Familiengröße gibt es unterschiedliche Angaben. Zumeist stammen die Hochbegabten aus kleineren Familien, was in Verbindung mit dem besseren sozioökonomischen Status der Familien und dem höheren Alter der Eltern bei der Geburt der Kinder auch zu erwarten wäre. Lediglich Benbow & Stanley (1980/81) berichten in ihrer immerhin über 800 Teilnehmer umfassenden Studie von signifikant größeren Familien als in der Vergleichspopulation.

Hochbegabte Kinder sind häufig erstgeborene Kinder mit oft nur einem weiteren Geschwister oder sogar Einzelkind. In einer interessanten Studie von Schlichting (1968) fand sich, hierzu in Widerspruch, kein Unterschied in der Geschwisterposition bei zwei Gruppen männlicher Gymnasiasten, die sich außer in der Intelligenzvariable möglichst wenig voneinander unterscheiden sollten. Schlichting versuchte, mittels einer „Homogenisierung in den Hintergrundsvariablen" (ebd., 128) mögliche Effekte einer hohen vs. einer durchschnittlichen Testintelligenz auf Faktoren wie „Extroversion/Introversion", „Leistungsmotivation", „Interessen" und „Stellung in der Geschwisterreihe" eindeutiger zu bestimmen. Ihre Vergleichsgruppen bildeten jeweils 20 Akademikersöhne der 11. und 12. Klasse an Gymnasien in Großstädten von NRW, die sich um zwei Standardabweichungen im IST-Gesamtwert unterschieden. Die Gruppe der Hochintelligenten (HI) besaß einen mittleren IST-Wert von 131 (127-145), die Vergleichsgruppe (VG) einen Wert von 103 (98-107). Beide Gruppen waren ungefähr gleich alt (HI: 16.9 J.; VG: 17.3 J.). Das etwas höhere Alter der VG kam dadurch zustande, daß von den 20 Jugendlichen lediglich 12 immer regelmäßig versetzt worden waren, sich in der Gruppe der Hochintelligenten dagegen keine „Sitzenbleiber“ befanden. Interessant ist die Angabe, daß die durchschnittliche Geschwisterzahl bei den HI 2.9 und in der VG 3.4 beträgt, d.h. die hochbegabten Akademikersöhne aus kleineren Familien stammen. Ob dieser Unterschied in der Familiengröße beider Gruppen, der im Einklang mit den übrigen Ergebnissen zur Geschwisterzahl in Hochbegabtenfamilien steht, überzufällig ist, wird von der Autorin leider nicht mitgeteilt und kann aufgrund fehlender Angaben (keine Standardabweichungen) auch nicht nachträglich errechnet werden. Von Bedeutung ist jedenfalls ihr Ergebnis, daß bei größtmöglicher Parallelisierung der Gruppen hinsichtlich des Faktors „Soziale Schicht“ (ausschließlich Söhne von Akademikern in Ziel- und Vergleichsgruppe) eine Nivellierung der bisher beobachteten Effekte der Intelligenz etwa auch auf Persönlichkeitsmerkmale festgestellt werden konnte. HI zeigten lediglich signifikant ausgeprägtere Interessen, jedoch kein unterschiedliches Interessensprofil als die VG.

Bei vielen Ergebnissen der Hochbegabtenforschung stellt sich immer wieder die Frage, ob die gefundenen Effekte der Intelligenzvariable nicht auch eine Folge der mit der Stichprobenauswahl verbundenen Faktoren sein könnten. Schon bei der Terman Studie (Terman et al. 1925; Terman & Oden 1947; 1959), die von den Hochbegabten ein in vielerlei Hinsicht positives Bild zeichnete (hervorragende körperliche, psychische und soziale Entwicklung) und damit eine Wende in der Forschung und noch mehr in der Vorstellung vom „Hochbegabten“ einleitete, ist immer wieder kritisiert worden, daß, durch die Vorauswahl der Lehrer vor dem eigentlichen Intelligenztest, Kinder aus sozial benachteiligten Schichten möglicherweise keine Chance hatten, ihre Begabung unter Beweis zu stellen. Die Beschränkung der Untersuchung allein auf städtische Gebiete in Kalifornien führte zudem zu einer deutlichen Überrepräsentation von gut ausgebildeten Bevölkerungsgruppen (zur Kritik der Terman Studie siehe auch Abschnitt 1.2.2.2).

Eine Studie von Rost & Albrecht (1985) zeigt die Zusammenhänge zwischen einer Schichtvariable (durchschnittlicher Hauspreis verschiedener Stadt- und Landbezirke in San Diego) und der Wahrscheinlichkeit, vom Schulsystem als „hochbegabt“ identifiziert zu werden und entsprechende Förderungen zu erhalten, überraschend deutlich: Je teurer das Wohngebiet, desto höher lag der Prozentsatz an identifizierten Hochbegabten (Rangkorrelationskoeffizient für San Diego City [19 Bezirke] bei rho=0.73; für San Diego County [5 Bezirke] bei rho=0.70). Diese Unterrepräsentation von (identifizierten) hochbegabten Kindern aus weniger guten Wohngebieten, obwohl dort die Mehrzahl der Kinder und Jugendlichen wohnt und von daher, bei angenommener Gleichverteilung des Begabungsfaktors, eher sogar mehr Hochbegabte zu erwarten wären, läßt viele Ergebnisse der Hochbegabtenforschung, wenn dort nicht mit repräsentativen und unselegierten Stichproben gearbeitet worden ist, fragwürdig werden. In einer älteren Studie von Frierson (1965), in der zwei Gruppen Hochbegabter (IQ>125) mit hohem (n=88) und niedrigem sozialen Status (n=56), operationalisiert wie bei Rost & Albrecht (1985) durch die Qualität des Wohngebiets, zwei im sozialen Hintergrund vergleichbaren Kontrollgruppen durchschnittlich begabter Kinder und Jugendlicher (IQ zwischen 85 und 115, parallelisiert nach Geschlecht, Alter, ethnischer Herkunft und Schuljahr) gegenübergestellt wurden, zeigte sich sogar „... that several differences between groups of gifted children are associated with differences in the socioeconomic background of the children.“ (ebd.,89). Hochbegabte Kinder aus Familien mit einem höheren sozialen Status waren sich im Vergleich zu ebenso begabten Kindern aus einem vermutlich weniger anregungsreichen Milieu stärker bewußt, daß ihre Eltern hohe Bildungserwartungen an sie richteten. Sie gingen lieber zur Schule und erreichten in den meisten Fächern auch höhere Schulleistungen. Bei Ergebnissen zur Familienstruktur von Hochbegabtenfamilien, die ohne Kontrolle von Schichtvariablen zustande gekommen sind bzw. bei Studien, die aufgrund der Stichprobenselektion (z.B. Teilnehmer an kostspieligen Sonderprogrammen für Hochbegabte) nur Kinder und Familien aus gehobeneren Sozialschichten enthalten, muß beachtet werden, daß gerade Variablen wie „Familiengröße“ und damit zusammenhängend auch „Geburtsposition“ oder „Alter der Eltern“ durch den soziökonomischen Hintergrund der Familie mit bestimmt werden.

Unter das Stichwort „Stichprobeneffekte“ lassen sich auch einige Ergebnisse aus dem „Gulbenkian Project on Gifted Children“ (Freeman 1979; 1991) zusammenfassen.[12] Freeman begann 1974 mit einer Längsschnittstudie, die zum Ziel hatte, Kinder von Eltern, die Mitglied einer nationalen Organisation für Hochbegabte waren (National Association for Gifted Children [NAGC]) und von denen daher angenommen wurde, daß sie ihre Kinder als besonders begabt einstuften, zwei verschiedenen Kontrollgruppen gegenüberzustellen. Die erste Kontrollgruppe (KG1) hatte im in der Schulklasse der Zielgruppenkinder (ZG) durchgeführten Screening (Raven-Test) vergleichbare Werte wie die ZG erreicht. Die zweite Kontrollgruppe

---

[12] Im Abschnitt über die Auswirkungen des Etiketts „hochbegabt“ auf die psychische Entwicklung der Kinder in ihren Familien (vgl. 4.3.5) wird noch einmal unter verändertem Blickwinkel auf die Studie von Freeman eingegangen.

(KG2) bestand aus einem, abgesehen vom Geschlecht und Alter, zufällig zugeordneten Kind derselben Schulklasse. Im anschließend durchgeführten Individualtest (Stanford-Binet) zeigte sich dann allerdings, daß die versuchte Parallelisierung der ZG und der KG1 hinsichtlich des Faktors Intelligenz, offenbar aufgrund von Deckeneffekten im Raven Test, nicht gelungen war. Die jeweils 70 Kinder der drei Untersuchungsgruppen im Alter von fünf bis 14 Jahren erreichten folgende IQ-Werte (Stanford-Binet): ZG: M=147 (SD=17.4); KG1: M=134 (SD=17.1); KG2: M=119 (SD=16.1). Die Differenz zwischen den Gruppen ist hochsignifikant (p<.01). Beim Vergleich des häuslichen Hintergrundes wurde deutlich, daß die Eltern der ZG am besten als „two career families“ beschrieben werden konnten. Beide Eltern waren überdurchschnittlich gut ausgebildet und befanden sich in sehr guten beruflichen Positionen. Dies galt insbesondere für die Mütter der ZG. Über die Hälfte von ihnen (53%) arbeitete in Bereichen von „professional or top managerial work“ (Freeman 1979, 147) (KG1: 33%; KG2: 30%). Der hohe Ausbildungs- und Berufsstatus ließ sich auch für die Großelterngeneration der ZG feststellen. Im Vergleich zu den beiden KG befanden sich unter den ZG-Familien mehr Alleinerziehende (ZG: 7%, KG1: -; KG2: 1%) bzw. Eltern mit neuem Ehepartner (ZG: 9%; KG1: 6%; KG2: 1%). Erstgeborene oder Einzelkinder waren in der ZG häufiger als in beiden KG (ZG: 13%; KG1: 6%; KG2: 7%). Das Hauptergebnis der Studie von Freeman (1979) ist jedoch, daß die ZG-Kinder mehr körperliche Beschwerden und soziale Auffälligkeiten aufwiesen (Eltern- & Lehrerangaben) und als insgesamt weniger gut angepaßt beschrieben werden können als die in etwa gleichem Maße intelligenten Kinder der KG1 bzw. die immer noch überdurchschnittlich intelligenten Kinder der KG2.

Interessant sind nun die Ergebnisse eines weiteren Gruppenvergleiches, für den Freeman (1979) die Gesamtgruppe hinsichtlich ihrer Intelligenzwerte teilte (IQ>140 bzw. IQ<140). Die 82 Kinder und Jugendlichen der Gruppe 1 (GR1) mit einem durchschnittlichen IQ von 155 (SD=9.9) bestand zu 57% aus der früheren ZG, zu 32% aus der KG1 und zu immerhin 11% aus der KG2. Die Intelligenzgruppe 2 (GR2: N=128; IQ=120, SD=11.6) setzte sich dagegen hauptsächlich aus Mitgliedern der ehemaligen KG2 zusammen (48%), gefolgt von Mitgliedern der KG1 (34%) und der ZG (18%). Ein erneuter Vergleich hinsichtlich der verschiedenen Variablen für die beiden Intelligenzgruppen sollte nach Freeman bei veränderten Ergebnissen gegenüber dem Vergleich von ZG, KG1 und KG2 ein Hinweis darauf sein, daß bei den beobachteten Besonderheiten der ZG neben der Intelligenz offenbar auch noch andere Faktoren eine bedeutsame Rolle spielen.

Die unterschiedliche Geburtsposition der ZG-Kinder (mehr Erstgeborene und Einzelkinder) wurde im Intelligenzgruppenvergleich nivelliert. Auch die Auffälligkeiten im Familienstatus (mehr Alleinerziehende; häufiger Wiederheirat) fanden sich nun nicht mehr wieder. Ein Vergleich der Intelligenzgruppen unter Herausnahme der ZG-Kinder zeigte sogar, daß nur in der GR2 die beiden oben genannten Familienformen auftraten. Mütter und Väter der GR1 waren ähnlich wie die ZG-Eltern sehr gut ausgebildet, mit entsprechend hohem Berufsstatus. Der Eindruck der häuslichen Atmosphäre war „that of a detached house in a pleasant suburb, the house lined with books and bathed in sounds of music" (Freeman 1979, 191). Die Kinder der GR1 erzielen erwartungsgemäß sehr gute Schulleistungen und haben im Gegensatz zu den ZG-Kindern keine sozialen oder psychischen Probleme. Daß eine herausragende intellektuelle Begabung nicht notwendig Probleme für die „Betroffenen" und ihre Familien mit sich bringen muß, zeigte abschließend auch der Vergleich allein der ZG-Kinder mit sehr hoher (GR1: IQ>140) und leicht überdurchschnittlicher Intelligenz (GR2: (IQ<140). Die durch Eltern und Lehrer beobachteten Verhaltensauffälligkeiten streuten über beide Intelligenzgruppen gleichermaßen: „Thus, their behaviour problems were not due to the singular effects of IQ but had other independent or combined origins." (Freeman 1979, 192). Nach den Ergebnissen der follow up Studie 10 Jahre später (Freeman 1991), mit noch 81% der Teilnehmer der Anfangsstichprobe im Alter von nun 14 bis 22 Jahren, sollen viele der emotionalen Auffälligkeiten der ZG sich mit der Zeit verlieren (vgl. auch Freeman 1993). Im Bericht über die Längsschnittstudie (Freeman 1991), der hauptsächlich aus Interviewausschnitten mit den jungen Erwachsenen zusammengesetzt ist, wird allerdings nicht deutlich, wie die Autorin zu ihren Ergebnissen kommt. Auch wenn im Anhang ein 1 1/2 seitiger Interviewleitfaden abgedruckt ist, so reicht dies allein zur Darlegung der Methode noch nicht aus.

Abschließend sollte man sich die Frage stellen, weshalb denn überhaupt Zusammenhänge zwischen familiären Strukturvariablen und der Intelligenz bzw. Schulleistung eines Kindes von den Autoren vermutet wurden, d.h. wie die theoretische Begründung der empirischen Untersuchungen aussieht. Hierzu finden sich in den einzelnen Arbeiten so gut wie keine weitergehenden Hinweise. Es handelt sich in den meisten Fällen lediglich um eine erneute Überprüfung einmal gefundener Effekte, wie z.B. die überzufällige Häufung von Erstgeborenen und Einzelkindern unter den Hochbegabten. Eine weitergehende Ableitung der Hypothesen oder die Einordnung der Befunde unter gundsätzlichen Überlegungen zum Einfluß familiärer Strukturvariablen auf die kognitiven Fähigkeiten eines Kindes unterbleibt zumeist. Dabei gibt es eine Vielzahl von Überlegungen und empirischen Befunden zum Thema (vgl. ausführlich Kapitel 3). So können etwa in kleineren Familien die wenigen Kinder besser gefördert werden, sei es, weil die Eltern ihnen mehr Zeit und Aufmerksamkeit schenken, sei es, weil die finanziellen Ressourcen sich auf nur wenige Personen verteilen. Erstgeborenen wirken oft als „Tutoren" für ihre jüngeren Geschwister, d.h. sie übernehmen schon früh Elternfunktionen. Sie sind in ihren Familien zudem eine mehr oder weniger lange Zeit nur mit Erwachsenen zusammen, was nach Pfouts (1980) im Vergleich zu den nachgeborenen Geschwistern zu einer intensiveren Eltern-Kind Beziehung führt. Die Führerrolle gegenüber den jüngeren Geschwistern und die engere Beziehung zu den Eltern erklärt nach Pfouts (1980) die häufig zu beobachtende bessere Sprachentwicklung der Erstgeborenen im Vergleich zu später geborenen Kindern. Das höhere Alter der Eltern hochbegabter Kinder ist vermutlich hauptsächlich durch deren lange Ausbildungszeiten mitbedingt. Doch bietet das späte Elternwerden zusätzliche Vorteile für die emotionale und kognitive Entwicklung der Kinder. Durch die mit dem Alter steigende finanzielle und persönliche Sicherheit werden Kinder älterer Eltern in eine emotional stabilere und auch finanziell abgesichertere häusliche Atmosphäre hineingeboren, was nicht unerheblich zur kindlichen Entwicklung beitragen sollte.

4.3.3 Familiäre Beziehungen in „Hochbegabtenfamilien"

4.3.3.1 Eltern hochbegabter Kinder

Auch wenn in diesem Abschnitt speziell die Familienbeziehungen in Hochbegabtenfamilien betrachtet werden, d.h. Interaktionen zwischen einzelnen Familienmitgliedern im Zentrum stehen, sollen zunächst die wenigen Untersuchungen, die in irgendeiner Weise die Eltern hochbegabter Kinder zu ihrem Untersuchungsgegenstand machen, kurz vorgestellt werden (vgl. Tabelle 4.2, zusammenfassend auch Gockenbach 1989).

Auch die Eltern hochbegabter Kinder zeichnen sich durch eine überdurchschnittliche Intelligenz aus. In der Mehrzahl der Untersuchungen kann allerdings nur aufgrund des hohen Ausbildungsstandes auf eine auch überdurchschnittliche Intelligenz der Eltern rückgeschlossen werden.

Doch gibt es einige wenige Arbeiten, die auch den Eltern hochbegabter Kinder (oder den Geschwistern[13]) Intelligenztests vorlegten. In einer Anschlußstudie an die in Tabelle 4.2 aufgeführte Untersuchung von Benbow, Stanley, Kirk & Zondermann (1983), der dieselbe Stichprobe an außergewöhnlich begabten Kindern und Jugendlichen zugrunde liegt (obersten 0.3% ihres Jahrgangs), konnten Benbow, Zondermann & Stanley (1983) darüber hinaus zeigen, daß beide Elternteile in ihren

---

[13] Gross (1993; vgl. Tabelle 4.1) testete auch die Geschwister ihrer Untersuchungsgruppe. Es fanden sich durchgehend überdurchschnittliche Intelligenzwerte (IQ 127 - IQ 175). Und schon in der Terman Studie (Terman et al. 1925) überraschte die weit über dem Zufall liegende Zahl der Geschwisterkinder, die ebenfalls an der Längsschnittstudie teilnahmen.

Intelligenztestwerten sehr ähnlich abschnitten (Median der altersadjustierten Korrelationskoeffizienten über neun verschiedene Tests: Med=0.46). Dieser im Vergleich zu Studien mit weniger eingeschränkten Intelligenzgruppen großen Übereinstimmung beider Ehepartner („Assortative Marriage") in der Intelligenzvariable steht ein wesentlich geringerer Wert für die familiale Ähnlichkeit („Familiality") gegenüber. Die Autoren versuchten mittels Regressionsanalysen, die Intelligenzwerte der Kinder in den verschiedenen Tests durch diejenigen der Eltern vorherzusagen. Es ergaben sich für die Väter, die Mütter bzw. gemittelt über beide Eltern lediglich Durchschnittskoeffizienten von r=0.17, r=0.09 bzw. r=0.11. Diese Werte liegen weit unter denjenigen für Populationen ohne Intelligenzeinschränkung (r=0.42 bis r=0.60).

Tabelle 4.2: Übersicht über 4 Studien zur Persönlichkeit der Eltern hochbegabter Kinder

Autor/Jahr	Stichprobe	Variablen	Hauptergebnisse
Groth (1975)	240 Mütter von hb Kindern (Alter?; IQ obersten 2%); Mitglieder der Gifted Children Association in L.A.; (Teilnahmequote 40%) VG: keine	I*: Stanford-Binet, Wechsler; Elternfragebogen: u.a. Fragen zur Familienstruktur, Ausbildung und Beruf, zum „psychologischen" Alter im Vergleich zum „chronologischen" Alter, zur Berufstätigkeit ...	75% der Mütter fühlen sich jünger als ihr angegebenes Alter. 53% haben 1-2 Kinder, lediglich 17% mehr als 3 Kinder. 80 Mütter bezeichnen sich selbst als hb, von ihnen sind 57% nicht berufstätig (vs. 75% der übrigen Mütter).
Benbow, Stanley, Kirk & Zondermann (1983)	46 Mütter & 45 Väter (35 vollständige Familien) einer Subgruppe der SMPY-Teilnehmer: 12 Mädchen (12-18J.), 60 Jungen (10-20 Jahre) mit PQ>170 (obersten 0.3%! ihrer Altersgruppe); Mütter: M=42 Jahre Väter: M=45 Jahre VG: keine	I*: Ergebnisse von math. und verbalen Leistungstests (SAT-M, SAT-V), umgerechnet in Stanford Binet IQ-Äquivalente (PQ); Eltern und Kinder bearbeiteten 9 z.T. neu entwickelte Tests zur Feststellung der kognitiven Fähigkeiten	Die Eltern der hochintelligenten Kinder erreichten in den 9 Intelligenztests vergleichbar hohe Werte, z.B. im California Test of Mental Maturity (CTMM)-Language Factor (umgerechnet in IQ): Jungen: M=164 (SD=16), Mädchen: M=171 (SD=15), Mütter: M=151 (SD=17), Väter: M=148, (SD=17). Ergebnisse der Faktorenanalysen der Tests, getrennt berechnet für Kinder, Mütter und Väter, zeigen Ähnlichkeiten mit dem Zweifaktorenmodell der Intelligenz (verbal-educational factor „V:ed"; practical-spatial-mechanical „K:m") von Vernon (1961). Die Korrelation beider Faktoren von r=.40 bei den Eltern gibt aber auch Hinweise auf einen „g"-Faktor sensu Spearman (1904).
Fell, Dahlstrom & Winter (1984)	32 Mütter und 30 Väter von hb Kindern (oberstes 1% im WISC-R) vom Kindergarten bis 6th grade; Mütter: M=34 Jahre Väter: M=36 Jahre VG: US Normen des 16 PF	I*: WISC-R; überdurchschnittkognitive Leistungen in allgemeinem Leistungstest; Lehrernomination Persönlichkeitsfragebogen für die Eltern (16 PF)	Die Mütter der HB sind intelligenter, gewissenhafter und ausdauernder, unabhängiger und selbständiger als der Durchschnitt. Die Väter sind ebenfalls intelligenter und unabhängiger, aber auch zurückhaltender, angespannter und ängstlicher als der Durchschnitt.
Landau & Weissler (1993)	64 Familien mit einem Kind, das in ein Hochbegabtenprogramm aufgenommen wurde; 79 Familien, deren Kind die Aufnahmeprüfung nicht geschafft hat; Alter der Kinder: ?	I*: Kombination aus Gruppen IQ-Test und Raven-Matrizen; Teilnahme am Sonderprogramm ab IQ>140 (Wechsler); Sozialstatus, Anregungspotential des Elternhauses, häusl. Atmosphäre (gegenseitige Unterstützung, Ausmaß an Spannungen); akademischer Ausbildungsgrad; Interessen; Persönlichkeits-FB; Interaktion mit dem Kind, Einstellung zur Intelligenz des Kindes	Beide Gruppen unterscheiden sich nicht im sozialen Status und der häusl. Atmosphäre. Das Elternhaus der HB zeigt ein größeres Anregungspotential (Anzahl an Büchern, Kunstwerken Urlaubsreisen etc.: p<.01). Die Eltern der HB haben einen höheren Bildungsabschluß (Mu: p<.01; Va: p<.05). Mutter wie Vater der HB bewerten einen die kognitive Entwicklung fördernden Interaktionsstil positiv und sind sich der der Intelligenz ihres Kindes bewußt (jeweils p<.001). Mütter wie Väter sind im Vergleich anspruchsvoller (p<.05), die Väter der HB zusätzlich liberaler (p<.01) und unabhängiger (p<.05).

*Die Angabe zum Intelligenztest bezieht sich auf die Auswahl der hochbegabten Kinder.

Die Autoren vermuten, daß die extrem begabten Kinder ihrer Stichprobe in ungewöhnlich starkem Maße aktiv in ihre Umgebung eingreifen und diese verändern, um sich dadurch neu zu stimulieren. Dies könne schließlich zu der beobachteten Differenz zwischen Eltern und Kindern führen. Die wesentlich näher liegende Erklärung, die auffallend niedrigen Regressionskoeffizienten als methodischen Artefakt einer extrem varianzeingeschränkten Stichprobe anzusehen, ziehen die Autoren erstaunlicherweise nicht in Betracht.

Sicherlich in Zusammenhang zu sehen mit der offenbar überdurchschnittlichen kognitiven Fähigkeit der Eltern hochbegabter Kinder ist deren höheres Maß an Unabhängigkeit (vgl. Fell, Dahlstrom & Winter 1984 bzw. Landau & Weissler 1993).

4.3.3.2 Erziehungsstile

Die in Tabelle 4.3 aufgeführten Arbeiten sind von ihrem jeweiligen Untersuchungsansatz und den dahinterliegenden Fragestellungen recht unterschiedlich, was eine Zusammenfassung der Ergebnisse erschwert. Zwei Studien beschäftigen sich u.a. mit der Übereinstimmung von Eltern und ihren hochbegabten Kindern hinsichtlich verschiedenster Wertkategorien (vgl. Norman 1966; Parker & Colangelo 1979). Der auf den ersten Blick vielleicht nicht sichtbare Zusammenhang zum Stichwort „Erziehungsstil" erscheint uns dadurch gegeben, daß die Vermittlung von Werten und Normen innerhalb der Familie als ein „erzieherischer Akt" betrachtet werden kann.

Tabelle 4.3: Übersicht über 9 Studien zu Erziehungsstilen der Eltern hochbegabter Kinder

Autor/Jahr	Stichprobe	Variablen	Hauptergebnisse
Getzels & Jackson (1961)	449 Jugendliche einer Privatschule, Alter?; High intelligence (HI): (obersten 20% im IQ, unter den obersten 20% in Kreativitätstests); IQ=150 (139-179); 17 Jungen, 11 Mädchen High Creativity (HC): (obersten 20% in Kreativitätstests, unter den obersten 20% im IQ); IQ=127 (108-138); 15 Jungen, 11 Mädchen	I: Standard-Tests, zumeist Stanford-Binet; 5 Kreativitätsmessungen (z.B. „use for things", „word association"); Interviews mit den Müttern (Teilnahme ca. 80%): Ausbildung und Beruf, Alter, Leseinteresse, Zufriedenheit mit der eigenen Erziehungspraxis, Zufriedenheit mit dem Kind/ der Schule u.a.m.	Die Väter der HI haben eine bessere schulische Ausbildung und einen höheren beruflichen Status als die Väter der HC. Der Altersunterschied ist bei den Eltern der HI größer (< 1 Jahr: HI-n=4, HC-n=13; >2 Jahre: HI-n=20, HC-n=11). Die Mütter der HI zeigen ein stärkeres Interesse an der schulischen Ausbildung ihrer Kinder. Sie berichten von mehr Problemen und sind weniger mit der Schule zufrieden. Bezüglich ihrer eigenen Erziehungspraxis sind sie jedoch zufriedener als die Mütter der HC. Mütter der HI wünschen sich Freunde für ihre Kinder, die vor allem „nach außen" einen guten Eindruck machen. Den Müttern der HC scheint es mehr auf „innere Werte" (z.B. „openess") anzukommen.
Nichols (1964)	HB: n=796 Jungen, n=450 Mädchen; National Merit Finalists; letztes Jahr High-school VG: keine	I: keine; jedoch Leistungstestdaten vorhanden; Jungen: SAT-V=658, SAT-M=689 Mädchen: SAT-V=659, SAT-M=635 (jeweils Mittelwerte) Parental Attitude Research Instrument (PARI): Authoritarian-Control; Hostility-Rejection; Democratic Attitudes; diverse FB für die Kinder: u.a. zu Kreativität, zu Interessen und Schulleistung; Lehrer-FB; Befragung von Müttern/Kindern wurde postalisch durchgeführt: Rücklauf=83%	Lediglich für den Faktor „Authoritarian Control" ergeben sich substantielle Korrelationen: es zeigten sich negative Zusammenhänge zur kindl. Selbsteinschätzung von Originalität und Ausdrucksfähigkeit, aber pos. Zushg. zur Schulleistung. Die Lehrereinschätzung von 10 positiven Persönlichkeitseigenschaften war positiv korreliert (bei Jungen & Mädchen) mit einem autoritativen mütterl. Erziehungsstil (klare Regeln und Anforderungen bei gleichzeitiger Ermunterung zur Selbständigkeit). Insgesamt sind die Korrelationen allerdings sehr niedrig (r<.25).

Tabelle 4.3 (Fortsetzung): Übersicht über 9 Studien zu Erziehungsstilen der Eltern hochbegabter Kinder

Autor/Jahr	Stichprobe	Variablen	Hauptergebnisse
Norman (1966)	215 Schüler der 6. Klasse, IQ>130; achiever (a): n=49 nonachiever (na): n=50; Elterndaten: a-männl.: 23 Mu-Va na-männl.: 25 Mu-Va a-weibl.: 19 Mu-Va na-weibl.: 15 Mu-Va	I: California Test of Mental Maturity (CTMM), California Achievment Test; Survey of Interpersonal Value (SIV) von Gordon (1960) mit folgenden Dimensionen: support, conformity, recognition, independence, benevolence, leadership	Mütter der leistungsstarken Jungen bzw. Väter der leistungsstarken Mädchen bewerten „Autonomie" höher und „Konformität" niedriger als die entsprechenden Eltern der leistungsschwachen Kinder. Die Berechnung der Beurteilungsübereinstimmung zwischen den Eltern zeigte für die Eltern der „na" ein höheres Maß an Variabilität über die 6 Dimensionen. In der Skala „leadership" unterschieden sich beide Gruppen signifikant (Eltern „a": $r=.24$; Eltern „na": $r=-.23$; $p<.05$).
Groth (1971)	135 Frauen und 108 Männer im Alter von 25-59; Mensa members aus L.A., d.h. IQ >98.Perzentil; VG: keine	I: Standard-Intelligenz-Tests; Angaben zum Bildungsabschluß; 6-stufige Einschätzung der Beziehung zu beiden Eltern in den ersten 7 Lebensjahren: von „cold, avoiding, neglecting" bis „warm, accepting, casual"	61% der Frauen und 75% der Männer hatten einen Universitätsabschluß („Bachelors or higher). Männer mit dieser Ausbildung berichten im Vergleich zu Männern mit niedrigerem Ausbildungsabschluß von eine „warmen" Mutter-Kind Beziehung ($p<.001$). Frauen mit einem hohen Ausbildungsgrad berichten dagegen von einer „warmen" Beziehung zu beiden Elternteilen (p jeweils <.01).
Parker & Colangelo (1979)	56 Familien mit Sohn oder Tochter, die an der high-school Sonderprogramme (GIFTS) für HB besuchen; VG: keine	I: „identified (?) gifted youngsters"; Values Survey von Rokeach: 18 instrumental values (honest, logical ...), 18 terminal val. (freedom, mature love ...); Eltern und Kinder sollen die Werte jeder für sich in eine Rangfolge bringen; Teilnahmequote 39%	Nach eigenen Berechnungen sind die Übereinstimmungen in den Wertvorstellungen zwischen Eltern und Kinder geschlechtsabhängig: <u>Instrumental values</u>: Sohn/Va $r_s=.71$; Sohn/Mu $r_s=.59$; Toch./Va $r_s=.79$; Toch./Mu $r_s=.73$ <u>Terminal values</u>: Sohn/Va $r_s=.66$; Sohn/Mu $r_s=.68$; Toch./Va $r_s=.74$; Toch./Mu $r_s=.69$. Die größte Übereinstimmung erreichen die Eltern untereinander hinsichtlich der Terminal values ($r_s=.85$).
Borzym (1981)	Eltern von 80 HB mit guter bzw. schlechter Schulleistung - IQ:?; VG: Eltern von 60 DB mit guten bzw. schlechten Schulleistungen; Alter der Kinder: 11-12 Rücklaufquoten (Eltern): HB-48%; DB-45%	I: Raven Progressive Matrizen, Wechsler Intelligenz Test; cut off zur Gruppeneinteilung in HB vs DB nicht genannt; (ebenso keine Angaben zur Feststellung der Schulleistung bzw. zur entsprechenden Gruppeneiteilung); selbst entwickelte FB für Eltern/Kinder mit folgenden Wertkatgorien: theoretical, social, political, esthetic, practical	Unabhängig von der Begabung bewerten die leistungsstarken Schüler die „sozialen" Werte höher (HB:$p<.01$; DB: $p<.05$). An erster Stelle stehen bei den HB und DB die „theoretischen" Werte. Eltern leistungsstarker Schüler bewerten „theoretische" und „soziale" Werte höher, Eltern weniger leistungsstarker Schüler nennen häufiger „politische" Werte. Eltern hb und db Kinder zeigen hohe Übereinstimmung in ihrem Wertsystem: am wichtigsten sind ihnen „theoretische", „soziale" und „ästhetische" Werte, „politische" und „praktische" Werte werden für weniger bedeutsam gehalten.
Karnes, Shwedel & Steinberg (1984)	Eltern von 10 HB im Alter von 3-5 Jahren, Teilnehmer eines universitären Vorschulprogramms; 5 Mädchen, 5 Jungen; IQ=140 (128-155) VG: Eltern von 10 DB, IQ=113 (103-125), Alter: ca. 4 Jahre; entweder Kinder eines anderen Universitätsprogramms bzw. Kinder, die die Aufnahme ins HB-Programm nicht geschafft haben	I: Stanford-Binet umfangreiches Elterninterview, getrennt für Mutter und Vater; Angaben zur Familienstruktur, zur beruflichen Tätigkeit der Eltern, Erziehungserwartungen, Interesse für die schul. Laufbahn der Kinder, Fragen zur Selbständigkeitserziehung, Beziehung zum Kind, Einbindung des Kindes ins Familienleben u.a.m.	Keine Unterschiede zwischen den Gruppen fanden sich beim Familieneinkommen, Beruf des Vaters oder der Ausbildung der Eltern. Die Mütter der HB waren häufiger vollzeitbeschäftigt (50% vs. 10%). Die Mütter der HB verbrachten 6x soviel Zeit mit schulbezogenen Aktivitäten (z.B. lesen) als die Mütter der DB. Insgesamt geben die Eltern der HB an, mehr Zeit für die intellektuelle Anregung ihres Kindes aufzuwenden (z.B. Museumsbesuch: 54% vs. 5%). Väter der DB loben ihr Kind seltener (78% vs. 40%). Eltern der HB wollen sich stärker für die schul. Ausbildung einsetzen und erwarten einen höheren Schulabschluß für ihre Kinder.
Loeb & Jay (1987)	HB: 125 (60 Jungen, 65 Mädchen), Teilnehmer an Gifted Programmen; VG: 102 DB (46 Jungen, 56 Mädchen) Alter: 9-12 Jahre	I: standardisierte Intelligenz- und Leistungstests; Lehrernomination; Keine weiteren Angaben zu den Voraussetzungen einer Teilnahme an HB-Programmen (cut-offs?); diverse Selbstkonzeptskalen; kurzer FB zum Erziehungsverhalten, ausgefüllt von 210 Mütter	Es fanden sich keine Unterschiede zwischen beiden Gruppen hinsichtlich Familiengröße, Geburtsposition des Kindes, Familienstatus oder mütterl. Erwerbstätigkeit. Mütter der HB vertrauen in der Erziehung stärker auf sprachliche Kommunikation ($p<.01$) und bewerten „Unabhängigkeit" höher als „Gehorsam" ($p<.001$). Keine Unterschiede fanden sich in den Bereichen „Strenge" und „Hilfe vs. Ermutigung zur Eigenständigkeit".

Tabelle 4.3 (Fortsetzung): Übersicht über 9 Studien zu Erziehungsstilen der Eltern hochbegabter Kinder

Autor/Jahr	Stichprobe	Variablen	Hauptergebnisse
Kulieke & Olszewski-Kubilius (1989)	193 Familien eines Sommerprogramms für leistungstarke Schüler; Alter: ?, Mehrzahl in Klasse 7-10; 99 Jungen, 90 Mädchen	I: keine, aber Leistungstestdaten vorhanden: SAT-V>430 oder SAT-M>500 (hier als „measure of aptitude" aufgefaßt); weitere Leistungstests; Family Environment Scale von Moos & Moos (1981); Erziehungsfragebogen zu Erziehungseinstellungen, Erziehungspraktiken und Familienklima	Zwischen den SAT-Werten und den Erziehungsvariablen ergaben sich so gut wie keine Zusammenhänge (Ausnahme: Eltern von Jungen: SAT-M/"stress on competition" r=.33). Die positive Bewertung schulischer Leistung durch die Eltern steht in positivem Zusammenh. mit den Leistungstestwerten der Kinder (r=.23). Eltern, die Wert legen auf Konkurrenz und Wettbewerb hatten weniger leistungsstarke Kinder (r=-.29). Intellektuelle und konfliktbetonte familiäre Kommunikation stand in negativem Zusammenh. mit schul. Leistung (r=-.21 bzw. r=-.24).

Bei Norman (1966) zeigte sich u.a., daß in Familien mit hochbegabten, leistungsstarken Schülern offenbar ähnliche Vorstellungen darüber bestehen, was zwischenmenschliche Macht- und Rollenverteilung („Leadership: being in charge of other people, having authority over others, being in a position of leadership or power" [ebd., 51]) angeht (r=0.24), während die Mitglieder von Hochbegabtenfamilien mit weniger leistungsstarken Kindern darüber eher unterschiedlicher Meinung sind (r=-0.23). Die Studie von Parker & Colangelo (1979) widmet sich ebenfalls der Frage nach Ähnlichkeiten in den Wertvorstellungen einzelner Familienmitglieder. Leider ist die rechnerische Durchführung und die inhaltliche Interpretation der tabellierten Ergebnisse (Rangreihe der Wertpräferenzen, getrennt für Söhne, Töchter, Mütter und Väter) nicht nachvollziehbar bzw. die von den Autoren im Text behaupteten Differenzen in den Wertpräferenzen der verschiedenen Familienmitgliedern lassen sich in den Tabellen nicht wiederfinden. Nach eigenen Berechnungen (Spearmans Rangkorrelation) liegen die Übereinstimmungen recht hoch (vgl. Tabelle 4.3) Ohne die Ergebnisse einer Vergleichsgruppe, etwa Familien mit durchschnittlich begabten Kindern, ist es allerdings unmöglich, dieses Ergebnis zur „Werteähnlichkeit" in Hochbegabtenfamilien in irgendeiner Weise zu beurteilen.

Die Erziehungsstile der Eltern hochbegabter Kinder geraten vor allem dann ins Blickfeld der Forschung, wenn es darum geht, das Phänomen der „underachiever" aufzuklären. Bei Kindern, die trotz einer durch Tests nachgewiesenen hohen intellektuellen Begabung dennoch nicht die erwarteten Leistungen zeigen, könnte ein problematisches, d.h. an den Bedürfnissen des hochbegabten Kindes vorbeigehendes Erziehungsverhalten der Eltern (auch) eine Rolle spielen. Viele Studien zu Erziehungsstilen der Eltern hochbegabter Kinder unterscheiden daher bei der Gruppe der Hochbegabten die Untergruppen der „achiever" und „underachiever" (vgl. Tabelle 4.3). Diejenigen empirischen Arbeiten, die sich explizit dem Phänomen „underachiever" widmen, werden allerdings gesondert unter 4.3.6 behandelt.

Während Borzym (1981) bei einem Vergleich von zwei, allerdings sehr unscharf definierten Begabungsgruppen (HB vs. DB), zusätzlich aufgeteilt in Kinder mit guten bzw. schlechten Schulleistungen, in bezug auf die elterliche Beurteilung der

Wichtigkeit verschiedener Wertkategorien keinen Begabungseffekt finden konnte, zeigen die Ergebnisse von Karnes, Shwedel & Steinberg (1984), Loeb & Jay (1987) oder Kulieke & Olszewski-Kubilius (1989) das in der Literatur vorherrschende Bild einer intensiven intellektuellen Förderung der hochbegabten Kinder im Elternhaus (vgl. auch Karnes & Shwedel 1987). Die Eltern bewerten schulische Leistungen positiv, erwarten von ihren Kindern hohe Bildungsabschlüsse und verwenden einen, die kognitive Entwicklung ihrer Kinder fördernden Erziehungsstil (z.B. viel sprachliche Kommunikation). Die Interviewausschnitte mit den Eltern von 15 hochbegabten australischen Kindern (Gross 1993, vgl. Tabelle 4.1) machen darüber hinaus deutlich, daß es für die Eltern, d.h. hier insbesondere für die Mütter, ein hohes Maß an Befriedigung bedeutet, mit ihren begabten Kindern zusammensein zu können und ihnen bei der Ausbildung ihrer herausragenden Fähigkeiten zur Seite zu stehen.

Eine Sonderstellung nimmt die aufgrund ihrer frühen Kritik am eindimensionalen Intelligenz-konzept viel zitierte Arbeit von Getzels & Jackson (1961, vgl. Tabelle 4.3) ein. Die Autoren postulieren die Unabhängigkeit von „Intelligenz“ und „Kreativität“ als zwei zu unterscheidende Ausprägungen kognitiver Fähigkeit und fragen nach möglicherweise unterschiedlichen Erziehungsbedingungen im Elternhaus hoch kreativer (und weniger intelligenter) bzw. hoch intelligenter (und weniger kreativer) Jugendlicher. Zusammengefaßt stellt sich das Ergebnis so dar, daß die Eltern der Hochintelligenten offenbar mehr Wert auf schulische Leistungen legen und die schulische Laufbahn ihrer Kinder mit hoher Aufmerksamkeit und viel Kritik begleiten. Die Eltern der Hochkreativen dagegen sind weniger „nach außen hin“ orientiert und setzen mehr auf „innere Unabhängigkeit“ als Erziehungsziel. Kritisch bleibt anzumerken (vgl. auch Hagen 1989), daß die Gruppe der angeblich weniger intelligenten Kinder immer noch in ihren IQ-Werten mehr als 1 1/2 Standardabweichungen über dem Durchschnitt liegt und man sich angesichts der Validität von Kreativitätstests[14] die Frage stellen muß, ob die gefundenen Unterschiede im Elternhaus hochkreativer und hochintelligenter Kinder nicht doch allein auf die Begabungsunterschiede beider Gruppen zurückgeführt werden können.[15]

---

[14] Nach Hagen (1989), deren Kritik die ausführlicher beschriebene Studie von Getzels & Jackson aus dem Jahr 1962 zugrunde liegt, korrelieren die von den Autoren verwendeten fünf Kreativitätstests untereinander nicht viel höher (r=0.29) als die Kreativitätstests mit dem Intelligenztest (r=0.27).

[15] Auf die kontroverse Diskussion zur Verwendung von Kreativitätstests in der Hochbegabtenforschung, z.T. als geforderter notwendiger Bestandteil einer Definition von Hochbegabung (etwa bei Renzulli 1978, vgl. auch Kapitel 1.2.3), kann hier nicht weiter eingegangen werden (zur Kritik vgl. Wallach 1985; Weis-

4.3.3.3 Familienbeziehungen

Auf die Geschwister- und Eltern-Kind Beziehung in Hochbegabtenfamilien soll im folgenden nur noch kurz eingegangen werden. Insbesondere im Abschnitt 4.3.5 wird unter dem Stichwort „Etikettierungseffekte" noch ausführlicher davon zu sprechen sein. In Tabelle 4.4 sind lediglich zwei Studien aufgeführt. Die Arbeit von Grobel (1990), die die Familienbeziehungen Hochbegabter zu ihrem Thema macht, wurde bereits ausführlich diskutiert (vgl. 4.3.1.2) und soll wegen ihrer Mängel nicht noch einmal behandelt werden.

Tabelle 4.4: Übersicht über 2 Studien zu den Familienbeziehungen in Hochbegabtenfamilien

Autor/Jahr	Stichprobe	Variablen	Hauptergebnisse
Ballering & Koch (1984)	20 Familien mit mindestens 2 Kindern zwischen 6 und 16 J.; mindestens 1 Kind IQ>130 (in 4 (?) Familien 2 HB, in 7 Familien 1 HB und 2 DB); IQ-Differenz zwischen den Geschwistern mindestens 1 Standardabweichung; HB: N=23 (mittlerer IQ=141) DB: N=24 (mittlerer IQ=115)	I: WISC-R; Familienbeziehungstest	DB haben im Vergleich zu ihren hb Geschwistern eine negativere Bez. zur Mutter; HB haben zu ihren db Geschwistern eine negativere Bez. als db Geschwister derselben Familie untereinander; Hb Kinder haben untereinander eine weniger positive Bez. als ein db Kind und sein hb Geschwister
Cornell & Grossberg (1986)	83 Familien mit einem Kind (7 bis 11 J.) aus einem HB-Programm; hiervon 27 HB mit einem Geschwister (6-16J.), wobei bei 12 HB das Geschwister ebenfalls an Sonderprogrammen für HB teilnahm (Teilnehmerquote der Familien bei 34%)	I: Wechsler oder Stanford-Binet, mittlerer IQ=140; z.T. auch Leistungstestdaten; Eltern: Persönlichkeits-FB für Kinder (PIC); Kinder: Selbstwert-FB (SEI); Angstskala (RCMAS)	Geschwister von HB, die eine Regelschule besuchten (N=15) unterscheiden sich in ihren Testwerten (PIC,SEI, RCMAS) nicht von ihren Geschwistern. Sie sind auch nicht schlechter angepaßt im Vergleich zu Geschwistern von HB, die ebenfalls ein Sonderprogramm für HB besuchen.

Die Beziehungen der Familienmitglieder untereinander wird direkt nur in der Studie von Ballering & Koch (1984) untersucht (zur Arbeit von Cornell [1984], vgl. Abschnitt 4.3.1.1). Hier zeigte sich, daß das hochbegabte Kind eine im Vergleich zu seinen Geschwistern negativere Beziehung zu seinen Geschwistern erlebt. Das durchschnittlich begabte Geschwister in der „Hochbegabtenfamilie" hat dagegen

berg 1989 bzw. die Studie von Runco & Albert 1986). Unseres Erachtens ist der „Verhältnisbestimmung" von Albert (1980) zuzustimmen, der angesichts seiner empirischen Ergebnisse schlußfolgert: „ Intelligence is varied in its manifestations but it is manifested through a variety of performances, some of which we must call creative" (ebd., 178).

eine negativere Beziehung zur Mutter.[16] In der Regel ist jedoch nicht davon auszugehen, daß das Leben in einer „Hochbegabtenfamilie" für das nicht hochbegabte Geschwister automatisch negative Begleiterscheinungen mit sich bringt: „The overall results of this study do not suggest widespread personality adjustment problems among siblings of children attending gifted programs, ..." (Cornell & Grossberg 1986, 262). Allerdings ist zu vermuten, daß der beobachtete hohe Status des hochbegabten Kindes in Familien mit einem nicht hochbegabten Geschwister (Cornell 1984, vgl. 4.3.1.1), in Verbindung mit einer idealisierten Eltern-Kind Beziehung, durchaus zu Anpassungsproblemen für das sich als zurückgesetzt erlebte Geschwister führen kann. Nach den bisherigen Forschungsergebnissen scheint dieser Fall aber nur auf eine Subgruppe von Hochbegabtenfamilien zuzutreffen (vgl. Tabelle 4.6, Cornell 1983; 1984 bzw. Cornell & Grossberg 1986; 1987; 1989).

4.3.4 Das Familiensystem in Hochbegabtenfamilien

Die Zuordnung verschiedenster Arbeiten unter das Stichwort „Untersuchungen zum Familiensystem in Hochbegabtenfamilien" geschieht allein aufgrund der dort verwendeten Untersuchungsinstrumente, da sie vorgeben, Variablen auf einer quasi überpersonalen, das „Gesamtsystem Familie" betreffenden Ebene zu messen (vgl. auch die Beschreibung der verschiedenen Fragebogenverfahren durch Cierpka [1988], 215-231). Die Problematik einer solchen, sich zumeist „systemisch" nennenden Familiendiagnostik wurde bereits an anderer Stelle ausführlich diskutiert (vgl. Kapitel 2).

In Tabelle 4.5 finden sich hauptsächlich Untersuchungen, die die Fragebogenwerte der Hochbegabtenfamilien zu den Normwerten der entsprechenden Inventare in Beziehung setzen. Danach sollen Familien mit hochbegabten Kindern kommunikationsfähiger, emotional reagibler und verhaltenskontrollierter sein und sich durch eine klare Rollenstruktur auszeichnen (Mathew, West & Hosie 1986). Für die Autoren zeigen die „Hochbegabtenfamilien" gegenüber einer Vergleichsgruppe auf der Ebene des Familiensystems ein höheres Maß an „psychological adjustment". Die Einschätzung des Familiensystems bezüglich des familiären Zusammenhalts und der

---

[16] Die statistische Auswertung des Familienbeziehungstests ist bei Ballering & Koch (1984) allerdings sehr problematisch. So sind etwa die einzelnen Zuordnungskategorien (positive/negative Beziehung zu den einzelnen Familienmitgliedern) nicht unabhängig voneinander, da Mehrfachvergaben der Items zugelassen wurden (mehr Anmerkungen zur Auswertung des Familienbeziehungstests finden sich im Abschnitt 6.2.3.2).

Veränderungsflexibilität (FACES III, Variablen „Kohäsion“ und „Adaptabilität“) durch 161 Eltern eines hoch-testintelligenten (IQ>130) und hoch-leistungsfähigen Kindes unterscheidet sich dagegen nicht von den Normwerten: „Having a gifted child in the home, ..., is not necessarily associated with extreme patterns of family functioning“ (West, Hosie & Mathews 1989, 126). Cornell & Grossberg (1987), die eine Befragung von 83 Eltern sieben- bis elfjähriger besonders begabter und leistungfähiger Kinder (mittlerer IQ=140) u.a. mit der „Family Environment Scale“ (FES, Moos & Moos 1981) durchführten, konnten im Vergleich zu den Normdaten belegen, daß in „Hochbegabtenfamilien“ offenbar ein stärkeres Gewicht auf wechselseitig unterstützende Beziehungen gelegt wird und in stärkerem Maße als in der Durchschnittsfamilie der offene Austausch von Gedanken und Gefühlen geschätzt wird.

Tabelle 4.5: Übersicht über 6 Studien zum „Familiensystem" in Hochbegabtenfamilien

Autor/Jahr	Stichprobe	Variablen	Hauptergebnisse
Cornell (1984)	22 Familien mit 2 Kindern, wobei mindestens 1 Kind ein Sonderprogramm für HB besucht; Alter der Kinder: 6-12 Jahre; VG: 20 Familien mit 2 Kindern aus Regelschulen, parallelisiert nach Geschlecht, Geburtsposition und Alter der Kinder; vergleichbarer Sozialstatus	I: Von 25 der 32 HB (10 Familien hatten 2 Kinder in HB-Programmen) IQ-Werte vorhanden: IQ=135 (119-150); z.T. auch Leistungstestdaten; von 28 der 40 VG-Kinder Leistungstestdaten vorhanden: Werte liegen leicht über dem Durchschnitt (62. Perzentil); Eltern: FES (Fam.-Klima)	Unterschiede im Familienklima zwischen Familien mit mindestens einem hochbegabten Kind und den Vergleichsfamilien fanden sich nur in der Einschätzung durch die Mütter. Mütter eines hochbegabten Kindes sind der Ansicht, daß in ihren Familien ein größeres Zusammengehörigkeitsgefühl herrscht und weniger Konflikte auftreten (jeweils p<.05). Außerdem liege eine stärkere intellektuell-kulturelle Orientierung vor (p<.01).
Gelcer & Dick (1985)	62 Familie mit einem Jungen (8-12 J.); folgende Gruppenbildung (Gruppengröße ?) HB-clinical (HB-c), DB-clinical (DB-c), HB-nonclinical (HB-nc), DB-nonclinical (DB-nc); (Zuordnung zur clinical group, wenn der Junge oder ein Familienmitglied in therapeut. Behandlung war)	I: zunächst Vorauswahl (als HB/DB identifiziert in der Schule oder zu Hause); dann WISC-R: HB: IQ=132 (109-147) DB: IQ=106 (84-126) FAM (Family Assessment Measure) von 108 Eltern und 13 älteren Geschwistern; Familien-FB zum sozialen Hintergrund	Der einzige signifikante Unterschied (p<.01) zwischen HB-c und HB-nc betrifft die Skala „role performance" des FAM. Hier zeigen sich in den Familien der HB-c große Rollenunsicherheiten. Die beiden HB-Gruppen scheinen insgesamt weniger bzw. weniger ernsthafte familiäre Probleme zu haben. Dennoch sind sich die beiden klin. Gruppen recht ähnlich: „... the clinical factor far exceeds the gifted factor in significantly distinguishing between the four groups."(457)
Frey & Wendorf (1985)	24 Fam. mit mindestens einem hb Kind im Alter zwischen 6 und 18 Jahren; IQ>130; zumeist Teilnehmer an HB-Sonderklassen; Folgende Gruppenbildung: „nonclinical" (nc): N=13 „problem" (p): N=7, Leistungs- und Motivationsprobleme in der Schule (underachiever) „clinical" (c): N=4, Familien/Kinder waren z.Z. in Therapie	I: Binet oder WISC-R; 3 „Family Tasks" (Videoauswertung); umfangreiches Familieninterview; folgende Rating-Skalen (ausgefüllt von den Autoren: 1. Beavers-Timberlawn Scales (empathy, power relationships, mood and tone, marital coalition u.a.) 2. FACES Scales (cohesion, adaptability)	Die 3 Gruppen unterscheiden sich signifikant (p<.01) auf dem „Timberlawn global health-pathology rating": nc: M=1.8; p: M=3.2; c: M=7.8. Im Vergleich zur nc-Gruppe gab es in der p-Gruppe häufiger familiäre Probleme (Trennungen, Drogen, Konflikte mit dem Gesetz). In den p-Familien war ein Elternteil (zuneist Vater) weniger engagiert, was der andere Elternteil auszugleichen suchte.
Mathews, West & Hosie (1986)	146 Eltern mit einem als hb identifizierten Kind (4. bis 6. grade, IQ>130), das an einem Sommerprogramm für HB teilnahm (von 125 angeschriebenen Familien nahmen 80 [64%] an der Studie teil); VG: 218 Eltern aus der Normstichprobe des FAD (Family Assessment Device)	I: diverse Intelligenztests und eine hohes Leistungslevel (oberen 5%); FAD (Family Assessment Device) mit den Skalen: (1) problem solving, (2) communication, (3) roles, (4) affective responsiveness, (5) affective involvement, (6) behavior control, (7) general functioning	Familien mit hb Kindern zeigen günstigere Werte auf den Skalen (1), (4), (6) und (7) (p<.01) und den Skalen (2) und (3) (p<.05). Die HB-Familien und die VG unterschieden sich nicht hinsichtlich des emotionalen familiären Eingebundenseins (5).

Tabelle 4.5 (Fortsetzung): Übersicht über 6 Studien zum „Familiensystem" in Hochbegabtenfamilien

Autor/Jahr	Stichprobe	Variablen	Hauptergebnisse
Cornell & Grossberg (1987)	83 Familien mit einem Kind (7 bis 11 J.) aus einem HB-Programm (Teilnehmerquote der Familie bei 34%); VG: Normdaten der verwendeten Fragebögen	I: Wechsler oder Stanford-Binet, mittlerer IQ=140; z.T. auch Leistungstests; Eltern: Family Environment Scale (FES)	In 6 der 10 Subskalen der FES unterschieden sich die HB-Familien von der VG: Sie erhielten höhere Werte auf den Subskalen „cohesion", „expressiveness", „intellectual-cultural orientation" und „active recreational orientation" (p<.01) und niedrigere Werte auf den Subskalen „achievement orientation" (p<.01) und „control" (p<.05). Keine Unterschiede fanden sich in den Skalen „conflict", „independence", „moral-religious emphasis" und
West, Hosie & Mathews (1989)	300 Eltern mit einem als hb identifizierten Kind (4. bis 12. grade, IQ>130), das an einem Sommerprogramm für HB teilnahm (von 243 angeschriebenen Familien nahmen 161 [66%] an der Studie teil); VG: Normdaten der FACES III von über 1000 Familien	I: diverse Intelligenztests und ein hohes Leistungslevel (oberen 5%); FACES III (Family Adaptability and Cohesion Evaluation Scale) mit den Skalen „Fam. Zusammenhalt (Cohesion)" und „Fam. Anpassungsfähigkeit (Adaptability)", (Familienmitglieder füllen FACES jeder für sich aus)	126 (42%) Familienbeschreibungen fallen in die Kategorie „balanced"; 132 (44%) die Kategorie „midrange" und 42 (14%) in die Kategorie in die Kategorie „extreme". Somit zeigten sich keine signifikanten Unterschiede zur Vergleichsgruppe („balanced" 48.5%, „midrange" 40.2% und „extreme" 11.3%).

Zwei weitere Studien, die allerdings in ihrem methodischen Ansatz einige Schwächen aufweisen, versuchen innerhalb der Gruppe der Hochbegabtenfamilien nochmals zwischen Familien mit und ohne besondere Probleme zu unterscheiden. Insbesondere die Arbeit von Frey & Wendorf (1985), abgedruckt in einem amerikanischen Handbuch zur Familienpsychologie, sieht sich im Gegensatz zu den von ihnen ausführlich referierten „Traditional approaches" (ebd., 781) einem systemischen Ansatz verpflichtet: „..., we designed the present study to assess family functioning at a systems, or circular, level as opposed to the intrapsychic or interpersonal level typical of the linear approach of individual psychology. At issue was how all members of a gifted family affect one another - not just how a child is affected, for example, by sozialization pressures or lack of intellectual support from his parents." (ebd., 793). Die Autoren werden ihrem hier formulierten Anspruch jedoch nicht gerecht. Die Datenauswertung und Interpretation der Ergebnisse ihrer mit zudem sehr kleinen Fallzahlen besetzten Gruppen bleibt „traditionell", auch wenn in der Diskussion der Ergebnisse die verschiedenen familiären Subsysteme (Ehepaar-, Geschwistersystem, Eltern-Kind-System) angesprochen werden bzw. auch auf das Gesamtsystem eingegangen wird. Daß die Gruppe der nicht auffälligen Hochbegabtenfamilien auch tatsächlich im Vergleich zu den beiden anderen Gruppen die besten Werte auf einer Skala zur psychischen Gesundheit erzielte, ist eigentlich nicht weiter verwunderlich und war bei ausreichender Validität des verwendeten Fragebogens auch zu erwarten. Die fehlende Vergleichsgruppe von Familien ohne hochbegabte Kinder läßt selbstverständlich keine weiteren Aussagen zu Besonderheiten von Hochbegabtenfamilien zu. Schließlich bleibt zu fragen, ob Familien mit einem hochbegabten Kind zwischen sechs und 18 Jahren (!) gerade unter familiendynamischer Perspektive, die auch familienentwicklungstheoretische Aspekte zu berücksichtigen hätte, sinnvoll miteinander zu vergleichen sind.

In der Studie von Gelcer & Dick (1985), in der ebenfalls Hochbegabtenfamilien mit und ohne klinische Auffälligkeiten, hier aber zusätzlich im Vergleich zu zwei Gruppen Familien mit durchschnittlich begabten Kindern, in Beziehung gesetzt werden, fällt insbesondere die „unsaubere" Trennung beider Intelligenzgruppen ins Auge. Ein Überschneidungsbereich von immerhin 25 IQ-Punkten, d.h. mehr als anderthalb Standardabweichungen, läßt die Gruppeneinteilung in „hochbegabt" und „durchschnittlich begabt" und somit die Gesamtanlage der Studie fragwürdig werden. Interessant ist dennoch die Beobachtung, daß die Mehrzahl der signifikanten Gruppenunterschiede auf den Faktor „klinische Auffälligkeiten" zurückzuführen war. Dies deckt sich mit Ergebnissen zum Phänomen „underachievement", d.h. einer erwartungswidrig niedrigen Leistung trotz überdurchschnittlichen kognitiven Fähigkeiten (vgl. auch Abschnitt 4.3.6). Dowdall & Colangelo (1982) stellten in ihrem Literaturüberblick hierzu fest, daß die underachiever als Problemgruppe, seien sie nun hochbegabt oder nicht, mehr Gemeinsamkeiten aufweisen als die beiden Hochbegabtengruppen (achieving/underachieving) untereinander. Offenbar sind „die Hochbegabten" doch eine wesentlich heterogenere Gruppe als von manchem angenommen wird.

4.3.5 Auswirkungen des Labels „hochbegabt" auf das Familiensystem

Bei Gesprächen mit Eltern hochbegabter Kindern (Hackney 1981; Colangelo 1988) taucht immer wieder die Frage auf, ob die besondere Begabung des einen Kindes nicht Probleme mit dem Geschwisterkind nach sich ziehen wird und wie man dem als Eltern am besten begegnen könne. Aber nicht nur Auswirkungen auf die Geschwisterbeziehung werden befürchtet, sondern auch negative Begleiterscheinungen für das als hochbegabt etikettierte Kind selbst: Wie verkraftet das Kind den Umstand, daß es von seiner intellektuellen Begabung her so weit abseits von seinen Klassen- und/oder Spielkameraden steht? Wird es seine besonderen Fähigkeiten immer wieder herausstreichen und sich so unbeliebt und unglücklich machen? Werden die Lehrer nicht zu hohe Erwartungen an das Kind stellen und es damit überfordern, wenn es einmal nicht mehr so gut läuft? Eltern wie auch Forscher müssen entscheiden, inwieweit sie vor dem Hintergrund möglicher Probleme für das hochbegabte Kind und seine Familie etwa Intelligenztestergebnisse weitergeben wollen.

Untersuchungen zum Stichwort „Effekte der Etikettierung Hochbegabter" gibt es erst seit den 70ger und 80ger Jahren (vgl. auch Tabelle 4.6). Insbesondere in der Arbeitsgruppe um Cornell (Cornell 1983; 1984; Cornell & Grossberg 1986; 1987; 1989) wurde die Fragestellung von verschiedener Seite her beleuchtet (vgl. auch Abschnitt 4.3.1.1). Dieses relativ späte und immer noch eher geringe Interesse für diesen Bereich der „Vorurteils"-forschung verwundert, ist doch das Thema „Hochbegabung“ und nochmehr „Hochbegabtenförderung“ ein auch politisch ausgesprochen kontrovers diskutierter Bereich (vgl. etwa die 1989 bzw. 1990 vom Oberkreisdirektor des Kreises Neuss herausgegebenen Tagungsberichte zum Bundesmodell Begabtenförderung). Viele der Überlegungen zum Pro und Contra „Hochbegabung“ beeinflussen die Einstellung und das Verhalten von Eltern, Lehrern und Forschern gegenüber dem als „hochbegabt“ bezeichneten Kind, und von daher scheint es dringend notwendig, die sicherlich komplexen Auswirkungen der Verwendung des Begriffs „hochbegabt“ auf alle hieran Beteiligten genauer zu untersuchen (vgl. auch Robinson 1986a; 1986b).

Aussagekräftige Untersuchungsergebnisse zu Etikettierungseffekten verlangen ein in der Praxis kaum durchführbares „ausgeklügeltes“ Untersuchungsdesign. Die Zielgruppe scheint auf den ersten Blick schnell festgestellt: Immer wenn die Eltern/Kinder das Ergebnis eines Intelligenztests kennen und dieses entsprechend weit über dem Durchschnitt liegt, immer wenn Eltern ihr Kind zu Spezialkursen für Hochbegabte angemeldet haben und/oder wenn Eltern speziellen Vereinigungen für Hochbegabte beitreten oder sich zu entsprechenden Selbsthilfegruppen zusammenschließen, dann ist, so die Überlegung, davon auszugehen, daß Eltern wie Kinder um die Hochbegabung wissen und sich entsprechend verhalten. Die Vergleichsgruppe besteht entsprechend aus einem Kind (und seiner Familie), das zwar neben herausragenden Schulleistungen ein hervorragendes Intelligenztestergebnis erzielt hat und insofern als hochbegabt bezeichnet werden kann, die Eltern und das Kind davon aber in der Regel nicht in Kenntnis gesetzt worden sind. Dies ist in der schuldiagnostischen Praxis aus rechtlichen Gründen allerdings kaum möglich und dürfte insofern eher das „Begleit“-Ergebnis von Forschungsvorhaben sein, etwa wenn in einer Schulklasse ein Gruppenintelligenztest durchgeführt wird. Die Arbeiten von Cornell (1983; 1984) zeigen nun aber deutlich, daß selbst da, wo die Kinder ein schulinternes Sonderprogramm für Hochbegabte besuchen, in einem Viertel der Fälle beide Eltern nicht davon ausgehen, daß ihr Kind auch tatsächlich hochbegabt ist, und in immerhin 12 der insgesamt 32 untersuchten „Hochbegabten“-Familien die Meinungen der Eltern hierzu auseinandergehen. Nur wenn ein Elternteil in bezug auf das Kind explizit den Begriff „hochbegabt“ verwendet, was im übrigen mit einer positiven Einstellung diesem Begriff gegenüber einhergeht (Cornell 1984), hat dies Auswirkungen auf die Eltern-Kind Beziehung. Solche Eltern erleben eine engere Bindung zu dem entsprechenden Kind. Die Hochbegabung des Kindes erfüllt sie selbst mit Stolz, wobei für die Mütter der Grund hierfür bei den sozialen Fähigkeiten des Kindes (79%), bei den Vätern dagegen mehr im schulischen Bereich (60%) zu suchen ist. Daß diese spezielle Form der Familiendynamik einer besonderen Bindung zwischen einem oder beiden Elternteilen und ihrem von ihnen als hochbegabt wahrgenommenen Kind Probleme für das nicht hochbegabte Geschwister mit sich bringen kann, zeigen ebenfalls die Ergebnisse von Cornell (1984). In der Gruppe der zweitgeborenen Kinder war das nichthochbegabte Geschwister einer Hochbegabtenfamilie im Vergleich zu zweitgeborenen Kindern der Vergleichsgruppe schüchterner, weniger aus sich herausgehend, leichter aus der Ruhe zu bringen (CPQ-Skalen, jeweils $p<.05$) und insgesamt ängstlicher ($p<.01$)[17] . Probleme gibt es offenbar vor allem dann für die Geschwister Hochbegabter, wenn die Eltern die Unterschiede zwischen beiden Kindern deutlich herausstellen (Cornell & Grossberg 1986) bzw. den Wettbewerb und Leistungsvergleich der Geschwister untereinander fördern (Grenier 1985). Denn während der von seiten der Kinder wahrgenommene „Wettstreit" für das hochbegabte Kind keine Nachteile mit sich bringt, wird er für das nichthochbegabte Geschwister von einer gespannten Geschwisterbeziehung begleitet (Grenier 1985).

Ein interessantes Ergebnis bilden u.E. die Beurteilungsdifferenzen zwischen Eltern und Kinder, was die psychosoziale Anpassung der lediglich als hochbegabt identifizierten (Cornell & Grossberg 1987) bzw. zusätzlich von den Eltern auch explizit als hochbegabt wahrgenommenen (Cornell & Grossberg 1989) Kinder angeht. Im Urteil der Eltern sind ihre Kinder eher Problemkinder, im Urteil der Kinder über sich selbst und auch im Urteil der Lehrer ist dies keineswegs so. Dies erinnert an die Studie von Freeman (1979), wo die Zielgruppeneltern, d.h. Eltern, die einer Vereinigung für Hochbegabte beigetreten waren, ihr Kind als besonders „schwierig" ansahen und hier allerdings auch die Lehrer deutlich mehr Verhaltensauffälligkeiten feststellten als in den beiden Vergleichsgruppen. Diese Unterschiede zwischen Zielgruppe und Vergleichgruppen nivellierten sich deutlich, als anstelle der „Etikettierungsgruppen" Intelligenzgruppen miteinander verglichen wurden (vgl. auch Abschnitt 4.3.2). Diese beiden zuletzt genannten Ergebnissen führen zu einer bisher noch nicht genannten Hypothese. Es stellt sich die Frage, ob nicht das Etikett „hochbegabt" eine für die Eltern angenehme Art der Ursachenerklärung (Attribuierung)

---

[17] In der Gruppe der Erstgeborenen konnte ein solcher Vergleich nicht angestellt werden, da in keiner der 22 Hochbegabtenfamilien das erstgeborene Kind nicht, dafür jedoch das später geborene Geschwister ein Sonderprogramm für Hochbegabte besuchte (zu diesem signifikanten Positionseffekt vgl. auch Abschnitt 4.3.1.1).

der wie auch immer gearteten Schwierigkeiten ihrer, was die intellektuelle Begabung angeht, sicherlich herausragenden Kindern darstellt. Der rege Zulauf zu Beratungsstellen für das hochbegabte Kind ließe sich hier ebenfalls anführen.

Tabelle 4.6 : Übersicht über 8 Studien zu Effekten des Labels „hochbegabt"

Autor/Jahr	Stichprobe	Variablen	Hauptergebnisse
Freeman (1979)	ZG: 70 Kinder (5-14 J.), deren Eltern Mitglied einer nationalen HB-Organisation sind (NAGC); VG1: 70 Kinder mit vergleichbaren Testwerten im Gruppenscreening (Raven) aus gleicher Schulklasse; VG2: 70 Kinder aus gleicher Schulklasse wie ZG und VG1; ZG, VG1 und VG2 sind parallelisiert nach Schule, Alter und Geschlecht, ZG und VG1 zusätzlich nach ihrer Intelligenz (Raven)	I: Gruppenscreening (Raven): ZG und KG1 erhielten vergleichbare Werte; Individualtests (Stanford-Binet): ZG: IQ=147 (SD=17.4) KG1: IQ=134 (SD=17.1) KG2: IQ=119 (SD=16.1) Eltern: u.a. Fragen zum Erziehungsstil, fam. Hintergrund, Beschreibung der Kinder, Interessen der Kinder Kinder: CPQ, Interessen u.a. Lehrer: Verhaltensbeschreib.	Der Vergleich zwischen ZG und KG1 gibt z.T. Aufschluß über Effekte der Etikettierung von Kindern bei annähernd gleicher Intelligenz. Die Eltern der ZG sind im Ggs. zu den übrigen Eltern der Meinung, daß ihr Kind herausragende Fähigkeiten besitzt und sind auch eher unzufrieden mit der Schule. Sie finden ihr Kind „schwierig" und glauben, daß auch ihr Kind seine Andersartigkeit fühlt. Eltern (wie Lehrer) sahen bei der ZG mehr Verhaltenauffälligkeiten.
Cornell (1983) (1984)	22 Familien mit 2 Kindern, wobei mindestens 1 Kind ein Sonderprogramm für HB besucht; Alter der Kinder: 6-12 Jahre; VG: 20 Familien mit 2 Kindern aus Regelschulen, parallelisiert nach Geschlecht, Geburtsposition und Alter der Kinder; vergleichbarer Sozialstatus	I: Von 25 der 32 HB (10 Familien hatten 2 Kinder in HB-Programmen) IQ vorhanden: IQ=135 (119-150); von 28 der 40 VG-Kinder Leistungsdaten vorhanden: Werte liegen etwas über dem Durchschnitt (62.Perzentil) Eltern: Frage, ob sie ihre Kinder als 'hb' bezeichnen würden; Frage nach der Bez. zu ihren Kindern (Stolz, Nähe, Ähnlichkeit) Kinder: u.a. CPQ	Bei den 32 Kindern, die ein HB-Programm besuchten, waren nur 12 (37%) der Eltern übereinstimmend der Ansicht, daß das Kind auch hb sei. 8 Elternpaare lehnten den Begriff 'hb' in bezug auf ihr Kind ab. Bei vorhandenen Beurteilungsdifferenzen war es immer die Mutter, die ihr Kind im Ggs. zum Vater als hb bezeichnete. Eltern, die ihr Kind für hb halten, erleben mehr Stolz für ihr Kind und geben an, eine engere Beziehung zu ihm zu besitzen. Ein nicht hb Kind mit einem älteren hb Geschwister ist weniger gut angepaßt (CPQ) als die übrigen zweitgeborenen db Kinder.
Grenier (1985)	27 Geschwisterpaare (Mindestalter 9 Jahre), wobei 1 Kind Teilnehmer eines Sommerprogramms für Hochbegabte war.	I: ?; lediglich Teilnahme am HB-Programm als Kriterium: Nomination durch Eltern oder Lehrer/Schule; postalische Befragung beider Geschwister zu ihrer Beziehung (u.a. zu Wettbewerb/Vergleich, Selbstbild, Behandlung durch die Eltern, Spannungen)	Die Geschwister unterschieden sich nicht in der wahrgenommenen Behandlung durch ihre Eltern oder im Selbstbild. Effekte des Etiketts „hb" zeigten sich in der Kategorie „Wettbewerb/Vergleich", welche das hb Geschwister in Zusammmenhang mit einer kooperativen (r=.35) und kommunikativen Geschw.-Bez. brachte (r=.33). Für das nicht hb Geschwister bedeutet mehr innerfamiliärer Vergleich eine weniger kooperative (r=-.34) bzw. eine insgesamt weniger gute Geschwisterbeziehung (r=-.42). Als „hb" angesehene Kinder erreichten signifikant höhere Werte auf der Wettbewerbs-Skala (p<.05).
Colangelo & Brower (1987)	postalische Befragung von 67 Familien, deren Kind 5 Jahre zuvor (grade 5-7) ein Förderprogramm für HB besuchte; Daten von 27 Mütter, 26 Väter, 38 HB & 28 Geschwister; folgende Paarbildung: HB - Geschwister (N=23), HB - Eltern (N=44) Geschwister - Eltern (N=31)	I: WISC-R (obersten 10%), gute Schulleistung (GPA), Eltern-, Lehrer- und Selbstnomination; rückblickende Bewertung der Teilnahme am HB-Programm durch die einzelnen Familienmitglieder (7 Items);	Insgesamt hatten alle Familienmitglieder eine positive Einstellung zum HB-Förderprogramm. Die HB zeigten sich jedoch besorgt, was die Auswirkungen auf ihre Familie betraf: ihre Geschwister seien mit der Teilnahme weniger glücklich gewesen und die Eltern hätten ihnen doch sehr viel Aufmerksamkeit geschenkt.
Cornell & Grossberg (1986) (1987)	83 Familien mit einem Kind (7-11J.) aus einem HB-Programm; hiervon 27 HB mit einem Geschwister (6-16 J.), wobei bei 12 HB das Geschwister ebenfalls an Sonderprogrammen für HB teilnahm (Teilnehmerquote der Familien bei 34%); VG: Normdaten der verwendeten Fragebögen	I: Wechsler oder Stanford Binet, mittlerer IQ=140; z.T. auch Leistungstestdaten; Kinder: Selbstwert-FB (SEI); Angstskala (RCMAS) Eltern: Persönlichleits-FB für Kinder (PIC); Frage, ob sie ihre Kinder als 'hb' bezeichnen; FES (Fam.-Klima) Lehrer: akademisches Selbstkonzept der Kinder (BASE)	(1986): Eine Subgruppe von Kindern, die von ihren Eltern explizit als weniger 'gifted' als ihre Geschwister bezeichnet wurden (n=8), haben ein geringeres Selbstwertgefühl (SEI, p<.01). (1987): Die Eltern (n=83) beurteilen die allg. Anpassung ihrer als 'hb' identifizierten Kinder als weniger gut (poor self-control, more somatic symptoms; je p<.01), während die Kinder sich selbst im Vergleich zur Normgruppe ein höheres Selbstwertgefühl und weniger Ängste zuschreiben. Die Lehrer berichten von einem vergleichsweise hohen akademischen Selbstkonzept der Kinder (jeweils p<.01).

Tabelle 4.6 (Fortsetzung): Übersicht über 8 Studien zu Effekten des Labels „hochbegabt"

Autor/Jahr	Stichprobe	Variablen	Hauptergebnisse
Cornell & Grossberg (1989)	83 Familien mit einem Kind (7-11J.) aus einem HB-Programm; hiervon 27 HB mit einem Geschwister (6-16 J.), wobei bei 12 HB das Geschwister ebenfalls an Sonderprogrammen für HB teilnahm (Teilnehmerquote der Familien bei 34%); VG: Normdaten der verwendeten Fragebögen	I: Wechsler oder Stanford Binet, mittlerer IQ=140; z.T. auch Leistungstestdaten; Kinder: Selbstwert-FB (SEI); Angstskala (RCMAS) Eltern: Persönlichleits-FB für Kinder (PIC); Frage, ob sie ihre Kinder als 'hb' bezeichnen; FES (Fam.-Klima) Lehrer: akademisches Selbstkonzept der Kinder (BASE)	Eltern, die explizit den Begriff 'hb' für ihre als hb identifizierten Kinder in Anspruch nehmen (72%), sind stärker leistungsorientiert (FES-Skala: $p<.01$), weniger offen für die Gefühle der anderen Familienmitglieder (FES-Skala: $p<.05$) und beurteilen ihre Kinder als weniger gut angepaßt (PIC-Gesamtwert: $p<.01$) im Vergleich zu den Eltern, die den Begriff nicht verwenden wollen. In der Beurteilung der Kinder (SEI, RCMAS) und Lehrer (BASE) finden sich dagegen keine Gruppenunterschiede.

4.3.6 Familie und „underachiever"

Zeigt ein Kind mit einer nachgewiesenermaßen überdurchschnittlichen kognitiven Fähigkeit nicht die zu erwartenden (Schul-)leistungen, so stellt sich für Eltern, Lehrer und gegebenenfalls hinzugezogenen Beratern die Frage nach den Ursachen solcher „Enttäuschung". Je nach Blickwinkel (und „Betroffenheit") sind es einmal der Lehrer und die Schule, mit dem das Kind nicht zurecht kommt (Eltern-Perspektive), oder die ehrgeizigen und das Kind überfordernden Eltern (Lehrer-Perspektive) bzw. dies und vielleicht noch hinzukommend ungünstige soziale und ökonomische familiäre Verhältnisse oder eine problematische „Passung" zwischen Eltern-Kind, Kind-Lehrer bzw. Elternhaus-Schule (Berater-Perspektive).

In der empirischen Literatur zum Thema wurden neben Persönlichkeitsvariablen der Kinder (etwa mangelnde Leistungsmotivation und Konzentrationsfähigkeit, geringes schulisches Selbstkonzept) schon früh Aspekte des häuslichen Umfelds (Erziehungsstil, Leistungserwartungen der Eltern) als mitverursachend für das Phänomen des underachievers angenommen (vgl. Barrett 1957; Gowan 1957; Holmes 1962; Karnes, McCoy & Zehrbach 1961; Gurman 1970; Thiel & Thiel 1977; zusammenfassend auch Whitmore 1980; Dowdall & Colangelo 1982). Überspitzt formuliert ergibt sich folgendes Bild (vgl. auch Tabelle 4.7): Die Eltern der „underachiever" zeigen ein weniger enges und weniger emotional bestimmtes Verhältnis zu ihren Kindern. Sie verbringen nicht so viel Zeit mit ihnen und sind entweder nicht besonders an der Erziehung ihrer Kinder interessiert oder aber fordern restriktiv höhere Schulleistungen, ohne jedoch über geeignete Verhaltensweisen zu verfügen, um ihre Kinder entsprechend zu motivieren. Das Ergebnis der Studie von Drews & Teahan (1957, vgl. Tabelle 4.7), das hierzu in Widerspruch zu stehen scheint („Die Mütter der high achiever sind autoritärer und restriktiver als die Mütter der low achiever"), zeigt lediglich eine weitere Variante des elterlichen „Desinteresses" an ihrem offenbar unterhalb seiner Leistungsfähigkeit arbeitenden Kind. Im Gegensatz zu den Eltern der underachiever setzen die Eltern der leistungsfähigen hochbegabten (und durchschnittlich begabten) Kinder klare Grenzen (Dominating Scale), begleitet von, auf den ersten Blick, das Kind einschränkenden Erziehungsvorstellungen (Ignoring Scale[18]). Möglicherweise gibt jedoch gerade der durch die Eltern deutlich abgegrenzte Raum und das Wissen darum, was geht und was nicht geht, den Kindern und Jugendlichen eine größere Sicherheit in ihrer Entwicklung, weil sie ihre Grenzen nicht immer wieder neu ausprobieren müssen.

Das Hauptproblem aller Studien zum „underachiever" ist die Frage nach der Richtung der Effekte. Sind sie, wie zumeist angenommen, Ursache oder eher Folge der mangelnden Leistungsbereitschaft? Viele der beobachteten Besonderheiten im Erziehungsstil der Eltern eines unter seiner Leistungsfähigkeit arbeitenden Schulkindes lassen sich mit hoher Plausibilität auch als Folge schulischen Leistungsversagens erklären, so etwa ganz banal die Forderung nach besseren Schulleistungen oder auch ein durch die Enttäuschung der hoch gesetzten Erwartungen sich Zurückziehen der Eltern.

Tabelle 4.7: Übersicht über 5 Studien zum Problem des „underachievers"

Autor/Jahr	Stichprobe	Variablen	Hauptergebnisse
Drews & Teahan (1957)	Gruppe 1: IQ>130, high-achiever (GPA „A"), high school Gruppe 2: IQ>130, low-achiever (GPA „B minus");je 10 Mädchen, 10 Jungen, parallelisiert nach Alter, IQ und Beruf des Vater; Gruppe 3: IQ<120, high-achiever (GPA „A") 10 Jungen; high school Gruppe 4: IQ>120, low-achiever (GPA „C minus" or „D"), je 7 Mädchen, 7 Jungen, parallelisiert nach Alter, IQ, Beruf des Vaters	I: Stanford Binet; 30 Items der Parental Attitude Scale (PAS) von Shoben (1954): Dominating Scale (D), Possessive Scale (P), Ignoring Scale (I). Befragung der Mütter	Die Mütter der high achiever sind autoritärer und restriktiver als die Mütter der low achiever (p<.01 bzw. p<.05). Die Mütter von Gruppe 1 zeigen im Vergleich zu den Müttern von Gruppe 2 höhere Werte auf der „Dominating Scale" (p<.01).

Morrow & Wilson (1961)	96 Jungen der high-school, 9.-11. Klasse;
	high-achievers (ha): N=48, GPA 1.0-1.7, mittlerer IQ=126;
	low-achievers (la): N=48, GPA 2.75-5.0, mittlerer IQ=125;
	beide Gruppen parallelisiert nach „Jahrgang", „soziale Herkunft" und „Intelligenz"
		I: ?
		Fragebogen zu familiären Beziehungen (16 Skalen a 6 Items); einige Fragen zum sozialen Hintergrund der Familie, z.B. Beruf der Eltern, Anzahl, Alter und Geschlecht der Geschwister u.a.m.; Checkliste zu elterl. Erziehungszielen (keine Eltern-FB!)
			In 9 der 16 Skalen ergeben sich signifikante Gruppenunterschiede: Nach Angaben der „ha" zeigen ihre Eltern ein höheres Maß an Anerkennung und Vertrauen (p<.001), sie sind weniger einschränkend und weniger streng (p<.01), ermutigen zur Leistung ohne darauf zu bestehen (p<.05) und akzeptieren eher die Peer-Aktivitäten (p<.01). In den Familien der „ha" teilt man Ideen und Vertrauen (p<.01) und verbringt gemeinsam die Freizeit (p<.05). Die „ha" akzeptieren eher die Standards ihrer Eltern (p<.01). Im sozialen Hintergrund beider Gruppen finden sich keine Unterschiede.

18 Die englischen Skalenbezeichnungen geben ein verzerrtes Bild gegenüber dem Inhalt der in der Arbeit abgedruckten Items wieder.

Tabelle 4.7 (Fortsetzung): Übersicht über 5 Studien zum Problem des „underachievers"

Autor/Jahr	Stichprobe	Variablen	Hauptergebnisse
Shaw & Dutton (1962)	115 Schüler (10. und 11. Klasse high school); IQ>110; achiever (a): Durchschnittsnote (GPA) bei 3.0 und besser; underachiever (ua): GPA bei 2.7 und weniger; a-m: N=31; 22-Mu : 21-Va ua-m: N=36; 28-Mu : 21-Va a-w: N=33; 28-Mu : 19-Va ua-w: N=15; 8-Mu : 4-Va	I: California Test of Mental Maturity (CTMM) Parent Attitude Research Instrument (PARI)	Mütter der ua-w zeigen im Vergleich zu Müttern der a-w ein höheres Maß an autoritärer Kontrolle. Die Väter der ua-w und der ua-m unterdrücken stärker ihre Emotionen. Insgesamt gesehen haben die Eltern der underachiever negativere Einstellungen gegenüber ihren Kindern und sind mit ihrer Elternrolle weniger zufrieden.
McGillivray (1964)	235 von ca. 6000 getesteten Schülern (7. Klasse) in Toronto; IQ>130; Berechnung eines „Leistungsquotienten" (Leistungstestrohwert geteilt durch IQ-Wert); high-achiever (ha): 50 Schüler mit höchstem Leistungsquotienten low-achiever (la): 50 Schüler mit niedrigstem Leistungsquotienten	I: Dominion Quick Scoring Group test of Learning Capacity; Leistungstests in Englisch und Mathematik; umfangreiche Interviews mit Schülern und Eltern	Es gab keine Unterschiede in Familiengröße, -einkommen, Geburtsposition, elterl. Ausbildung und Beruf, Freizeitaktivitäten der Familie; Die Eltern der ha waren jedoch stärker an der Erziehung ihrer Kinder interessiert, wünschten eher eine Universitätsausbildung und waren besser über die außerschul. Aktivitäten ihrer Kinder informiert. Die ha waren im Durchschnitt 6 Monate älter als die la. Mehr la als ha hatten eine Klasse übersprungen.
Green, Fine & Tollefson (1988)	45 achieving (a) & 45 underachieving (ua) hb Jungen (13-15J.) und ihre Eltern (N=180); aus mittlerer bis überdurchschnittl. soz. Schicht; Kriterien (alternativ) für „ua": 1. geringes Leistungsniveau in einm oder mehr Hauptfächer (C); 2. Ein-Jahresdifferenz zwischen erwarteter und aktueller Leistung in stand. Leistungstest; 3. wird in 25% der Fälle nicht mit seinen Arbeiten fertig (Lehrerangaben)	I: Zweistufiger Identifikationsprozess: 1. Leistungstests, Lehrer- und Elternnominationen 2. Stanford-Binet oder Wechsler-Test, hier jeweils die obersten 2%; FACES II (Funktionalität der Familie); FB zur fam. Zufriedenheit; 4 Subskalen der FES: expressiveness, conflict, independence & achievement	Familien mit „a" und „ua" hb Jungen unterscheiden sich nicht hinsichtlich der Funktionalität ihrer Familien. Letztere sind jedoch weniger mit ihrer Familie zufrieden. 37 der „a"- und 35 der „ua"-Familien wurden als „dysfunktional" eingestuft (!), wobei die 35 „ua"-Familien wesentlich unzufriedener mit der Familie waren. „A"- und „ua"-Familien unterscheiden sich nicht in den Skalen der FES.

Noch ein weiterer Punkt verdient Kritik. In der überwiegenden Mehrzahl der Untersuchungen wird nicht deutlich, ob nur die Forscher oder auch die Eltern (die Lehrer) um die Differenz zwischen der Leistungsbegabung und der gezeigten Leistung des Kindes wissen. Es ist anzunehmen, daß es für die Eltern (und die Lehrer) in ihrem Verhalten gegenüber den Kindern einen gravierenden Unterschied macht, ob die schlechten Schulleistungen auf mangelnde Begabung zurückgeführt werden können oder ob weiter nach dem „warum, wenn er/sie doch eigentlich könnte" gefragt werden muß. Einer Untersuchung von Cheney (1962) zufolge, der 121 Eltern von Kindern mit einem IQ >125 befragte, sind zwar 82% der Eltern von der außergewöhnlichen Intelligenz ihres Kindes überzeugt. Sie folgern dies aber vor allem aus den hervorragenden Schulleistungen ihrer Kinder. Es ist demnach zu vermuten, daß Eltern erst dann mit dem spezifischen Leistungsproblem eines underachievers konfrontiert werden, wenn ein Kind entweder zunächst sehr gute Schulleistungen zeigte, d.h. auf ein hohe Begabung geschlossen werden kann, und dann plötzlich zum scheinbaren Leistungsverweigerer wird, oder daß, u.U. bedingt durch weitere Verhaltensauffälligkeiten, in der Schule die Begabung des Kindes mittels Intelligenztest abgeklärt wird und der Lehrer überrascht die Diskrepanz zwischen Testergebnis und Schulleistung den Eltern mitteilt. Im ersten Fall werden die Eltern enttäuscht sein, weil ihr Kind in der Schule nicht das zeigt, was es ihrer Meinung nach aufgrund seiner bisherigen Leistungen zeigen könnte. Im zweiten Fall werden die Eltern hochbegabter Kinder dagegen quasi nachträglich von der nachweislich doch herausragenden Fähigkeit ihrer Kinder in Kenntnis gesetzt, was sicherlich zu anderen Erklärungsmustern und Umgangsweisen mit den schlechten Schulleistungen der Kinder führen wird. Diese beiden Gruppen müßten in Untersuchungen getrennt befragt werden, bzw. zumindest sollten Angaben darüber vorhanden sein, ob die Eltern und wenn ja, seit wann und unter welchen Umständen sie von der Hochbegabung ihres Kindes erfahren haben.

Noch ein weiterer Punkt erscheint uns erwähnenswert. Die überwiegende Mehrzahl der Underachiever-Studien hat nur Jungen in ihren Untersuchungsgruppen. Entweder wird diese spezifische Form der „Leistungsverweigerung" bei Mädchen eher akzeptiert, was angesichts zumindest formulierter Chancengleichheit fatal wäre, oder aber die bei Jungen im Schulalter allgemein häufiger diagnostizierten Verhaltensauffälligkeiten schlagen sich auch hier nieder. Dowdall & Colangelo (1982) kommen in ihrem Überblicksartikel zu dem Schluß: „We have found that one pattern that emerges is that underachieving gifted have more in common with underachieving overall than they do with achieving gifted." (ebd., 181) D.h. die „underachiever gifted" haben möglicherweise keine mit der Hochbegabung in Zusammenhang stehenden spezifischen Schulprobleme, und in dieser Gruppe der „Schulversager" sind die Jungen erwartungsgemäß stärker vertreten.

Daß es für die Eltern vielfach angenehmer sein kann, die schlechten Schulleistungen ihres Kindes mit einer nicht geförderten oder verkannten Hochbegabung zu erklären, zeigt die interessante, sich an der psychoanalytischen Entwicklungstheorie orientierende Arbeit von Newman, Dember & Krug (1973). 15 Jungen im Alter von sieben bis 13 Jahren mit überdurchschnittlicher Intelligenz (IQ>130) aber schlechten Schulleistungen (Level „C" and below), deren Eltern und Lehrer wurden intensiv befragt (psychosoziale Entwicklung, Interessen, Erziehungsstile, Leistungserwartungen etc.), und es wurden den Kindern noch zusätzlich verschiedene Persönlichkeits- und Intelligenztests (Wechsler, Rohrschach, TAT) vorgelegt. Die Kinder fielen schon früh durch überraschend gute sprachliche Fähigkeiten auf und wurden hier entsprechend von ihren Eltern gefördert. Allerdings, so die Autoren, übersehen insbesondere die Mütter aufgrund eigener narzißtischer Bedürftigkeit die weniger fortgeschrittene Entwicklung anderer Persönlichkeitsbereiche ihrer Kinder (Emotion, logische Handlungsfähigkeit). Die Kinder wirken sprachlich wie kluge Erwachsene, ohne daß die psychodynamische Entwicklung aufgrund der spezifischen Familiendynamik sich gleichermaßen hätte entwickeln können. Die Autoren vermuten aufgrund ihrer Ergebnisse, daß viele der sogenannten underachiever nicht nur nicht leisten wollen, sondern auch tatsächlich nicht oder nicht mehr leisten können. Die „Entwicklungsgeschichte" des underachievers fassen sie folgendermaßen zusammen: „I can, but I won't. I won't, so I don't. I don't, so I can't. I can't, but I'll say I won't." (Newman, Dember & Krug 1973, 85.)

4.4 Zusammenfassung

Die Beantwortung der Frage nach möglichen Besonderheiten in Familien mit hochbegabten Kindern ist trotz oder vielleicht auch wegen der Vielzahl bisheriger Forschungsergebnisse nicht einfach. Zu unterschiedlich und daher nicht immer vergleichbar sind Fragestellungen, Untersuchungsgruppen und methodische Ansätze. So ist es u.E. nur möglich, einige Bereiche erneut aufzugreifen, in denen sich tendenziell eine Übereinstimmung in den Befunden ergeben haben bzw. andere Bereiche, deren Fragestellungen für weitere Forschungen von Interesse sein dürften, nochmals zu beleuchten.

„Hochbegabung" verteilt sich offenbar nicht gleichmäßig über die verschiedenen Geschwisterpositionen. In der Mehrzahl der Studien (z.B. Terman et al. 1925; Barbe 1956; Groth 1975; Cox 1977; Cornell 1984) zeigte sich, daß Erstgeborene (und z.T. auch Einzelkinder) eine größere Chance besitzen, als „hochbegabt" identifiziert zu werden. In jüngeren Studien sollte dieser Positionseffekt nicht mehr so groß ausfallen, da bei kleiner werdenden Familien die Wahrscheinlichkeit steigt, daß das hochbegabte Kind auch ein erstgeborenes oder Einzelkind ist. Interessant erscheint uns die Frage, was diesem „Positionseffekt" zugrunde liegt. In der Studie von Cornell (1984) etwa fällt besonders auf, daß (bei der immerhin vorhandenen Differenz zwischen von der Schule als hochbegabt identifizierten Kindern und von den Eltern ebenfalls als besonders begabt wahrgenommenen Kindern) gerade die Erstgeborenen häufiger von beiden Elternteilen übereinstimmend auch als hochbegabt bezeichnet wurden. Der besondere Umstand, das erste Kind in einer Familie zu sein, d.h. zumindest eine Zeitlang die ungeteilte Aufmerksamkeit der Eltern erhalten zu haben, ist möglicherweise mit ein Grund dafür, daß das Erstgeborene ein Leben lang eine Sonderstellung in der Familie behält. Allein die Tatsache, daß hier auch umgangssprachlich ein feststehender Begriff (Erstgeborener, Ältester) vorhanden ist - wie etwa auch der Begriff des „Nesthäckchens" für den Letztgeborenen - verweist auf die besondere Stellung dieser Geburtsposition, die sich familienhistorisch etwa für den männlichen Erstgeborenen sogar im Erbfolgerecht niederschlug. Die Sonderstellung, die Erstgeborenen aus vielerlei Gründen einnehmen, deckt sich möglicherweise mit spezifischen Alltagsmythen bezüglich „Hochbegabung", so daß beide Effekte sich gegenseitig verstärken könnten.

Die Eltern hochbegabter Kinder sind offenbar meist älter, sind insgesamt besser ausgebildet und haben einen höheren Berufsstatus als die Eltern entsprechender Vergleichsgruppen, etwa Eltern durchschnittlich begabter Kinder (vgl. Terman et al. 1925; Groth 1975; Albert 1980; Van Tassel-Baska 1983; Gross 1993). Ob sich hier die Annahme Termans bestätigt, daß „the typical gifted child is the product of superior parentage - superior not only in cultural and educational background, but apparently also in heredity“ (Terman & Oden 1976, 65-66), bleibt offen. Solange die Mehrzahl der Studien keine Vergleiche zwischen entsprechend ihrer sozialen Schicht parallelisierten Gruppen vornimmt, könnten die Ergebnisse bezüglich Alter, Ausbildung und Berufsstatus der Eltern in Hochbegabtenfamilien auch lediglich eine Folge von Selektionseffekten sein. Nur wenige Arbeiten (vgl. etwa Frierson 1965) verglichen Gruppen hoch- und durchschnittlich begabter Kinder mit vergleichbarem sozioökonomischem Hintergrund, wobei hier eine Nivellierung verschiedener Effekte eintrat, die bisher allein der Intelligenzvariable zugeschrieben worden waren (vgl. Abschnitt 4.3.2). Auch in der Arbeit von Schlichting (1968), in der durch eine Homogenisierung in wichtigen Sozialvariablen (geographische Herkunft: Ruhrgebiet; Schulniveau: gymnasiale Oberstufe; ausschließlich Söhne von Akademikern) eine Vergleichbarkeit zweier Intelligenzgruppen (GR1: IST-GSW≥127; GR2: IST-GSW≤107) ereicht werden sollte, zeigte sich, daß „das positive Bild der Hochintelligenten, wie es frühere Untersuchungen gezeigt haben, tatsächlich das Bild einer sozial höher stehenden Gruppe war“ (ebd., 147).

Besonderheiten bezüglich der familiären Beziehungen in Hochbegabtenfamilien sind im Grunde nicht festgestellt worden. Das hochbegabte Kind genießt zwar einen sehr hohen Status in der Familie (vgl. Cornell 1984), dies führt aber weder zu schwerwiegenden Geschwisterrivalitäten noch zu anderen gravierenden innerfamiliären Problemen (vgl. Ballering & Koch 1984). Daß das Leben mit einem hochbegabten Kind, vor allem wenn die Eltern von der besonderen Begabung überzeugt sind, Auswirkungen auf das Beziehungsgeflecht einer Familie hat, steht dennoch außer Frage. Dies zeigen auch die interessanten und sicherlich weiterer Forschungen bedürftigen Studien zu möglichen Etikettierungseffekten (Freeman 1979; Cornell 1984; Cornell & Grossberg 1986; 1987; 1989). Offenbar kommt es ganz entscheidend darauf an, wie innerfamiliär mit der Tatsache eines als hochbegabt identifizierten und als solches auch wahrgenommenen Familienmitglieds umgegangen wird. Probleme wird es sicherlich dann geben, wenn die Eltern ein Mitglied ihrer Familie idealisieren und hierdurch die elterliche Beziehung zum Geschwister und die Beziehung der Geschwister untereinander leiden. Aber nur in Einzelfällen sollten sich hieraus schwerwiegende Probleme ergeben, Probleme, die vielleicht dann weniger von der Hochbegabung des Kindes herrühren, sondern vielmehr die besondere Begabung eines Kindes als „angenehme“ Erklärung für ein möglicherweise anderswo gelagertes weitaus „unangenehmeres“ familiäres Problemfeld herhalten muß.

Die Untersuchung von Cornell (1984, vgl. 4.3.1.1) liest sich wie eine Zusammenfassung der Ergebnisse zum Familiensystem Hochbegabter. In Familien mit hochbegabten Kindern, die weiter keine gravierenden Probleme aufweisen (und dies ist die Mehrzahl der Hochbegabtenfamilien), herrscht ein starkes Zusammengehörigkeitsgefühl. Man ist intellektuell-kulturell sehr interessiert, und Konflikte gibt es eher weniger, zumal die Fähigkeiten zur Konfliktlösung gut ausgeprägt sind (etwa hohe Problemlösungs- und Kommunikationsfähigkeiten; vgl. Mathews, West & Hosie 1986). Das auf den ersten Blick verblüffende Ergebnis einer geringeren Leistungsorientierung in Hochbegabtenfamilien (vgl. Cornell & Grossberg 1987) läßt sich auch damit erklären, daß da, wo Leistung wie selbstverständlich erbracht wird, es nicht mehr nötig erscheint, dies auch noch ausdrücklich zu betonen.

Bezüglich der Studien zu hochbegabten Underachievern ergibt sich abschließend die Überlegung, ob es sich hier nicht vielmehr um ein „hausgemachtes" Problem handelt. Für die Forschung heißt das, daß die prognostische Validität von Intelligenztests überschätzt wird. Auch ein noch so herausragendes Testergebnis bedeutet schließlich noch nicht, daß die Person auch über die weiteren Fähigkeiten verfügt, von denen bisher angenommen wird, daß sie für den Prozeß der Umsetzung von Begabung in Leistung notwendig sind (Motivation, Ausdauer, Konzentrationsfähigkeit)[19]. Für die Eltern der Hochbegabten, für die die Schulprobleme ihrer Kinder ein Hauptgrund sein dürften, sich an spezielle Beratungsstellen zu wenden, gilt im Grunde ähnliches. Intelligenz, als meßbares psychologisches Konstrukt, ist eben nicht gleichzusetzen mit schulischem Erfolg. Gerade im Bereich der Intelligenzdiagnostik Hochbegabter scheint es besonders notwendig, die durch das hoch ausgefallene Testergebnis bei den Eltern geweckten Hoffnungen und Wünsche wieder ins rechte, d.h. in ein auf den Forschungsergebnissen zu Begabung und Leistung gegründetes Licht zu rücken.

Insgesamt läßt sich mit aller Vorsicht sagen, daß die bisher vorliegenden empirischen Arbeiten die Alltagsmythen über die „Hochbegabtenfamilie" nicht bestätigt haben. Weder leiden Hochbegabte unter einer „Potenz zum Unglücklichsein", ein Umstand, der sicher auch Einfluß auf die gesamte Familie hätte nehmen sollen, noch läßt sich pauschal von der Hochbegabtenfamilie als einer „Idealfamilie" sprechen.

---

[19] In den meisten Studien zum Phänomen des underachievers wird der zentrale Begriff „erwartungswidrig (niedrige) Schulleistungen" in fehlerhafter Weise operationalisiert. Anstelle von den, entsprechend des gezeigten Intelligenztestergebnisses, *erwarteten* Schulleistungen auszugehen, wird in der Regel der Vergleich zu den *tatsächlich gezeigten* Schulleistungen durchgeführt. Die erwarteten Schulleistungen sollten jedoch aufgrund meßtheoretischer Probleme (Regression der Meßwerte zur Mitte) über den gezeigten Werten liegen, so daß die Differenz zwischen IQ und Schulleistung dann gar nicht mehr so überraschend groß ausfällt.

5 FRAGESTELLUNG

Ob es berechtigt ist, von „der Hochbegabtenfamilie“ zu sprechen, so als gäbe es außer der weit überdurchschnittlichen Begabung eines Mitglieds der Familie noch weitere, alle Familien mit einem hochbegabten Kind betreffende Besonderheiten, ist aufgrund der schon kurz erwähnten vielfältigen Mängel der meisten bisherigen Untersuchungen zum Thema nicht zu entscheiden. Erst eine Studie an einer unselegierten Stichprobe von Familien mit einem präzise definierten hochbegabten Kind könnte im Vergleich mit Familien mit einem durchschnittlich begabten Kind von ähnlichem sozioökonomischem Hintergrund möglicherweise vohandene Unterschiede - etwa auf der Ebene des Familien- und Beziehungssystems - aufdecken. Dieser Forschungsansatz wird erstmals von der Marburger Hochbegabtenstudie verfolgt (zur Hochbegabungsdefinition vgl. Abschnitt 1.2.6; zum Ablauf der Untersuchung siehe Abschnitt 6.1 und 6.2).

Die vorzustellende Untersuchung betrachtet die familiäre Lebenswelt hoch- versus durchschnittlich intelligenter Grundschulkinder auf zwei verschiedenen Ebenen. Die beiden Hauptfragestellungen lauten:

(a) Gibt es einen Zusammenhang zwischen der Begabung eines Kindes und der vom Kind wahrgenommenen Beziehung zu seinen Familienmitgliedern?

(b) Gibt es einen Zusammenhang zwischen der Begabung eines Kindes und familiären Systemvariablen (Systemebene)?

Auf der *Beziehungsebene* werden die vom Kind wahrgenommenen positiven und negativen Gefühle zu den einzelnen Familienmitgliedern betrachtete. Eine weniger unspezifische Variable als die vergleichsweise „schlichte“ Frage nach positiven und negativen Familienbeziehungen für die Untersuchung auszuwählen, erscheint vor dem Hintergrund bisheriger Forschungsergebnisse nicht sinnvoll.

Auf der Ebene des *Familiensystems* geschieht der Gruppenvergleich hinsichtlich der beiden Dimensionen „Zusammenhalt“ und „Anpassungsfähigkeit“. Hier werden jeweils Vater und Mutter getrennt befragt. Somit ergibt sich die Möglichkeit, die Ergebnisse auch hinsichtlich der familieninternen Übereinstimmungen zu bewerten. Mögliche Besonderheiten bei Familien mit hochbegabten Kindern auf der Ebene des Familiensystems sollten sich auf diesen beiden Zentralkonzepten der Familiendynamik (vgl. Olson, Sprenkle & Russell 1979 bzw. Abschnitt 6.2.4.1) abbilden lassen.

Die erhobenen Daten auf der Beziehungsebene (Kindperspektive) und der Familiensystemebene (Elternperspektive) sind Fragebogendaten, d.h. es werden Zustandsbeschreibungen abgegeben, in die sowohl erinnerte als auch aktuelle Ereignisse mit einfließen.

Zusätzlich werden beide Untersuchungsgruppen hinsichtlich bestimmter familiärer *Strukturvariablen* verglichen. Es wurden u.a. erhoben: Familiengröße, Geschwisterposition, Schulbildung der Eltern, Alter der Eltern bei der Geburt des Kindes, Erwerbstätigkeit der Mutter und Familienstatus.

Alle Familien unserer Stichprobe haben zumindest ein Kind im vierten Grundschuljahr, d.h. es ist davon auszugehen, daß sich die Familien, von wenigen Ausnahmen (bereits erwachsene ältere Geschwister) abgesehen, in einem vergleichbaren Entwicklungsabschnitt befinden.

Aufgrund des Ansatzes der Marburger Hochbegabtenstudie sollte eine Beantwortung der Frage möglich werden, ob *schon allein* die herausragenden kognitiven Fähigkeiten eines Kindes, festgestellt durch ein überragendes Intelligenztestergebnis, einen „Einfluß" auf die von seiten des Kindes wahrgenommenen Familienbeziehungen bzw. auf zentrale Eigenschaften des Familiensystems nehmen. Bei den teilnehmenden „Hochbegabtenfamilien" ist davon auszugehen, daß die Eltern bisher nicht explizit auf die besonderen kognitiven Fähigkeiten ihrer Kinder hingewiesen worden waren (auch wenn ihnen in der Mehrzahl der Fälle spätestens durch die ersten Schulleistungsergebnisse deutlich geworden sein dürfte, daß ihr Kind zumindest ein sehr guter Schüler ist). Im Verlauf der Studie sollte keine Etikettierung der Kinder vorgenommen werden. Der Begriff „Hochbegabung" wurde stets vermieden und die Studie im Anschreiben an Eltern (und Lehrer) als eine bundesweit angelegte Untersuchung zu den Lernbedingungen von Grundschulkindern gekennzeichnet. Auch wenn der Stolz oder die verschiedenartigsten Bedenken darüber, daß ausgerechnet ihr Kind „zu der kleinen Gruppe von 300 Grundschulkindern (gehört), die aus inhaltlichen und statistisch-repräsentativen Gründen an unserer Hauptuntersuchung teilnehmen dürfen" (Auszug aus dem Elternbrief, vgl. Rost & Dörner 1989), sicherlich einen Einfluß auf die Beantwortung mancher Fragen ausgeübt haben wird, so trifft dies doch für die Ziel- und Vergleichsgruppe gleichermaßen zu.

Erwartet werden Antworten auf etwa folgende Fragen:

(1) Sind diese im kognitiven Bereich besonders begabten Kinder eben nicht nur dort, sondern auch in ihrer „Beziehungsentwicklung" anders als gleichaltrige Vergleichskinder? Haben sie möglicherweise weniger enge oder stärker negativ getönte Beziehungen zu ihren Familienmitgliedern? Oder aber trifft auf sie genau das Gegenteil zu, daß nämlich bereits „reifere", für die Eltern vielleicht befriedigendere und dadurch engere Familienbande zustande kommen?

(2) Sind die Geschwisterbeziehungen bei Ziel- und Vergleichsgruppe unterschiedlich, d.h. gibt es Spannungen und Rivalitäten zwischen den Geschwistern unserer „Hochbegabtenfamilien“?

(3) Macht es Sinn, von „Hochbegabtenfamilien“ zu reden, d.h. zeigen sich tatsächlich Besonderheiten im Familiensystem derjenigen Familien, in denen ein besonders intelligentes Kind aufwächst, ohne daß explizit dieses Kind durch eine wie auch immer vorgenommene Etikettierung bereits besonders herausgehoben wurde und Auffälligkeiten mehr dem hierdurch veränderten familiären Status des hochbegabten Kindes zuzuschreiben wären?

(4) Treten die häufiger in der Familienstruktur bei Hochbegabten beobachteten Besonderheiten auch dann noch auf, wenn - wie in der hier vorzustellenden Studie - zwei in sozioökonomischer Hinsicht vergleichbare Gruppen hoch- und durchschnittlich intelligenter Grundschulkinder und deren Familien miteinander verglichen werden? Sind etwa auch in unserer Vergleichsgruppe die hochbegabten Kinder eher Kinder aus kleineren Familien, eher die ältesten Kinder oder gar Einzelkinder?

(5) Gerade weil die Eltern unserer Zielgruppe nicht auf die besondere Begabung ihres Kindes hingewiesen wurden, ist es interessant zu erheben, für wie begabt sie ihrerseits ihre Kinder halten und welche Schulabschlüsse sie von ihren Kindern erwarten.

6 METHODEN

Im März 1987 begann die breit angelegte Studie zur „Lebensumweltanalyse besonders begabter Grundschulkinder“ der Arbeitsgruppe „Schule und Familie“ am Fachbereich Psychologie der Universität Marburg. Nach einer Durchsicht bisheriger Studien der Hochbegabtenforschung erschien es notwendig, gerade auch in Hinblick auf die in letzter Zeit vermehrt von verschiedenen gesellschaftlichen Gruppen geäußerte Forderung nach spezifischen Fördermaßnahmen für hochbegabte Kinder, „erst einmal grundlegendes Wissen über die Situation hochbegabter Grundschulkinder und den soziokulturellen Faktoren, die ihre Entwicklung beeinflussen, systematisch zu erheben und zu analysieren“ (Rost 1986, 8). Eine unausgelesene Stichprobe altershomogener Grundschulkinder sollte möglichst umfassend mit einer Kontrollgruppe durchschnittlich begabter Kinder verglichen werden, um empirisch abgesicherte Ergebnisse über die häufig vermuteten Besonderheiten hochbegabter Kinder zu erhalten. Das Forschungsvorhaben erforderte daher zwei Untersuchungsabschnitte:

(a) Identifikation der hochbegabten Grundschulkinder und Erstellung einer Vergleichsgruppe durchschnittlich begabter Kinder;

(b) Analyse und Vergleich der Lebenswelt von Ziel- und Vergleichsgruppe.

Aus forschungspraktischen Gründen sollte die Identifikation der Gruppe besonders begabter Grundschüler an Kindern der dritten Jahrgangsstufe durchgeführt werden. Nur in der Grundschule findet sich eine ausreichend leistungs- und begabungsheterogene Gruppe von Kindern, die der Forderung nach einem Screening ohne eine wie auch immer geartete Vorauswahl entgegen kommen konnte. Die Festlegung der dritten Grundschulklasse als Ausgangsstichprobe hat zudem den Vorteil, daß die zweite Untersuchungsphase noch im vierten Schuljahr, d.h. vor dem Übergang auf weiterführende Schulformen und der damit für Kinder und Eltern belastenden Übergangssituation, durchgeführt werden konnte.

6.1 Erste Untersuchungsphase: Identifikation der besonders begabten Grundschulkinder

6.1.1 Organisatorisches

Bis auf Hamburg und Bremen erteilten alle angeschriebenen Kultusministerien/Senate der damaligen BRD bis zum Januar 1988 die Untersuchungsgenehmigung. Über die zuständigen Schulämter wurden Grundschuladressen erbeten, um Schulleiter und Klassenlehrer der dritten Klassen über unser Projektvorhaben zu informieren. Die Teilnahme der Schulen, der Klassenlehrer und der Kinder war selbstverständlich freiwillig. Mit teilnahmebereiten Schulen wurde telefonisch ein Termin für die Untersuchung vereinbart, die etwa zwei Stunden des regulären Schulunterrichts in Anspruch nehmen sollte. Den Klassenlehrern wurden Informationsmaterial und Einverständniserklärungen für die Eltern der Kinder zugeschickt, die sie den Kindern für Zuhause mitgeben sollten. Nur bei schriftlichem Einverständnis der Eltern konnten die Kinder an der Untersuchung teilnehmen. Zum vereinbarten Termin besuchte jeweils ein Diplom-Psychologe/eine Diplom-Psychologin die Schule, um die Untersuchung durchzuführen. Nach dem Abschluß der ersten Untersuchungsphase erhielt das zuständige Schulamt und auch das Kultusministerium/der Senat jeweils eine Liste der aus ihrem Bereich am Projekt teilnehmenden Schulen.

6.1.2 Testinstrumente der Identifikationsphase

Das bisher nicht eindeutig präzisierte Konstrukt „Hochbegabung“ und die Kontroverse über den Sinn oder Unsinn ein- bzw. mehrdimensionaler Konstruktbestimmungen erfordert eine klare Begründung der jeweils verwendeten Operationalisierung des Konstrukts.

Die Marburger Hochbegabtenstudie verwendet den Begriff „Hochbegabung“ für eine breite intellektuelle Leistungsfähigkeit, wie sie im Spearmanschen „g“-Faktor-Modell der Intelligenz (Spearman 1904; 1927) theoretisch begründet wird (vgl. auch 1.2.6). Zur Identifikation der entsprechend dieser theoretischen Festlegung besonders begabten Kinder wurden die im folgenden beschriebenen Gruppentestverfahren durchgeführt.

6.1.2.1 Der Grundintelligenztest Skala 2 - CFT 20 - Sonderform

Die Verwendung des CFT 20 (Cattell 1960, dt. Bearbeitung Weiss 1987) als ein Bestandteil der „Testbatterie“ zur Identifizierung der Zielgruppe besonders begabter Grundschulkinder ermöglicht Aussagen über die grundlegende „Denkkapazität“ bzw. die „Allgemeine intellektuelle Leistungsfähigkeit“. Nach Ansicht der Testautoren gelingt mit Hilfe des CFT eine ökonomische und valide Diagnose der Grundintelligenz („general mental capacity“).

Beschreibung. Für die Verwendung in Gruppenuntersuchungen bietet der CFT 20 zwei pseudoparallele Testformen, die sich lediglich in der Abfolge der Antwortalternativen unterscheiden, um das Abschreiben zu erschweren. Jede Testform besteht aus vier Untertests (Serien, Klassifikationen, Matrizen, Topologien) mit insgesamt

46 Einzelaufgaben. Von uns durchgeführte Voruntersuchungen an Drittklässlern haben gezeigt, daß das vorgesehene Verfahren der Beantwortung der multiple-choice Aufgaben auf separaten Antwortbögen eine nicht zu kontrollierende Fehlerquelle darstellt. Der daraufhin veränderte Durchführungsmodus des Ankreuzens der Antworten direkt im Testheft machte allerdings eine Testzeitverkürzung notwendig (vgl. genauer Rost & Czeschlik 1988; Wild 1991).

Gütekriterien. Der CFT 20 ist hinsichtlich Durchführung und Auswertung objektiv. Angaben zur Reliabilität lagen für die Testwiederholung bei verschiedenen Stichproben und Zeitintervallen zwischen r_{tt}=0.71 und r_{tt}=0.94. Der split-half Koeffizient ergab bei Testhalbierung des Gesamttests (Form A und Form B) einen Wert von $r_{1/2}$=0.95. Aufgrund der Verkürzung der Durchführungszeit und der Veränderung des Beantwortungsmodus können die Angaben zur Reliabilität lediglich als erste Hinweise auf die Zuverlässigkeit des Tests bewertet werden. Eine neue Reliabilitätsbestimmung wie auch eine neue Normierung an unserer eigenen Stichprobe wird somit notwendig.

Untersuchungen zur faktoriellen Validität belegen Zusammenhänge mit den Faktoren „Reasoning" und „Beziehungstiftendes Denken". Der Verwendungsbereich des CFT liegt offenbar in der Bestimmung der „Fähigkeit zur Problemerfassung in neuartigen Situationen" (Weiss 1987, 12). Korrelationen mit den Außenkriterien „Beruf des Vaters" (r=0.19), „Regionale Herkunft" (r=0.23), „Geschlecht" (r=-0.01) und „Arbeitshaltung" (r=0.12) konnten zeigen, daß der CFT von soziokulturellen und erziehungsspezifischen Faktoren nur wenig beeinflußt wird.

6.1.2.2 Der Zahlen-Verbindungs-Test (ZVT)

Der ZVT (Oswald & Roth 1987) ermöglicht anhand von sprachfreiem Material eine Abschätzung der kognitiven Leistungs- und Verarbeitungskapazität. Die Autoren sprechen von einem spezifischen Intelligenztest, der trotz seiner geringen Bearbeitungszeit von nur wenigen Minuten eine ähnlich gute Schätzung der „Allgemeinen Intelligenz" biete wie wesentlich umfangreichere, in der Regel zudem sprach-, milieu- umd motivationsabhängige Intelligenztestverfahren.

Beschreibung. Der ZVT besteht aus vier Zahlen-Matrizen, wobei auf jedem der vier Blätter die Ziffern 1 bis 90 unregelmäßig angeordnet sind. Diese sollen entsprechend der Zahlenfolge so schnell als möglich mit Strichen verbunden werden. Als Ergebnis wird jeweils die Zahl notiert, die nach 60 Sekunden von den Probanden erreicht wurde.

Gütekriterien. Der Test ist in Durchführung und Auswertung objektiv. Die Testwiederholungsreliabilität beträgt bei einem Zeitintervall von sechs Wochen für den Gesamttest r_{tt}=0.81, für die Einzelmatrizen (Spearman-Brown korrigiert) zwischen r_{tt}=0.77 bis r_{tt}=0.93. Die Konsistenzkoeffizienten lagen bei r=0.83 (1. Meßzeitpunkt) bzw. bei r=0.92 (2. Meßzeitpunkt).

Zur Bestimmung der Validität des ZVT wurden u.a. Faktorenanalysen des ZVT zusammen mit Subtests anderer Intelligenztestverfahren (PSB, IST, HAWIE) durchgeführt. Die relativ hohen Ladungen (a=0.60 bis a=0.84) des ZVT auf dem ersten unrotierten Faktor interpretieren die Autoren dahingehend, daß der Meßwert des ZVT so etwas wie eine „allen Intelligenzleistungen zugrundeliegende Schnelligkeitskomponente" abbilde (Oswald & Roth 1987, 32).

Normwerte für den ZVT wurden mit Hilfe einer nach Alter, Schulart, sozialem Status und Gemeindegröße geschichteten Eichstichprobe von insgesamt 2109 Probanden erhoben. Bezüglich der Variable Geschlecht zeigten sich in keiner der Alterklassen signifikante Unterschiede. Für Gruppenuntersuchungen sind Normwerte für die Altersgruppe von acht bis 16 Jahren vorhanden.

6.1.2.3 Die Sprachlichen Analogien 3/4 - Sonderform

Die Sprachlichen Analogien 3/4 (SPA) (Portmann, unter Mitarbeit von Graudenz & Stark 1974) erfassen die Fähigkeit, „an verbalem Material Gesetzmäßigkeiten zu erkennen und anzuwenden" (Portmann 1974, 3). Sie bieten somit eine Ergänzung zu den sprachfreien Verfahren CFT 20 und ZVT. In Untersuchungen zur faktoriellen Validität der SPA ergaben sich die höchsten Zusammenhänge mit Tests, die „Formallogisches Denken" und „Sprachlogisches Denken" erfassen.

Eine Analyse der Rohwerteverteilung und der Aufgabenschwierigkeit zeigt, daß die SPA im mittleren und unteren Leistungsbereich besser differenzieren als im oberen Bereich, d.h. daß der Test für gute und vor allem extrem gute Schüler „zu leicht" ist. Aus diesem Grunde wurden zusätzlich zu den 50 Aufgaben der SPA 3/4 10 Aufgaben der Testform für ältere Kinder („Sprachliche Analogien 5/6"; Portmann 1975) und jeweils drei Items aus dem „Frankfurter Analogietest FAT 4-6" von Belser, Anger, Bargmann & Raatz (1972) bzw. dem „FAT 7-8" von Belser, Anger & Bargmann (1965) dem Test angefügt. Die Verwendung von Items der Frankfurter Analogietests wurde möglich, da die Problemstellung der Aufgaben und das dahinterliegende Testkonzept als vergleichbar zu den SPA anzusehen sind.

Beschreibung. Der Test besteht aus 50 Einzelaufgaben, wobei aus einer Reihe von vier Antwortalternativen jeweils das zu einem sprachlogischen Problem passende

Wort herausgefunden werden muß. Zur Verwendung in Gruppenuntersuchungen sind zwei Parallelformen (Form A/Form B) mit unterschiedlicher Abfolge der Aufgaben und der Antwortalternativen vorhanden. Für die Durchführung des Tests wurden - in Abänderung der Angaben der Testautoren - statt 45 Minuten lediglich 20 Minuten vorgegeben. Diese Zeitbegrenzung war notwendig, um die Untersuchung in den Schulklassen insgesamt auf zwei Schulstunden zu begrenzen und so sowohl die Kinder als auch den Schulunterricht so wenig wie möglich zu beanspruchen.

Gütekriterien. Die Durchführungs- und Auswertungsobjektivität des Tests ist gegeben. Die Verlängerung des Tests bei gleichzeitiger Verkürzung der Bearbeitungszeit macht eine neue Reliabilitätsbestimmung an unserer Stichprobe notwendig. Die Angaben zur inneren Konsistenz der SPA 3/4, erhoben an vier unterschiedlichen Stichproben mit jeweils über 2000 Probanden, liegen für beide Testformen bei r=0.93 bzw. r=0.94 und sprechen für eine sehr gute Zuverlässigkeit des Tests.

Aufgrund des sprachlichen Materials finden sich signifikante Zusammenhänge mit den Faktoren „Schichtzugehörigkeit" und „Schule". In einer Regressionsanalyse zur Aufklärung des Einflusses der Faktoren „Soziale Schicht" „Schule" und „Geschlecht" (N=1208) auf die Leistung im Test „Sprachliche Analogien 3" konnten insgesamt 10.3 % der Varianz durch die beiden zuerst genannten Faktoren aufgeklärt werden. Dennoch ist der weitaus größere Teil der Varianz auf die unterschiedliche Fähigkeit der Schüler zurückzuführen, an verbalem Material Gesetzmäßigkeiten zu erkennen.

6.1.2.4 Weitere Testverfahren der 1. Untersuchungsphase

Auch wenn die folgenden Bereiche für die Fragestellung der vorliegenden Arbeit keine Verwendung fanden, sollen sie doch der Vollständigkeit halber kurz erwähnt werden. Genauere Informationen zu den Erhebungsinstrumenten finden sich in den Projektberichten (Rost & Czeschlik 1988; Rost & Dörner 1989; Rost 1989) bzw. bei Wild (1991). Es wurden erhoben:

(a) Die soziometrische Stellung (positive/negative Beziehung; Rangreihe) aller Kinder innerhalb ihrer Schulklasse (Soziometrie);

(b) Eine Nominierung des „schlauesten" Schülers durch die Mitschüler;

(c) Eine Einschätzung aller Schüler hinsichtlich ihrer zu erwartenden Leistungen in den Intelligenzvariablen und anderen Fähigkeitsbereichen durch die Klassenlehrer (Lehrer-Beurteilungsverfahren).

6.1.3 Zum Ablauf der Untersuchung in den Schulen

Die Anweisungen zur Bearbeitung der Tests wurden in standardisierter Form vorgetragen, um Versuchsleitereffekte so gering wie möglich zu halten[20]. Während die Kinder die verschiedenen Tests bearbeiteten, war der Klassenlehrer mit der Beantwortung des Lehrermaterials beschäftigt, das ihm vor Beginn der eigentlichen Untersuchung ausführlich erläutert worden war. Auch wurde er gebeten, während der Untersuchung keinen Kontakt mit den Schülern aufzunehmen.

6.1.4 Das Auswahlverfahren der Zielgruppe der besonders begabten Kinder und der Vergleichsgruppe der durchschnittlich begabten Kinder

6.1.4.1 Die Ausgangsstichprobe

An der ersten Untersuchungsphase hatten insgesamt 7289 Kinder der dritten Jahrgangsstufe aus 430 Klassen in 206 Schulen teilgenommen. Die Verteilung der Ausgangsstichprobe über die einzelnen Bundesländer zeigt Tabelle 6.1. Die Rohdaten wurden kodiert und auf den Hochschulrechner der Universität Marburg (IBM 4381) übertragen. Anhand eines Rohdatenausdrucks wurden die Daten jedes zehnten Kindes auf Vollständigkeit und Fehlerhaftigkeit geprüft. Aufgrund der äußerst geringen Fehlerquote konnte eine weitergehende Kontrolle der Daten unterbleiben. Alle im folgenden zu berichtenden statistischen Berechnungen erfolgten mit Hilfe von Computerprogrammen aus dem „Statistical Package of Social Science“ (SPSSx) (dt. Bearbeitung Schubö & Uehlinger 1984).

---

[20] Die ausführliche Instruktion ist abgedruckt im Projektbericht Nr.1 (Rost & Czeschlik 1988, 91-106). Dort sind auch weitere Einzelheiten, etwa das Verfahren zur Einhaltung der datenschutzrechtlichen Bestimmungen oder der Wortlaut des Informationsmaterials für Eltern und Lehrer, nachzulesen.

Tabelle 6.1: Verteilung der 7289 Kinder der Ausgangsstichprobe hinsichtlich „Bundesland", „Anzahl der Klassen" und „Anzahl der Schulen

BUNDESLAND	KINDER	KLASSEN	SCHULEN
Hessen	2724 (37.4%)	163	97
Schleswig-Holstein	1140 (15.6%)	62	16
Rheinland-Pfalz	949 (13.0%)	51	17
Nordrhein Westfalen	825 (11.3%)	55	27
Bayern	538 (7.4%)	27	16
Baden-Würtemberg	482 (6.6%)	26	11
Niedersachsen	332 (4.6%)	25	13
Berlin (West)	221 (3.0%)	15	5
Saarland	78 (1.1%)	6	4
SUMME	7289 (100%)	430	206

Nur solche Kinder konnten in die Auswahlprozedur aufgenommen werden, von denen zuverlässige Daten vorlagen. Schulklassen mit spezifischen Durchführungsproblemen (Feueralarm während der Untersuchung, falsche Testzeiten beim ZVT durch Ausfall der Stoppuhr, organisatorische Störungen wie etwa Umzug der Klasse in anderes Klassenzimmer während der Untersuchung etc.) oder mit einer zu geringen Klassenstärke (Kriterium: mindestens acht Kinder je Klasse) wurden aus den weiteren statistischen Analysen ausgeschlossen. Die Stichprobe der Auswahlprozedur reduzierte sich hierdurch um 40 Klassen und umfaßte insgesamt 7023 Kinder aus 390 Klassen.

Die Kinder sind im Durchschnitt neun Jahre alt. Mädchen und Jungen sind etwa gleich häufig vertreten (Mädchen 48%, Jungen 52%). Die Ausfallquoten durch das Nichteinverständnis der Eltern (untersuchungsspezifische Absagequote) beträgt im Mittel 10.8%, die Absagen durch Krankheit der Kinder (unspezifische Absagequote) im Mittel 4.5%. Die für empirische Studien dieser Art außergewöhnlich niedrige Ausfallquote konnte nur durch die intensive und aufwendige „Aufklärungsarbeit" an Eltern und Lehrer zustande kommen.

6.1.4.2 Skalenanalysen

Die Testverfahren zur Identifikation der Zielgruppe besonders begabter Kinder (CFT, ZVT, Sprachl. Analogien) sollten an der umfangreichen Projektstichprobe neu normiert werden. Modifikationen der Testverfahren machten zudem eine neue Reliabilitätsbestimmung notwendig.

CFT. Die Skalenanalyse des CFT ergab für zwei der vier Untertests überraschend niedrige Reliabilitätskoeffizienten. Während die Konsistenzkoeffizienten (Cronbach α) der beiden Untertests „Serien" und „Matrizen" mit r=0.74 bzw. r=0.70 in vertretbarem Rahmen liegen, führten die niedrigen Koeffizienten der Untertests „Klassifikationen" (r=0.44) und „Topologien" (r=0.34) zur Entscheidung, die letzteren nicht zur Identifikation mit heranzuziehen. Die Interkorrelationen der Untertests liegen mit Ausnahme der zwischen „Serien“ und „Matrizen“ (r=0.46) alle unter r=0.25. Die unterschiedlichen Testteile scheinen demnach auch Unterschiedliches zu erfassen, was im Widerspruch zum Testkonzept des CFT steht, mit allen Untertests die „general mental ability“ abzubilden. Die Bezeichnung „CFT“ meint im folgenden nur noch das Testergebnis in den beiden Untertests „Serien“ und „Matrizen“. Der Reliabilitätskoeffizient (Cronbach α) des nun verkürzten CFT beträgt r=0.81, d.h. die innere Konsistenz des Tests hat sich trotz der Verkürzung verbessert.

ZVT. Die Reliabilität des ZVT wurde durch Viertelung des Gesamttests mit anschließender Aufwertung nach Spearman Brown (vgl. Lienert 1969) ermittelt. Die Interkorrelation der vier Matrizen beträgt zwischen r=0.61 und r=0.71. Der Mittelwert der aufgewerteten Koeffizienten als Schätzwert für die Reliabilität des ZVT liegt bei r_{tt}=0.88.

Sprachliche Analogien. Der Reliabilitätskoeffizient der Sprachlichen Analogien liegt wie beim ZVT in der Höhe der Angaben im Testhandbuch. Er beträgt r=0.91 (Cronbach α).

Zusätzlich wurde überprüft, ob die Testergebnisse in den drei Verfahren abhängig sind vom Geschlecht des Kindes oder vom Untersuchungszeitpunkt. Infolge der Ergebnisse wurde anschließend eine eigene Normierung vorgenommen.

Geschlechtereffekt. Eine Überprüfung der Abhängigkeit der Testwerte von der Variable „Geschlecht“ (t-Tests) zeigte nur für den ZVT ein signifikantes Ergebnis (Jungen: M=44.9, S=10.6; Mädchen: M=46.47, S=10.2; t=-6.25; $p<0.001$). Die geringe Effektstärke (ES=0.15) machte eine nach dem Geschlecht getrennte Identifikation für den ZVT allerdings nicht notwendig.

Kohorteneffekt. Einen deutlichen Effekt auf die Ergebnisse in den drei Testverfahren zeigte dagegen die Variable „Untersuchungszeitpunkt“. Die Ergebnisse über die neun Untersuchungsmonate hinweg lassen auf einen starken Leistungsanstieg schließen. Die maximalen Effektstärken (Vergleich November '87 zu Mai '88) liegen für den CFT bei ES=0.40, für den ZVT bei ES=0.70 und für die Sprachlichen Analogien bei ES=0.60.

6.1.4.3 Normierung

Alle Testwerte wurden innerhalb der drei Untersuchungsabschnitte (November bis Januar N=2074; Februar bis April N=3541; Mai bis Juli N=1408) zunächst getrennt normiert, um den Kohorteneffekt weitgehend auszugleichen. Zusätzlich wurden die Testwerte des CFT und der Sprachlichen Analogien nach McCall normalisiert, da ihre Häufigkeitsverteilung Abweichungen von der Normalverteilung aufwiesen. Die neuen Werte wurden schließlich als z-Werte (Mittelwert=0; Standardabweichung=1) weiterverarbeitet.

6.1.4.4 Die Identifikation der Zielgruppe

Die Zielgruppe sollte etwa 150 Kinder umfassen. Entsprechend unserer theoretischen Vorentscheidung, das Konstrukt „Hochbegabung" als allgemeine (intellektuelle) Begabung im Sinne des Generalfaktormodells der Intelligenz (Spearman 1904; 1927) zu definieren, wurde folgendes Vorgehen zur Identifikation gewählt:

Der erste unrotierte Faktor einer Hauptkomponentenanalyse (PCA, Hotelling 1933) über die drei Testverfahren bildete den Hauptindex unseres Kriteriumkonstrukts „Hochbegabung" („g"-Wert). Die Varianzaufklärung des ersten unrotierten Faktors (Eigenwert=1.84) beträgt 61.3%. Die Ladungen der Variablen auf dem Faktor liegen für den CFT bei a=0.83, für den ZVT bei a=0.70 und für die Sprachlichen Analogien bei a=0.81.

Neben der Auswahl von 120 Kindern nach der Höhe ihres Faktorwertes (Auswahl der Kerngruppe nach „g"), sollten weitere 30 Kinder mit sogenannten Testspitzen in einem der drei Verfahren in die Zielgruppe mit aufgenommen werden. Die konkreten Schritte zur Auswahl der Kinder der Zielgruppe verliefen folgendermaßen (siehe auch Rost 1989, Forschungsbericht Nr.2, Band I).

(a) Reduktion der Gesamtstichprobe um die Kinder, die in einem der vier z-standardisierten Indizes (CFT, ZVT, Sprachl. Analogien, „g"-Wert) einen z-Wert kleiner als Null aufweisen, d.h. unterdurchschnittliche Leistungen erbringen;

(b) Auswahl der *Kernguppe* nach „g": Aus der Rangreihe in „g" werden die 120 besten Schüler ausgewählt. Der niedrigste z-Wert dieser Gruppe beträgt z=2.02;

(c) Erweiterung der Kerngruppe um 30 Kinder, die in einem der drei Verfahren extrem gute Leistungen aufweisen aber noch unter (b) fehlten. Hierbei wurden jeweils die Testwerte der Kinder überprüft, die nach der ausgewählten Kerngruppe die nächst höheren „g"-Werte besaßen.

Die weiteren Auswahlkriterien für Kinder mit sogenannten „*Testspitzen*" lauten folgendermaßen:

(d) in einem der drei Verfahren (CFT, ZVT, Sprachliche Analogien) extrem gute Leistungen (mindestens z=2.0);

(e) in einem der anderen beiden Verfahren mindestens einen z-Wert von z>1.0);

(f) im dritten Verfahren mindestens einen z-Wert von z>0.50[21] .

Hierdurch erweiterte sich die Kerngruppe um 13 „Testspitzen“ aus dem CFT, sieben „Testspitzen“ aus den Sprachliche Analogien und 11 „Testspitzen“ aus dem ZVT. Insgesamt wurden so 151 Kinder (entspricht 2.15% der Gesamtstichprobe) als „Zielgruppe besonders begabter Grundschüler“ (ZG) identifiziert.

6.1.4.5 Die Erstellung der Vergleichsgruppe

Die Auswahl der Kinder der Vergleichsgruppe (VG) unterlag folgenden Kriterien:

(a) dieselbe Schulklasse wie besonders begabtes Kind;

(b) gleiches Geschlecht wie besonders begabtes Kind;

(c) „g“-Wert zwischen z>-1.00 bzw. z<1.00, wobei Fälle mit der geringsten Differenz des „g“-Wertes vom Mittelwert M=0 bevorzugt werden sollten;

(d) in den anderen drei Testverfahren z-Werte zwischen z -1.50 bzw. z<1.50;[22]

(e) vergleichbarer sozioökonomischer familiärer Hintergrund.

Um letzteres zu gewährleisten, baten wir die Klassenlehrer, dem Zielgruppenkind aus einer Gruppe von zumeist zwei oder drei gleichgeschlechtlichen Vergleichsgruppenkinder, auf die die Bedingungen (c) und (d) zutrafen, mit Hilfe einer vierstufigen Berufskategorisierung als Hinweis auf den sozioökonomischen Status des

---

21 Auf ein Kind trifft diese Bedingung nicht zu: sein ZVT-Wert beträgt lediglich z=0.27. Wegen seines hohen „g“-Wertes (z=1.95) und der guten Leistungen im CFT (z=1.62) bzw. den Sprachlichen Analogien (z=2.33) wurde es dennoch in die Untersuchungsstichprobe mit aufgenommen.

22 Fünf Kinder erfüllten dieses Kriterium nicht, d.h. zwei Kinder hatten einen CFT z-Wert und drei Kinder einen ZVT z-Wert z<-1.50. Da sie jedoch die anderen Kriterien erfüllten und es in diesen Klassen schwierig war, ein angemessenes Kontrollkind zu finden, wurden sie dennoch in die Vergleichsgruppe mit aufgenommen.

Elternhauses ein passendes Vergleichskind zuzuordnen. Hierbei war folgendermaßen vorzugehen: Zunächst sollte das Zielkind einer der vier Kategorien zugeordnet werden (I: Akademiker, selbständige Unternehmer usw.; II: Fachingenieure, gehobene und mittlere Beamte, selbständiger Mittelstand, Angestellte im mittleren Dienst usw.; III: Facharbeiter, Handwerker mit Gesellenprüfung, Angestellte im einfachen Dienst usw.; IV: Hilfsarbeiter, angelernte Arbeiter usw.), dann das am besten und das am zweitbesten passende Vergleichskind benannt werden. Ziel dieses aufwendigen Verfahrens[23] war es, den Einfluß des sozioökonomischen Hintergrundes für Ziel- und Vergleichsgruppe zu kontrollieren. Dies erschien notwendig, da für hochbegabte Kinder allgemein ein höherer sozioökonomischer Hintergrund berichtet wird (vgl. Abschnitt 4.3.2) und eine angemessene Vergleichsgruppe einer soweit wie möglich vergleichbaren sozioökonomischen Schicht angehören sollte.

6.1.5 Beschreibung von Ziel- und Vergleichsgruppe

Aus verschiedenen Gründen (kein passendes Vergleichskind in der Schulklasse, Absage des Vergleichskindes, unvollständige Unterlagen in der zweiten Untersuchungsphase usw.) war es nicht immer möglich, für die Auswertung der zweiten Untersuchungsphase zu den 151 Zielkindern ein entsprechendes Vergleichskind zu finden. Die für eine umfangreiche Befragung in den Familien (s.u.) insgesamt sehr niedrige Absagequote von unter 6% ist das Resultat der intensiven und aufwendigen schriftlichen und telefonischen Information von Lehrern, Eltern und gegebenfalls auch der teilnehmenden Kinder durch die Projektmitarbeiter. Die folgenden Tabellen beziehen sich jeweils auf die Daten unserer Endstichprobe der zweiten Untersuchungsphase mit insgesamt 151 Ziel- und 136 Vergleichskindern.

6.1.5.1 Verteilung der Geschlechter

Die Zielgruppe der besonders begabten Kinder enthält 65 Mädchen und 86 Jungen, die Vergleichsgruppe 58 Mädchen und 78 Jungen. Sowohl in der Ziel- als auch in der Vergleichsgruppe sind die Jungen mit jeweils 57%, wie auch schon in der Ausgangsstichprobe (52% Jungen, 48% Mädchen; vgl. Abschnitt 6.1.4.1), leicht überrepräsentiert.

---

[23] Das Anschreiben an die Klassenlehrer und die Unterlagen zur Zuordnung von Vergleichskindern zu Zielkind sind abgedruckt im Forschungsbericht Nr.2, Band II (Rost & Dörner 1989).

6.1.5.2 Verteilung in den Intelligenzvariablen

Die Abbildungen 6.1 bis 6.4 zeigen die Verteilungen von Ziel- und Vergleichsgruppe in den Intelligenzvariablen („g"-Wert, CFT, ZVT und Sprachliche Analogien; ZG vs. VG jeweils p<0.001). Die hohe Differenz der jeweiligen Mittelwerte (vgl. genauer Tabelle 1.1 im Anhang B) belegt deutlich, daß die beabsichtigte Trennung in besonders Begabte und durchschnittlich Begabte sehr gut gelungen ist. Besonders bezüglich des „g"-Wertes, aufgrund dessen immerhin 120 der 151 Zielgruppenkinder ausgewählt wurden, fällt auf, daß sich beide Verteilungen nicht überschneiden.

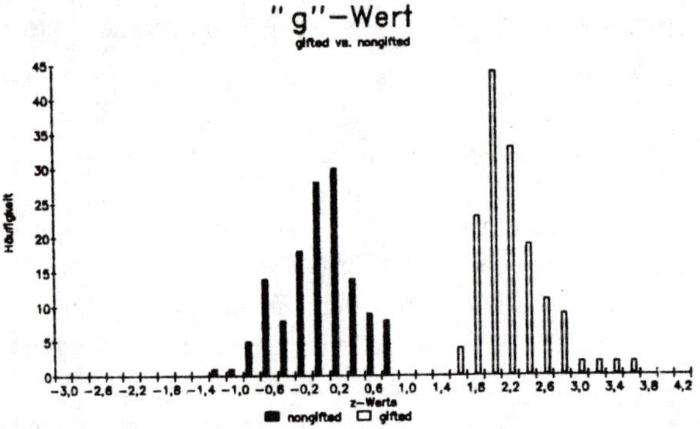

Abb. 6.1 Häufigkeitsverteilung von Ziel- und Vergleichsgruppe im „g"-Wert

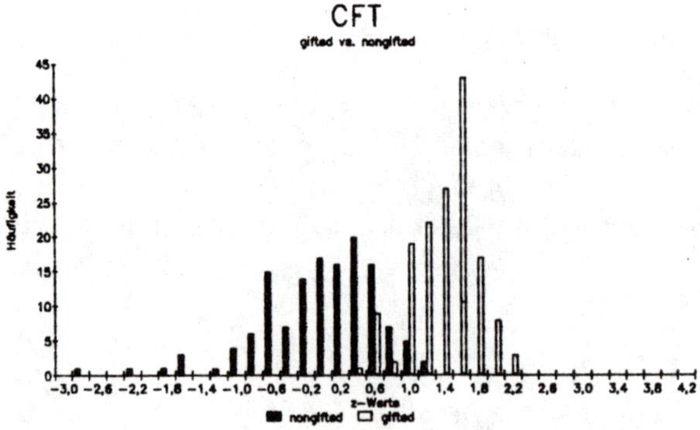

Abb. 6.2 Häufigkeitsverteilung von Ziel- und Vergleichsgruppe im CFT-Wert

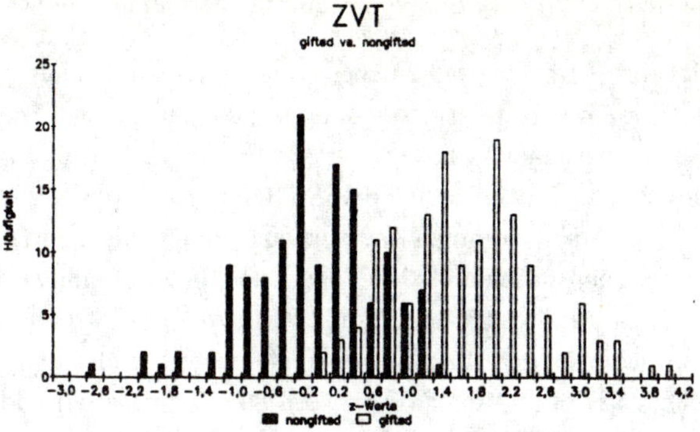

Abb. 6.3 Häufigkeitsverteilung von Ziel- und Vergleichsgruppe im ZVT

Sowohl in der Ziel- als auch in der Vergleichsgruppe lassen sich Geschlechterunterschiede für den ZVT nachweisen (vgl. auch die Tabellen 1.2 bzw. 1.3 im Anhang B). In beiden Gruppen erzielten die Mädchen höhere Werte ($Mädchen_{ZG}$: M=1.95 S=0.71; $Jungen_{ZG}$: M=1.62 S=0.88; $Mädchen_{VG}$: M=0.23 S=0.61; $Jungen_{VG}$: M=-0.06 S=0.80). Die Effektstärken liegen jedoch im unteren Bereich (ES_{ZG}=0.42, ES_{VG}=0.24; zur Berechnung vgl. Cohen 1977, 44). In der Zielgruppe findet sich ein weiteres signifikantes Ergebnis für die Sprachlichen Analogien. Hier erreichten die Jungen höhere Werte ($Mädchen_{ZG}$: M=1.71 S=0.51; $Jungen_{ZG}$: M=1.90 S=0.60). Der Effekt ist aber ebenfalls nur wenig bedeutsam (ES_{ZG}=0.34).

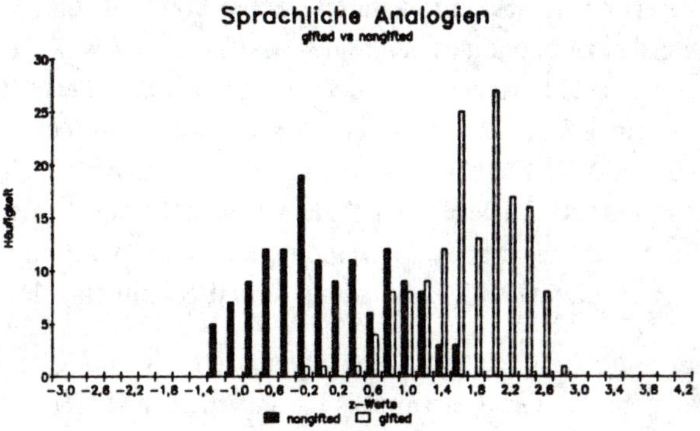

Abb. 6.4 Häufigkeitsverteilung von Ziel- und Vergleichsgruppe in den Sprachlichen Analogien

6.1.5.3 Sozioökonomischer Hintergrund von Ziel- und Vergleichsgruppe

Zur Überprüfung der mit Hilfe der Klassenlehrer versuchten Angleichung von Ziel- und Vergleichskind hinsichtlich des sozioökonomischen familiären Hintergrundes wurde in der zweiten Untersuchungsphase (s.u.) den Eltern ein Verfahren zur Erhebung des bildungsrelevanten Sozialstatus (BRSS; Bauer 1972) vorgegeben. Beim BRSS handelt es sich um einen Kombinationswert aus den jeweils mehrfach gestuften Variablen „Schulbildungsabschluß" von Vater und Mutter (Punktwerte jeweils von 1 bis 20), „Berufstätigkeit" des Vaters (Punktwerte von 2 bis 30) und der spezifischen Familienform (vollständige Familie, unvollständige Familie und quasivollständige Familie, d.h. Vater oder Mutter verwitwet). Die Zuordnung der Punktwerte zur Berufstätigkeit und zum Schulbildungsabschluß (Gewichtung) wurde „unter dem Aspekt der Relevanz für das Bildungsverhalten" (Bauer 1972, 2) vorgenommen. Dies hat den Vorteil, daß der zunächst berechnete Schichtindex als Intervallskala auffaßbar ist. Diesem werden schließlich sechs Statuskategorien (BRSS) zugeordnet: Oberschicht (1); Obere Mittelschicht (2); Mittlere Mittelschicht (3); Untere Mittelschicht (4); Obere Unterschicht (5); Untere Unterschicht (6). Die Kategorien der Schulbildungsabschlüsse mit den zugehörigen Punktwerten lauten: kein Schulabschluß (1); Volksschule (2); Berufsschule (4); Berufsfachschule (z.B. Handelsschule), Fachschule (z.B. Techniker- oder Meisterschule (8); Mittlere Reife, Real- oder Mittelschulabschluß (9); höhere Fach- oder Ingenieurschule (12); Abitur (14); Lehrerexamen (ohne abgeschlossene wissenschaftliche Hochschulbildung) (16); Diplom oder Staatsexamen (18); Doktorgrad oder Habilitation (20).

Wie aus Tabelle 6.2 ersichtlich, ist eine Parallelisierung von Ziel- und Vergleichsgruppe hinsichtlich des sozioökonomischen Status des Elternhauses nicht gelungen. In der Kategorie „Oberschicht" finden sich mehr Zielgruppenfamilien (ZG: 37.0%, VG: 24.3%), in den beiden Unterschichtskategorien dagegen mehr Vergleichsgruppenfamilien (ZG: 13.3%, VG: 27.2%). Die Verteilungen unterscheiden sich hochsignifikant (chi^2_5=23.8; p<0.001). Diese mangelnde Vergleichbarkeit beider Gruppen ist vor allem eine Folge der besseren Schulausbildung der Väter der Zielgruppe (vgl. genauer Abschnitt 7.1.2), die in den Kombinationswert BRSS mit eingeht.

Bei der Interpretation der Ergebnisse aus der zweiten Untersuchungsphase ist die Nichtvergleichbarkeit beider Gruppen im BRSS angemessen zu berücksichtigen (siehe auch Abschnitt 6.4).

Tabelle 6.2: Bildungsrelevanter sozialer Status (BRSS) der Familien der Ziel- und Vergleichsgruppe

KATEGORIEN	ZIELGRUPPE	VERGLEICHSGRUPPE
1 - Oberschicht	56 (37.1%)	33 (24.3%)
2 - Obere Mittelschicht	25 (16.5%)	7 (9.2%)
3 - Mittlere Mittelschicht	25 (16.5%)	37 (27.2%)
4 - Untere Mittelschicht	23 (15.2%)	21 (15.4%)
5 - Obere Unterschicht	16 (10.6%)	25 (18.4%)
6 - Untere Unterschicht	4 (2.7%)	12 (8.8%)
nicht zu ermitteln	2 (1.3%)	1 (0.7%)
SUMME	151 (100%)	136 (100%)

6.2 Zweite Untersuchungsphase: Vergleich von Ziel- und Kontrollgruppe

6.2.1 Organisatorisches

Nach der Festlegung der Zielgruppe teilten wir den Klassenlehrern der Zielgruppenkinder mit, daß Kinder ihrer Klasse an der Hauptuntersuchung teilnehmen werden. Der Name des Zielkindes und die Namen von bis zu fünf möglichen Kontrollkindern wurden ihnen schriftlich mitgeteilt mit der Bitte, zwei Kontrollkinder herauszusuchen, die nach ihrem Wissen einen dem Zielkind möglichst ähnlichen sozioökonomischen Status hatten (vgl. 6.1.4.5). Die Namen der Eltern, die Adressen und die Telefonnummern sollten uns in einem vorbereiteten Rückschreiben zugeschickt werden. Da wir die Lehrer ausführlich über unser Vorhaben unterichtet hatten, gelang es mit nur wenigen telefonischen Rückfragen, sie zur Mitarbeit zu motivieren. Die Eltern von Zielkind und dem am besten passenden Kontrollkind wurden daraufhin von uns umfangreich über die Hauptuntersuchung informiert. Anstelle der Begriffe „hochbegabtes“ bzw. „besonders begabtes Kind“ verwendeten wir in den Lehrerbriefen die Termini „Zielkind“ und „Vergleichskind“. Ziel der Untersuchung sei es, „die kognitive Fähigkeit dieser Kinder mit ihren Interessen, Einstellungen, Hobbys und ihrer Lernumwelt in Beziehung zu setzen“ (Rost & Dörner 1989, Projektbericht Nr.2, Band II). Im Elternbrief hieß es lediglich, das Kind sei aus „inhaltlichen und statistisch-repräsentativen Gründen“ (ebd.) in die zweite Untersuchungsphase mit aufgenommen worden. Mögliche negative Auswirkungen des Labels „hochbegabt“ (vgl. etwa Cornell 1983) sollten so vermieden werden.

6.2.2 Testinstrumente der Vergleichsphase im Überblick

Der Forschungsansatz einer Lebensweltanalyse erfordert neben einer individuenzentrierten Entwicklungs- und Persönlichkeitsdiagnostik (psychosoziales und kognitives Entwicklungsniveau, Motivation, Persönlichkeit, Einstellungen und Interessen) auch eine Diagnostik der Beziehungen des Kindes zu seinen Bezugspersonen (Eltern, Geschwister, Peers, Lehrer) innerhalb spezifischer „materieller“ und „sozialer“ Umwelten (sozialer Status, Anzahl der Geschwister etc.). Das im Projekt zusammengestellte Untersuchungsmaterial, das teils allgemein verwendete Testinstrumente, teils im Projekt entwickelte bzw. für die spezifische Fragestellung adaptierte Verfahren umfaßte, soll der Vollständigkeit nur kurz aufgezählt werden, auch wenn es für die Fragestellung der vorliegenden Arbeit nicht weiter von Bedeutung ist. Eine ausführliche Beschreibung der Testinstrumente der zweiten Untersuchungsphase mit den entsprechenden Literaturhinweisen findet sich im Forschungsbericht Nr.2, Band I und II (Rost 1989; Rost & Dörner 1989).

Erhebungsinstrumente „Kind“.

- Persönlichkeitsfragebogen für Kinder (PFK 9-14) von Seitz & Rausche (1976)
- Zahlen-Verbindungs-Test (ZVT) von Oswald & Roth (1987)
- „Attributionskiste“ zur Erfassung bereichsspezifischer Attributionstendenzen und attributiven Wissens (ATTK); projektinterne Entwicklung
- Fragebogen zur Erfassung schulspezifischer Kompetenz-, Ursachen- und Kontrollerwartungen (SEUK); projektinterne Entwicklung
- Sozialfragebogen für Schüler (SFS 4-6) von Petillon (1984)
- Piers-Harris Selbstkonzept Skala (PHSKS) von Piers & Harris (1969)
- Familienbeziehungstest (FRT) von Bene & Anthony (1978); siehe ausführlich Abschnitt 6.2.3.
- Matching-Familiar-Figures-Test (MFFT) von Kagan, Rosman, Day, Albert & Phillips (1964)
- Freundschaftsfragebogen (FFB) von Bierman & McCauley (1987)
- Bild malen
- Differentieller Interessentest (DIT-K) von Todt (1987)

Erhebungsinstrumente „Eltern“.

- Elterninterview (IN-E); projektinterne Entwicklung
- Erziehungszielfragebogen (EZZF) von Grüneisen & Hoff (1980)

- Persönlichkeitsbeurteilung des Kindes (PBK-E) von Göttert & Asendorpf (1989)

- Elternfragebogen (EF); projektinterne Entwicklung

- Temperamentfragebogen für die mittlere Kindheit (MCTQ) von Hegvik, Mc-Devitt & Carey (1982)

- Familienstruktur-Fragebogen (FACES III) von Olson, Portner & Lavee (1985), siehe ausführlich Abschnitt 6.2.4.

- Selbstkonzeptfragebogen (SKF) von Mummendey, Riemann & Schiebel (1983)

- Fragebogen zur Akzeptanz von Fördermaßnahmen für besonders begabte Kinder (FAF-E), projektinterne Entwicklung

- Erfassung des bildungsrelevanten sozialen Status (BRSS) von Bauer (1982), siehe auch Abschnitt 6.1.5.3.

Erhebungsinstrumente „Lehrer“.

- Lehrerinterview (IN-L), projektinterne Entwicklung

- Persönlichkeitsbeurteilung des Kindes durch die Lehrkraft (PBK-L) von Göttert & Asendorpf (1989)

- Temperamentfragebogen für Lehrer (TTQ) von Keogh, Pullis & Cadwell (1982)

- Fragebogen zur Akzeptanz von Fördermaßnhmen (FAF-L), projektinterne Entwicklung

- Angaben zu Schulleistungen (Zeugnisnoten) und zur sportlichen Leistungsfähigkeit

6.2.3 Familiendiagnostik auf der Beziehungsebene: Der Familienbeziehungstest (FBT)

Zur Operationalisierung des familiären Beziehungsgeschehens aus der Sicht des Kindes wurde ein projektiv orientiertes Testverfahren verwendet, welches ermöglicht, die positiven und negativen Gefühle, die ein Kind für seine Familienmitglieder empfindet und von denen es annimmt, sie würden ihm entgegengebracht, in einer standardisierten Spielsituation zu erfassen. Es handelt sich um den „Family Relations Test“ (FBT)[24] von Bene & Anthony (1957, revidierte Fassung 1978), der von Flämig & Wörner 1977 ins Deutsche übersetzt und an Kindern von sechs bis 11 Jahren standardisiert wurde. Die folgende, ausführliche Darstellung des seltener verwendeten Tests trägt den spezifischen Auswertungsschwierigkeiten Rechnung, die selbst in neueren Veröffentlichungen bei der Verwendung des FBT nicht ausreichend gesehen wurden (vgl. Beelmann & Schmidt-Denter 1991).

Der Familienbeziehungstest (FBT) von Bene & Anthony (1957, revidierte Fassung 1978) ermöglicht es, emotionale Bindungen, die ein Kind in seiner Familie erlebt, objektiv meßbar und damit vergleichbar zu machen. Der Anwendungsschwerpunkt des FBT liegt sicher im Bereich der Einzelfalldiagnostik. Nach Ansicht der Autoren ist der FBT gleichermaßen geeignet, im Rahmen der Erforschung der emotionalen Entwicklung von Kindern in ihrem familiären Umfeld im Sinne eines Forschungsinstruments der Datenerhebung zu dienen. Im folgenden soll zunächst der Aufbau des Tests und seine Durchführung kurz erläutert werden. Hinweise auf die von uns vorgenommenen Abweichungen vom ursprünglichen Testkonzept und Bemerkungen zur Testauswertung und zu den Gütekriterien schließen sich an.

6.2.3.1 Beschreibung des FBT

Testaufbau und Testdurchführung. Der Test wird als Familienspiel eingeführt (vgl. die standardisierte Instruktion im Anhang A.1). Das Kind wählt zu Beginn aus 13[25] Pappfiguren diejenigen Figuren aus, die seinen Familienmitgliedern am ähnlichsten sind. Eine weitere Pappfigur, die Figur des Herrn Niemand, die dem Betrachter den Rücken zudreht, wird vom Testleiter zu den vom Kind gewählten Figuren hinzugestellt. An den Pappfiguren sind kleine Schachteln befestigt, in die das Kind die Antwortkarten werfen kann. Dem Kind werden nacheinander verschiedene Karten (Items) vorgelesen, die emotionale Beziehungen in Form von Aussagen wie „Die

---

[24] Die zunächst sinnvoll erscheinende Abkürzung „FRT“ wird vermieden, um Verwechslungen mit dem wesenlich bekannteren „Figure Reasoning Test“ (Daniels 1971) auszuschließen.

[25] In der Originalfassung enthält der Test 20 verschiedene Figuren. Wir wählten unsere Figuren so aus, daß das Kind aus drei Vaterfiguren, drei Mutterfiguren und - neben dem Herrn Niemand und einem Baby - aus jeweils zwei älteren, gleichaltrigen und jüngeren Geschwistern unterschiedlichen Geschlechts seine Familie zusammenstellen konnte. Bei den Mutter- und Vaterfiguren war jeweils eine Figur so gezeichnet, daß sie auch als Opa oder Oma wählbar schien.

Person der Familie mag ich sehr gern" beschreiben. Das Kind soll jede Karte jeweils demjenigen Familienmitglied zuordnen, zu dem sie seiner Meinung nach am besten paßt. Kann die Karte keiner Person der Familie zugeordnet werden, so bekommt sie der „Herr Niemand". Die Items lassen sich folgendermaßen klassifizieren:

(a) nach der *Richtung* der Gefühle (ausgehend vs. zukommend)

(b) nach der *Qualität* der Gefühle (positiv vs. negativ).[26]

Item-Beispiele:
A-POS (ausgehend-positiv): „Mit dieser Person bin ich sehr gerne zusammen."
Z-POS (zukommend-positiv): „Diese Person spielt gern mit mir."
A-NEG (ausgehend-negativ): „Manchmal würde ich gern Dinge tun, nur um diese Person zu ärgern."
Z-NEG (zukommend-negativ): „Diese Person nörgelt manchmal an mir herum."

Abweichungen von der Originalversion. Der FBT wurde für unsere Untersuchung anhand verfügbarer Itemstatistiken aus der Marburger Längsschnittstudie zu Schwangerschaftsverlauf und Kindesentwicklung (Schuld 1988) gegenüber dem Original gekürzt und in einzelnen Itemformulierungen leicht verändert. Die Skalen „mütterliche und väterliche Überbehütung" und die Skala „mütterliche Überverwöhnung" wurden aufgrund geringer Reliabilitäten (vgl. auch Kauffmann, Weaver & Weaver 1972) und unklarer Validität nicht berücksichtigt. Betrachtet man den FBT als einen Versuch, die im Erleben des Kindes repräsentierten Familienbeziehungen in bezug auf sich selbst abzubilden, so fallen die drei zuletzt genannten Skalen aus diesem Testkonzept heraus. Bei einem Item wie „Mutter macht sich Sorgen, daß dieser Person in der Familie etwas Schlimmes zustoßen könnte" wird nicht mehr nur nach der positiven oder negativen Beziehung des Kindes zu seinen Familienmitgliedern gefragt. Hier muß das Kind auch über die Beziehung zwischen Mutter/Vater und sich selbst oder anderen Personen urteilen, etwa daß die Mutter sich vor allem um die Geschwister Sorgen macht. Die Ergebnisse der Marburger Studie zeigen zudem, daß die Überbehütungs- und Überverwöhnungsitems hauptsächlich dem Herrn Niemand zugeordnet werden, gefolgt von der Zuordnung dieser Items zur eigenen Person. Die Möglichkeit der Itemvergabe an die eigene Person sollte in unserer Vorgabe des FBT jedoch unterbleiben, da dies bei der Mehrzahl der Items inhaltlich keinen Sinn ergibt (vgl. die Itembeispiele weiter oben).

---

[26] Die von den Autoren der Originalversion zusätzlich vorgeschlagene Klassifikation nach der Intensität der Gefühle (stark vs. schwach) wird in unserer Auswertung nicht vorgenommen.

Testauswertung. Die Auswertung des FBT besteht darin, daß für jedes Familienmitglied ausgezählt wird, wieviele Karten es in der jeweiligen Kategorie bekommen hat. Insgesamt können in unserer gekürzten Testversion 44 Karten[27] verteilt werden. Die eine Hälfte enthält positive zukommende wie positive ausgehende Beziehungsaussagen, die andere Hälfte entsprechend negative Beziehungsaussagen (eine Liste der Items befindet sich im Anhang A.1).

Der Zuordnung hinsichtlich der Qualität der Gefühle (Kategorie POS bzw. NEG) kommt inhaltlich die größte Bedeutung zu, da sie Zuneigung und Ablehnung direkt beschreibt. Die Gesamtzahl der Items pro Familienmitglied, aufaddiert über alle vier Kategorien/Skalen, gilt als Maß für die psychologische Wichtigkeit - oder besser - für die emotionale Bindung („involvement") des Kindes mit dem jeweiligen Familienmitglied (vgl. Flämig & Wörner 1977).

Gütekriterien. Nach Bene & Anthony (1978, 44) ergeben sich für den Vater, die Mutter und das erstgenannte Geschwister bezüglich der Kategorien „positive" bzw. „negative Gefühle" (ausgehend und zukommend) Reliabiliätskoeffizienten von r_{tt}=0.68 bis r_{tt}0.90 (split-half, korrigiert). Kauffmann, Weaver & Weaver (1972) untersuchten die Retestreliabilität nach drei Wochen an 46 leseschwachen Kindern verschiedenen Alters. Für die Mutter, den Vater, das älteste Geschwister und den Herrn Niemand ergaben sich bezüglich der Kategorien „positive" bzw. „negative Gefühle" und die Gesamtzahl der Zuordnungen Retestreliabilitäten von r_{tt}=0.59 bis r_{tt}=0.87. Die statistische Analyse der Daten von 214 zehnjährigen Kindern aus der Marburger Längsschnittstudie zu Schwangerschaftsverlauf und Kindesentwicklung von Ehlers & Merz (vgl. Schuld 1988) erbrachte Homogenitätskoeffizienten (Cronbach alpha) für die bereits oben erwähnten Kategorien von $\propto$=0.79 bis $\propto$=0.92. All diese Angaben können allerdings nur erste Hinweise auf die Zuverlässigkeit des FBT geben, da durch die veränderte Vorgabeform neue Reliabilitätsbestimmungen notwendig werden.

Zur Bestimmung der diskriminanten Validität des FBT konnten in der Studie von Philipp & Orr (1978) signifikante Unterschiede in der Zuordnung negativ zukommender Items vom Herrn Niemand zwischen einer Gruppe stationär/ambulanter Patienten einer psychiatrischen Klinik und einer Kontrollgruppe gefunden werden. Die neun bis 13jährigen Jungen der Kontrollgruppe erlebten im Vergleich zu gleichaltrigen Jungen mit verschiedensten emotionalen Problemen und Verhaltens- und Lernstörungen eine stärkere emotionale Ablehnung durch den Herrn Niemand, d.h. mit

---

[27] Die Originalfassung enthält 100 Items, wobei 18 Items die Überbehütungs- und Überverwöhnungsskalen bilden.

anderen Worten, daß die beiden klinischen Gruppen diese negativen Beziehungen stärker im Rahmen ihrer Familie erleben (KG: M_{Ni}=5.5, S=3.6 - VG_1: M_{Ni}=3.7, S=2.1 - VG_2: M_{Ni}=3.4, S=2.1; F=3.37, df=2,57, p<.05). Ein weiteres signifikantes Ergebnis betraf die Beziehung zum Vater. Hier unterschied sich die Gruppe der stationär aufgenommenen Jungen signifikant von der Kontrollgruppe, wobei letztere dem Vater mehr positive Beziehungen entgegenbrachte (KG: M_{Va}=5.1, S=2.5 - VG_1: M_{Va}=2.1, S=2.3; F=8.19, df=2,57, p<.01) und auch angab, mehr positive Gefühle vom Vater zu erhalten (KG: M_{Va}=4.6, S=1.7 - VG_1: M_{Va}=2.6, S=2.4; F=4.72, df=2,57, p<.05).

Im Rahmen einer Konstruktvalidierung wurden in der Studie von Ehlers & Merz (vgl. Schuld 1988) Zusammenhänge der FBT-Werte u.a. mit der Intelligenz des Kindes, dem sozioökonomischen Status der Familie und der Familiengröße (Einzelkind vs. Kind mit Geschwistern) untersucht. Es zeigte sich u.a., daß bei Kindern mit höherem Entwicklungsstand Mutter und Vater tendenziell weniger positive Items zugeordnet werden und statt dessen der Herr Niemand mehr zukommende positive Items erhielt. Das Problemverhalten des Kindes (Kontaktangst, unangepaßtes Sozialverhalten) stand in deutlichem Zusammenhang mit negativen Gefühlen des Kindes für sein nächstälteres bzw. nächstjüngeres Geschwister.

Flämig & Wörner (1977) haben an einer Stichprobe von 486 sechs bis elfjährigen Kindern Normen für die zusammengefaßten positiven, die zusammengefaßten negativen und für den Gesamtwert berechnet. Es zeigten sich sowohl alters- als auch geschlechtsbedingte Unterschiede. So wird die Gesamtzahl der Zuordnungen zur Mutter bei Jungen mit steigendem Alter geringer. Der Vater erhält mit zunehmendem Alter der Kinder von beiden Geschlechtern weniger Items, ebenso die Geschwister. Ältere Kinder ordnen Herrn Niemand mehr als doppelt soviele Items zu wie jüngere Kinder.

Im Rahmen der Hochbegabtenforschung wurde der FBT von Grobel (1990) eingesetzt. Diese Arbeit ist bereits im Kapitel 4.3.1.2 ausführlich beschrieben und kritisiert worden. Die von ihr gefundenen Unterschiede in der Familiendynamik hoch und durchschnittlich intelligenter Kindern können aufgrund der mangelhaften Anlage und Auswertung ihrer Studie (vgl. ebd.) allerdings kaum weiterführende Hinweise zur Validierung des FBT leisten.

6.2.3.2 Problematische Aspekte des Familienbeziehungstests

Ipsative Meßwerte. Bei den Meßwerten des FBT handelt es sich um ipsative Messungen, d.h. es werden Aussagen darüber gemacht, welche Beziehungen individuell als positiv bzw. negativ in Relation zu anderen Beziehungen der eigenen Familie und nicht im Vergleich zu anderen Familien oder zu einer Außennorm wahrgenommen werden. Ein Punktwert von „3" auf der Skala „Ausgehende positive Gefühle - Mutter" bei zwei verschiedenen Kindern muß hierbei nicht Gleiches bedeuten. Je nach „internem" Bezugsmaßstab kann der Punktwert eine starke oder schwache positive Beziehung zur Mutter abbilden. Ein Vergleich der Meßwerte unterschiedlicher Personen oder gar Personengruppen, d.h. die Untersuchung interindividueller Differenzen, ist bei diesem Aufgabentypus strenggenommen nicht möglich (vgl. Cattell 1944)[28] . Trotz dieser methodischen (und inhaltlichen) Einschränkung soll der FBT zur Überprüfung von Gruppenunterschieden eingesetzt werden. Das Problem ipsativer Meßwerte ist für die beabsichtigte Fragestellung nach der Beziehungswahrnehmung innerhalb der eigenen Familie u.E. prinzipiell unlösbar, sofern eine gruppenstatistische Auswertung vorgenommen werden soll und man es nicht bei Einzelfallanalysen belassen will. Zudem werden auch andere Tests mit ipsativen Meßwerten (etwa der „Picture Frustration Test" von Rauchfleisch 1979) mit Erfolg auch für Gruppenvergleiche angewendet.

Mehrfachvergabe von Antwortkarten. In der Originalvorgabe des FBT von Bene & Anthony (1978) war es dem Kind ausdrücklich erlaubt, ein bzw. mehrere Item(s) mehrfach zu vergeben. Für den Fall, daß das Kind sich zwischen mehreren Familienmitgliedern hinsichtlich der Zuordnung einer Aussage nicht entscheiden konnte, sollte es die Karte dem Versuchsleiter zurückgeben, der die Mehrfachvergabe auf dem Auswertungsblatt notierte. Auch in der deutschen Übersetzung des FBT durch Flämig & Wörner (1977) ist die Mehrfachvergabe bei gesonderter Notierung möglich. Zum Problem, inwieweit eine Mehrfachvergabe bei der Auswertung, d.h. bei der Aufsummierung der Anzahl der Karten pro Kategorie und Person, berücksichtigt wird, finden sich sowohl in der Originalversion als auch in der deutschen Adaptation keinerlei Angaben.

Die Möglichkeit zur Mehrfachvergabe einzelner Items führt jedoch zu schwerwiegenden statistischen Problemen, auf die schon Kauffman & Ball (1973) hingewiesen haben. Bei Verteilung eines Items an mehr als eine Person können die einzelnen Zuordnungen pro Familienmitglied und Kategorie nicht mehr als unabhängige, sich gegenseitig ausschließende Ereignisse betrachtet werden. Die Gesamtskala (Summe der positiven und negativen Zuordnungen) bzw. die das mehrfach vergebene Item enthaltende Subskala wird für den Fall einer Zusammenfassung der Einzelpersonen

---

28 Bei einem Vergleich der Persönlichkeitsbeurteilung durch Q-Sort- und Ratingverfahren konnte Block (1957) jedoch zeigen, daß ipsative und normative Messung zu vergleichbaren Ergebnissen führten (vgl. auch die jüngere Diskussion bei Marceil 1977).

zu Kategorien wie „Eltern“, „Geschwister“ oder „Gesamtfamilie“ durch Mehrfachvergaben künstlich verlängert. Hierdurch verringert sich die statistisch definierte Itemschwierigkeit. Die Verwendung der üblichen statistischen Tests ist bei von Fall zu Fall unterschiedlichen Item- und Skalencharakteristika aber nicht mehr zulässig. Kauffman & Ball (1973) schlagen deshalb vor, per Instruktion nur Einmalvergaben zuzulassen. In ihrer Replik (Bene 1973) auf die Kritik von Kauffman & Ball (1973) verteidigt Bene die Möglichkeit der Vergabe eines Items an mehrere Familienmitglieder mit dem Argument, daß eine „forced-choice-Instruktion“ das Kind zu einer Entscheidung dränge, was zu einer „falschen“ Abbildung der wahrgenommenen Familienbeziehungen führen könne. Bei erlaubter Mehrfachvergabe sei die Zuordnung zu nur einer Person zudem als eine explizite Entscheidung gegen die anderen Personen zu werten. Bei einer „forced-choice-Instruktion“ sei dagegen nicht eindeutig, wie bedeutsam die Entscheidung gegen die anderen Personen ausgefallen ist. Um die Unabhängigkeit der Zuordnungen zu gewährleisten, schlägt Bene eine Erweiterung der Zuordnungsmöglichkeiten auf alle möglichen Kombinationen der Einzelpersonen vor. Die Marburger Längsschnittstudie hat diesen Vorschlag aufgenommen und zusätzlich zu den Zuordnungen zu einzelnen Personen die Kombinationen „Eltern gemeinsam“, „Kinder gemeinsam“ und „Gesamtfamilie“ eingeführt.

Das Problem einer Veränderung der statistischen Kennwerte von Items und Skalen durch Mehrfachvergaben scheint auf den ersten Blick aufgehoben zu sein, wenn die Zuordnungen zu einzelnen Personen untersucht werden sollen. Einer Person kann ein Item immer nur einmal zugeteilt werden, d.h. die bei Gruppenvergleichen zu betrachtenden Skalen sind dementsprechend gleich lang und jede Zuordnung ist zunächst gleichwahrscheinlich. Die Möglichkeit zur Mehrfachvergabe bereitet aber auch im Falle der Betrachtung der wahrgenommenen Beziehung zu einzelnen Familienmitgliedern inhaltliche Schwierigkeiten. Ein Kind, das aus welchen Gründen auch von der Mehrfachvergabe ausgiebig Gebrauch macht und im Extremfall z.B. alle positiven Items sowohl der Mutter als auch dem Vater zuordnet, erscheint im Vergleich zu einem Kind, das sich bei der Verteilung der Karten immer entweder für den Vater oder für die Mutter entscheidet, nach den Auswertungskriterien des FBT im Vergleich zu letzterem eine positivere Beziehung zum Vater bzw. zur Mutter wahrzunehmen. Dieser Aussage liegt u.E. aber eine Fehlinterpretation zugrunde. Denn auch das zweite Kind kann eine ebenso intensive positive Beziehung zu Mutter und Vater wahrnehmen, sich aber relativ zu seiner ohnehin positiven Beziehung zum Vater (zur Mutter) für die Zuordnung zur Mutter (zum Vater) entscheiden. Die Anzahl der vergebenen Karten als Indiz für die quantitativ zu bestimmende Intensität der Beziehung zu werten erscheint somit problematisch. Das Problem der ipsativen Messung bleibt auch bei Zulassung von Mehrfachvergaben bestehen, es sei denn, jede Zuordnungsmöglichkeit wird für *jede* Person der Familie im Sinne einer „Ja-Nein“-Entscheidung vorgenommen. Die Entscheidung für oder gegen die Zuteilung zu einer Person (oder einer Kombinationskategorie wie „Eltern") wird ansonsten immer in bezug auf die wahrgenommene Beziehung zum Rest der Familie getroffen. Die Frage danach, wieso sich Kinder für Mehrfachvergaben entscheiden, ist sicherlich interessant. Läßt man aber explizit Zuordnungen zu mehr als einer Person zu, so sind die Gruppen der Kinder mit und ohne Mehrfachvergaben nicht mehr miteinander vergleichbar. In unserer Untersuchung sollen durch die gegenüber dem Original veränderte Instruktion Mehrfachvergaben soweit wie möglich ausgeschlossen werden. Kann sich ein Kind trotz Nachfrage („Überleg doch noch mal: Für wen paßt es besser?") nicht zwischen zwei oder mehreren Figuren entscheiden, so wird dies auf dem Auswertungsblatt gesondert vermerkt. Für die Fälle mit Mehrfachzuordnungen soll überprüft werden, ob Zusammenhänge mit anderen Variablen („Begabung", „Geschlecht") vorliegen.

Abhängigkeit der Testergebnisse von der Familiengröße. Die Wahrscheinlichkeit, daß eine Person der Familie eines der 44 Items erhält, ist abhängig von der Anzahl der Zuordnungsmöglichkeiten, mit anderen Worten von der Größe der Familie. Hat eine Vpn viele Geschwister, so ergibt sich notwendig ein anderes internes Beziehungsmodell ihrer Familie mit anderen Verteilungsmöglichkeiten als wenn die Vpn etwa ein Einzelkind ist. Dies zeigen die Ergebnisse von Beelmann & Schmidt-Denter (1991), die sechs bis elfjährigen Kindern aus Trennungsfamilien den FBT vorlegten. Die 14 Einzelkinder ordneten im Vergleich zu den 20 Kindern mit Geschwistern dem Herrn Niemand in höherem Ausmaß negative Beziehungsaussagen zu. Die Autoren interpretieren dies als „Verdrängungsbereitschaft" negativer Familienbeziehungen bei Einzelkinder, während Geschwisterkinder eher dazu neigten, „Gefühle von Mißbilligung, Abneigung und Feindseligkeit innerhalb ihrer Familie zuzulassen" (ebd., S.186). Hier handelt es sich u.E. jedoch um eine zu weitgehende Interpretation, denn als Alternativerklärung bietet sich ebenso an, daß spezifische negative Beziehungsaussagen des FBT wie „sich streiten beim Spiel" oder „sich gegenseitig hänseln" (vgl. die Itemformulierungen im Anhang A.1) auf die Geschwisterbeziehung zugeschnitten sind und eher nicht mit den Eltern erlebt werden können, d.h. mit anderen Worten vom Einzelkind dann dem Herrn Niemand zugeteilt werden müssen.[29] Gruppenvergleiche bezüglich der Anzahl der Zuordnungen zu

---

[29] Beelmann & Schmidt-Denter (1991) versuchen, mögliche Besonderheiten des kindlichen Erlebens sozial-emotionaler Beziehungen in Trennungsfamilien über einen Vergleich der Häufigkeitsunterschiede im Auftreten extremer Testwerte ($>Q_3$) zwischen der Stichprobe und den Daten der deutschen Eichpopulation (Flämig & Wörner 1977) zu ermitteln. Hierbei bleibt unklar, wie die Autoren auf den Vergleichswert von konstant 25% Zuordnungen zu allen Familienmitgliedern der Eichstichprobe kommen. Selbstverständlich liegen auch in der Vergleichs-

einzelnen Familienmitgliedern in den verschiedenen Skalen sollten daher nur innerhalb von Gruppen gleicher Familiengröße vorgenommen werden (vgl. Lockwood & Frost 1973; Philipp & Orr 1978). Gleiches gilt für die Item- und Skalenanalysen. Auch hier ist anzunehmen, daß die Familiengröße auf die Kennwerte Einfluß nimmt. Will man dagegen die Zuordnung zur Gesamtfamilie versus einer nicht zur Familie gehörenden Person (Herr Niemand) in verschiedenen Gruppen prüfen, so erscheint es zulässig, den Faktor „Familiengröße" zu vernachlässigen. Dem liegt die (zunächst ungeprüfte) Annahme zugrunde, daß zwar die Verteilung an positiven und negativen Gefühlen auf die Familienmitglieder entsprechend der Familiengröße unterschiedlich ausfällt, daß aber das Insgesamt an Familienbeziehung hiervon unbeeinflußt bleibt. Zur Kontrolle soll dennoch geprüft werden, ob auch die Zuordnung der Items zur Gesamtfamilie für Kinder mit und ohne Geschwister unterschiedlich ausfällt.

6.2.3.3 Zur Verwendung des Familienbeziehungstests in unserer Studie

Ziel der Vorgabe des FBT ist es, die Familienbeziehungen unserer Ziel- und Vergleichsgruppe aus der Kindperspektive zu erheben und auf mögliche Unterschiede hin zu prüfen. Die Betonung auf die *vom Kind* wahrgenommene Familiendynamik folgt den Ergebnissen einiger Studien, die zeigen konnten, daß für verschiedene Kriterien kindlicher Anpassungsleistungen die Zusammenhänge zu Dimensionen der Eltern-Kind Beziehung größer waren, wenn man die Kinder und nicht die Eltern nach ihren Beziehungen zueinander befragte (Ausubel, Balthazar, Rosenthal, Blackman, Schpoont & Welkowitz 1954; Serot & Teevan 1961). Daß die Beurteilung der Familienbeziehungen aus der Sicht der Eltern und Kinder unterschiedlich ausfällt, so in der Studie von Kauffman, Hallahan & Ball (1975), wo es den Eltern nur z.T. gelang, die Antworten ihrer Kinder im FBT vorherzusagen, zeigt noch einmal deutlich das Problem einer diagnostischen Kategorie „Familie". Familiendiagnostik unter Einbeziehung der Familienmitglieder (und nicht durch Beurteilung Dritter) ist immer „nur" Ermittlung des jeweils *individuellen* familienspezifischen internen Erfahrungsmodells der Familie.

Für eine Verwendung des FBT sprach zudem, daß inmitten der Vielzahl von „Papier und Bleistift Tests" (vgl. Abb. 6.6) das „Familienspiel" eine Auflockerung der Untersuchungssituation ermöglichte.

---

gruppe über dem Q_3-Wert jeweils 25% der Fälle, dies genau besagt ja die Quartileinteilung. Ein Vergleich muß dagegen hinsichtlich der konkreten Testwerte am oberen Ende der Verteilung vorgenommen werden.

Zu Beginn der statistischen Auswertung soll zunächst überprüft werden, inwiefern die Ergebnisse des FBT durch die Familiengröße und das Geschlecht des Kindes beeinflußt werden. Im Anschluß an die Item- und Skalenanalysen (Reliabilität) des gegenüber dem Original erheblich gekürzten Tests wird mittels multivariater Varianzanalysen überprüft, ob Kinder mit hoher bzw. durchschnittlicher allgemeiner Intelligenz eine unterschiedliche Wahrnehmung ihrer Familienbeziehungen besitzen.

6.2.4 Familiendiagnostik auf der Systemebene: Das Circumplex-Modell und die FACES-Skalen

Bisher gibt es nur wenige Fragebogenverfahren, die es ermöglichen, über die Familie als Ganzes, d.h. über sogenannte *System*eigenschaften der Familie, Aussagen zu machen (zur Problematik dieser „Ganzheitsdiagnostik" siehe Abschnitt 2.3; einen Überblick über verschiedene deutschsprachige Verfahren liefert Cierpka 1988). Zur Überprüfung von Unterschieden auf der Ebene des Familiensystems zwischen Familien mit einem hoch- bzw. durchschnittlich testintelligenten Kind verwendeten wir im Rahmen des Marburger Hochbegabtenprojekts die „Family Adaptability and Cohesion Evaluation Scales" (FACES) von Olson, Portner & Lavee (1985), eine Operationalisierung des ebenfalls von Olson entwickelten „Circumplex Model of Marital and Family Systems".

6.2.4.1 Zur Einführung: Das Circumplex-Modell und die FACES

Am Beginn der Entwicklung des Circumplex-Modells standen zum einen die Unzufriedenheit mit einer Vielzahl mehr oder weniger aufeinander bezogenen familiendynamischen Begriffe und Konzepte und zum anderen die Hoffnung, mit einem ökonomischen Modell die beiden bisher getrennten Bereiche Familientheorie und -therapie stärker miteinander zu verbinden. Den Ausgangspunkt der Modellentwicklung bildete die inhaltliche Untersuchung („conceptual clustering") von über 50 verschiedenen, die Familiendynamik kennzeichnenden Begriffe, als deren Ergebnis Olson, Sprenkle & Russell (1979) eine Reduzierung auf nur noch zwei, ihrer Ansicht nach allerdings grundlegende Dimensionen vorschlagen:

(a) *Kohäsion* beschreibt das Ausmaß an emotionaler Bindung der Familienmitglieder untereinander.

(b) *Adaptabilität* meint die Fähigkeit des Familiensystems, seine Macht- bzw. Rollenstruktur und die Art und Weise des Umgangs miteinander den situativen und entwicklungsbedingten Gegebenheiten immer wieder neu anpassen zu können.

Die beiden Dimensionen „Kohäsion" und „Adaptabilität" sind jeweils vierfach gestuft konzeptualisiert: Kohäsion erstreckt sich von „losgelöst" (disengaged) über „getrennt" (separated) und „verbunden" (connected) zu „verstrickt" (enmeshed), Adaptabilität reicht von „rigide" (rigid) über „strukturiert" (structured) und „flexibel" (flexible) zu „chaotisch" (chaotic). Die orthogonale Anordnung der beiden Dimensionen im Circumplex-Modell (siehe Abb. 6.5) ermöglicht die Klassifikation von maximal 16 (=4x4) unterschiedlichen Familientypen. Eine weniger differenzierte Einteilung (3-D Modell; vgl. Abb. 6.5) unterscheidet den Extremtyp („extrem"; sowohl Kohäsion als auch Adaptabilität im Extrembereich), den Typ des mittleren Bereichs („midrange") und den „ausgeglichenen" Familientyp („balanced"; beide Dimensionen im Modellzentrum).

Obwohl es sich beim Circumplex-Modell um ein typologisches und insofern statisches Modell handelt, lassen sich dennoch Veränderungen der Familiendynamik im Verlauf der familiären Entwicklung abbilden. Olson, McCubbin, Barnes, Larsen, Muxen & Wilson (1983) konnten in einer Studie mit über 1000 Paaren und Familien zeigen, daß Familien, die sich in verschiedenen Abschnitten des Familienzyklus befanden, auch in verschiedenen Bereichen des Circumplex-Modells einzuordnen waren. Familien mit Jugendlichen etwa, d.h. Familien in Umbruchsitutionen, fanden sich überzufällig im Mittelbereich („midrange") des Modells.

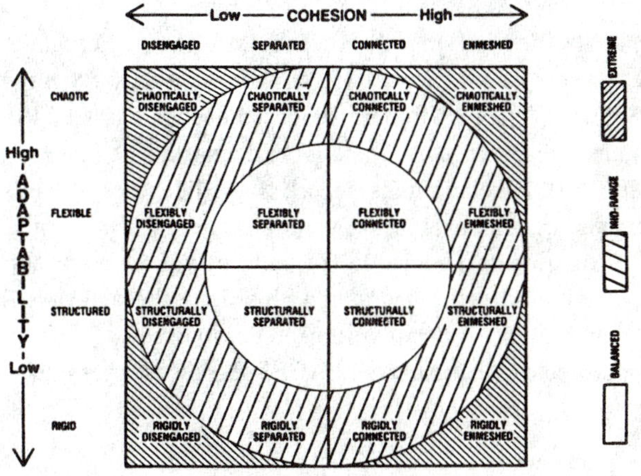

Abb. 6.5 Das „Circumplex-Model of Marital and Family Systems" (Olson 1986, 339)

Die Fähigkeit zur Kommunikation der Familienmitglieder untereinander ermöglicht erst eine „Bewegung“ des Familiensystems auf den beiden Achsen des Modells. Kommunikation als Grundbedingung aller familiären Entwicklung wird später als dritte Kategorie zusätzlich eingeführt (Olson, Russell & Sprenkle 1983), allerdings nicht graphisch im Modell dargestellt:

(c) *Kommunikation* ist Grundbedingung aller familiärer Entwicklung („faciliates movement on the two other dimensions“, (Olson, Russell & Sprenkle 1983, 74).

Olson et al. (1979) postulierten zunächst einen kurvilinearen Zusammenhang zwischen den Dimensionen „Kohäsion“ und „Adaptabilität“ einerseits und einer optimalen Entwicklungs- und Leistungsfähigkeit des Familiensystems andererseits. Ein mittleres Maß an familiärem Zusammenhalt (Kohäsion) und Veränderungsfähigkeit (Adaptabilität) biete ausreichenden emotionalen Rückhalt und genügend Freiraum zum angemessenen Umgang mit individuellen, familiären und situationalen Anforderungen. Aufgrund theoretischer Kritik und einem Mangel an zufriedenstellenden empirischen Belegen (s.u.) wird die Kurvilinearitätshypothese in einer jüngeren Publikation (Olson 1991) jedoch weitgehend zurückgenommen.

Zur Operationalisierung und empirischen Validierung ihres Modells entwickelten Olson und seine Forschungsgruppe ab 1979 u.a. die FACES-Skalen, ein Selbstberichtsverfahren zur Familienbeurteilung durch die einzelnen Familienmitglieder. Als bisheriger Endpunkt einer teststatistischen und auch konzeptionellen Verbesserung wurde 1985 die FACES III mit nur noch 20 Items vorgestellt. Eine in ihrem Antwortformat veränderte Fassung, die FACES IV, ist in Vorbereitung (Olson 1991).

Das Circumplex-Modell ist vielfach beschrieben worden (Forman & Hagan 1984; Bloom 1985; Skinner 1987; Cierpka 1988; Thomas 1988; v. Schlippe 1985; 1986; Schlippe & Schweitzer 1988; Brunner 1986; Schneewind 1987b; 1991) und gilt als „das zur Zeit am meisten angewandte familiendiagnostische Fragebogeninstrument“ (Cierpka 1988, 162). Da eine umfassende Beschreibung des Modells bzw. der einzelnen Entwicklungsschritte seiner Operationalisierung und Validierung bereits vorliegt (vgl. insbesondere Thomas 1988), soll im folgenden nur auf einige problematische Aspekte hinsichtlich Theorie und Empirie des Olson-Modells eingegangen werden. In einem dritten Abschnitt wird dann der in unserer Studie verwendete Fragebogen, eine deutsche Adaptation der FACES III, kurz vorgestellt.

6.2.4.2 Problematische Aspekte des Olson-Modells

Individualwert oder Familienwert? Ein Hauptgesichtspunkt des Circumplex-Modells war von Beginn an die Idee, „to describe more directly and clearly group properities of families rather than only dyadic properities or individual characteristics“ (Olson et al. 1979, 16). Eigenschaften der Gesamtfamilie sollten benannt werden, um so mit Hilfe des typologischen Modells funktionale und dysfunktionale Familiensysteme unterscheiden zu können.

Die „Familie“, d.h. genaugenommen eine zunächst sprachliche Kategorie für eine Personengruppe, die gemeinhin aus mindestens drei Personen (Mutter, Vater, Kind) besteht, wird hier in Analogie zur Systemtheorie wie eine kybernetische Maschine betrachtet, über deren „Funktionalität“ Aussagen gemacht werden können. Im Gegensatz zur „von außen“ vorgenommenen Beschreibung der „Systemeigenschaften“ einer Maschine sollen im Rahmen der Familiendiagnostik nach Olson jedoch einzelne Teile des Systems (die Familienmitglieder) „von innen“ Aussagen über das Gesamtsystem vornehmen.

Das zunächst theoretische Problem einer u.E. unzulässigen Substantialisierung des Familiensystems (vgl. Abschnitt 2.3) spiegelt sich in den praktischen Schwierigkeiten bei der Bildung eines Familienwertes wider. Denn entsprechend der jeweils anderen Perspektive beschreiben die Familienmitglieder ihre Familie sehr unterschiedlich. Wie bedeutsam diese subjektive Sicht auf die Gesamtfamilie ausfällt, zeigen die z.T. sehr niedrigen Übereinstimmungen der einzelnen Familienmitgliedern bezüglich der Beurteilung ihrer Familie auf den beiden Dimensionen des Circumplex-Modells. Eine höhere Übereinstimmung fand sich für die Dimension „Kohäsion“. Bei 370 Familien lagen die Korrelationen für die FACES III Subskala um r=0.40 (Vater/Mutter bzw. Vater/Jugendlicher r=0.44; Mutter/Jugendlicher r=0.38). Hinsichtlich der Frage nach der Anpassungs- bzw. Veränderungsfähigkeit ihrer Familie zeigten sich größere Beurteilungsunterschiede. Die Korrelation zwischen den Eltern betrug r=0.25, zwischen Vater und Jugendlichem lag sie noch bei r=0.21 und zwischen Mutter und Jugendlichem erreichte sie nur noch einen Wert von r=0.13 (vgl. Olson et al. 1985, 25). Der Mangel an Wahrnehmungskongruenz der Familienmitglieder untereinander, wenn es um die Einschätzung ihres Familiensystems geht, ist nach Olson kein Zeichen für die mangelnde Validität des Meßinstruments, sondern zeige die Notwendigkeit, möglichst Daten aller Familienmitglieder zur Einschätzung der Funktionalität des Familiensystems heranzuziehen. Die geringe Beurteilungsübereinstimmung bei self-report Meßinstrumenten sei zudem ein konsistenter Fund in der Familienforschung (Olson, Russell & Sprenkle 1983; Olson 1985; vgl. auch Feldman, Wentzel & Gehring 1989).

Das Ineinandergreifen methodischer (Validität und Reliabilität der Skalen) und theoretischer (unterschiedliche Perspektiven der Beurteiler) Probleme wird u.E. von Olson nicht ausreichend diskutiert. Nur so wird verständlich, wie unbefangen er die Bildung von Paar- bzw. Familienwerten vorschlägt: Für den Fall, daß die Familienmitglieder ähnlich urteilen, erscheint Olson die Berechnung eines Familienmittelwertes angemessen. Mit Hilfe der Normen der FACES III kann dann eine Einordnung des Familiensystems in das Circumplex-Modell vorgenommen werden. Bei größeren Beurteilungsunterschieden sollte nach Olson zusätzlich ein „Family Discrepancy Score" berechnet werden. Die relativ aufwendige mathematische Rechenoperation (Berechnung aller möglichen Differenzwerte zwischen den einzelnen Familienmitgliedern mit anschließender Durchschnittsdifferenzbildung) suggeriert eine inhaltliche Exaktheit, die u.E. keineswegs gegeben ist. Einmal abgesehen von der Frage, ob man mit Selbstberichtsdaten verschiedener Personen in dieser Weise „verrechnend" verfahren sollte, erscheint uns der Vorteil eines solchen „Familiendifferenzwertes" nicht schlüssig, da u.U. bedeutsame familiendynamische Konstellationen zwischen einzelnen Familienmitgliedern nicht erkennbar werden. Ähnliche Kritik gilt einem weiteren, von Olson vorgeschlagenen Familienkennwert, der „Family Distance From Center (FDC-F)". Hier wird die Differenz des jeweiligen Subskalenfamilienmittelwertes zum Zentrum des Circumplex-Modells anhand der Normwerte ermittelt. Bezüglich der Höhe der Abweichung gibt Olson Grenzwerte an, die eine Zuordnung der Familie in die Bereiche „Balanced", „Midrange" oder „Extreme" möglich macht, ohne allerdings auf die „Richtung" der Abweichung Rücksicht nehmen zu können. Da es sich beim FDC-F nach Olson um einen linearen Wert handelt, sind z.B. auch korrelationsstatistische Analysen möglich, was die Häufigkeit der Anwendung dieses Wertes in der Literatur erklärt.

Das Dilemma zwischen der Forderung, Familiendiagnose als Familien*system*diagnose zu verstehen, d.h. über „Systemeigenschaften" der Familie Aussagen treffen zu wollen, und der nicht zu ändernden Ausgangssituation, daß hier *Individuen* über „Fähigkeiten" ihrer Familie mehr oder weniger übereinstimmende Urteile abgeben, bleibt bestehen. In unserer Auswertung wird infolgedessen auf die Berechnung von „Familienwerten" verzichtet und vielmehr der jeweils eigenen Familienperspektive von Mutter bzw. Vater Bedeutung zugemessen.

Linearität oder Kurvilinearität? Einer der Hauptkritikpunkte am Circumplex-Modell betraf stets die Kurvilinearitätshypothese:

> „Couples/families with balanced (two central levels) cohesion and adaptability will generally function more adequately than those at the extremes of these dimensions" (Olson, Sprenkle & Russell 1979, 20).

In Übereinstimmung mit systemtheoretischen Überlegungen sollte sowohl ein „Zuviel" als auch ein „Zuwenig" an Flexibilität und Zusammenhalt die Anpassungsfähigkeit eines Systems auf Umwelt- oder Systemveränderungen erschweren. Verschiedene klinische Studien (vgl. Rodick, Henggeler & Hanson 1986) lieferten Belege für die diskriminante Validität der FACES zur Unterscheidung von Problemfamilien und Familien ohne besondere Auffälligkeiten im Sinne der *Kurvilinearitätshypothese*: Problemfamilien fanden sich überzufällig in den Extrembereichen des Circumplex-Modells, Kontrollfamilien dagegen häufiger in der Zentralregion des Modells. Für nicht klinische Stichproben postuliert Olson (1986) allerdings eine *lineare* Beziehung zwischen den FACES-Werten und der Familienfunktionalität. Diese Relativierung der Kurvilinearitätshypothese auf spezifische Untersuchungsgruppen folgt den Ergebnissen einer die gesamte USA umfassenden Studie mit über 1000 Familien ohne besondere Auffälligkeiten (Olson, McCubbin, Barnes, Larsen, Muxen & Wilson 1983). Hier zeigten sich eindeutig lineare Zusammenhänge zwischen FACES und verschiedenen Meßwerten zur Familienfunktionalität (family stress, family ressources, family coping, family satisfaction). Als Konsequenz dieses Ergebnisses fordert Olson (1986), daß eine angemessene Modellüberprüfung, insbesondere die Überprüfung der Kurvilinearitätshypothese, nur an einer ausreichend heterogenen, d.h. auch klinisch auffällige Familien beinhaltenden Stichprobe durchgeführt werden kann.

Beavers & Voeller (1983), deren zeitgleich entwickeltes Familienmodell („Beavers Systems Modell") ebenfalls als zentrale Konstrukte Kohäsion und Adaptabilität enthält, kritisierten die kurvilineare Hypothese für die Dimension Adaptabilität. Ihrer Auffassung nach ist schon in der Ausgangsdefinition durch Olson et al. (1979) Adaptabilität im Sinne von „Kompetenz zur Veränderung" angesprochen. Dort heißt es: Adaptabilität ist „the ability of a marital/family system to change its power structure, role relationships, and relationship rules in response to situational and developmental stress" (Olson et al. 1979, 12). Je stärker diese „Wandlungsfähigkeit" ausgebildet ist, umso besser sollte nach Beavers & Voeller das Familiensystem seine Entwicklungsaufgaben meistern können. Olson, Russell & Sprenkle (1983) blieben dennoch bei ihrer ursprünglichen Auffassung. Die aus der Systemtheorie stammende Vorstellung einer notwendigen Ausbalancierung zwischen morphogenetischen (systemverän- dernden) und morphostatischen (systemerhaltenden) Kräften führe zur Kurvilinearitätshypothese. Die lineare Konzeption des Beavers Modells gehe dagegen von einem Systementwicklungsgedanken aus, wo sich das System vom Zustand der absoluten Ruhe (Zustand der Entropie) immer stärker ausdifferenziert (Zustand der Negentropie). Da die Operationalisierung der Dimension „Adaptabilität" in beiden Modellen weitgehend übereinstimmt, könne nur eine empirische Testung die Frage der Angemessenheit der einen oder anderen Konzeption entscheiden.

Ein solcher Modellvergleich bei 157 Familien aus einem Familientherapieprojekt (Green, Kolevzon & Vosler 1985), die sowohl die FACES-Skalen als auch eine vergleichbare Skala zur Einschätzung der Familienkompetenz nach dem Beavers Systems Modell beantworteten, erbrachte überraschenderweise so gut wie keine Übereinstimmung. Familienmitglieder, die ihre Familie nach dem Circumplex-Modell als „balanced" eingestuft hatten, zeigten keineswegs auch die höchsten Werte im Bereich der Familienkompetenz, wie nach den Vorhersagen beider Modelle zu erwarten gewesen wäre. Lediglich für die Dimension „Kohäsion" hatten Familien mit nur wenig Zusammenhalt („disengaged") vorhersagegemäß auch die niedrigsten Kompetenzwerte, wobei Väter und Mütter aus „verstrickten" Familien („enmeshed") wider Erwarten sogar höhere Familienkompetenzwerte aufwiesen.

Beavers, Hampson & Hulgus (1985) konnten in ihrer Studie an 256 College Studenten weitere Belege gegen die Kurvilinearitätshypothese anführen. Zwischen der Subskala „Health" des Self-Report-Inventory (SFI), einer weiteren Operationalisierung des Beavers Systems Modells, und den FACES-Skalen ergaben sich bedeutsame *lineare* Zusammenhänge (Kohäsion: r=0.82; Adaptabilität: r=0.64).

Die Unterscheidung zwischen Annahmen/Hypothesen auf der Ebene eines Theoriemodells einerseits und der Operationalisierung eines Modells etwa mittels Fragebogenverfahren andererseits macht es möglich, bezüglich der FACES-Skalen an eine möglicherweise unangemessene Operationalisierung eines durchaus plausiblen theoretischen Modells zu denken. Zwei Arbeiten sehen die Probleme durch das Antwortformat der FACES-Skalen (unipolares Likertformat) mitbedingt. Nach Pratt & Hansen (1987) kann womöglich nur ein bipolares Antwortmuster die Kurvilinearitätshypothese des Circumplex-Modells abtesten. In ihrer Untersuchung baten sie 60 Personen (Familientherapeuten und Studenten) die FACES II, die FACES III und ein bipolar konstruiertes Item aus der SFI (Independence) jeweils zweimal auszufüllen. Einmal sollte es sich um eine gestörte Familie und einmal um eine gut funktionierende Familie handeln. Die Ergebnisse zeigen, daß lediglich für die FACES II bei der Vorstellung einer „gesunden" Familie die Vorhersagen zutrafen, d.h. die fiktiv zu beurteilenden Familien in die „balanced" Region des Modells fielen. Die „gestörten" Familien sind durch die Beurteiler nahezu einstimmig in die Kategorie „disengaged" (Kohäsion) bzw. „rigid" (Adaptabilität) gesteckt worden, d.h. eine Zuordnung in *beide* Extremregionen war nicht erfolgt. Interessanterweise war es aber möglich, mit nur einem einzigen, allerdings bipolar konstruierten Item die Kurvilinearitätshypothese des Circumplex-Modells dennoch zu stützen. Hier urteilten die Befragten in der Weise, daß die gestörten Familien entweder zu viel oder zuwenig „Independence" aufwiesen. Die Autoren meinen abschließend, „that the problems evident with the FACES II and III instruments may not be attributable to the underlying theory of family functioning, but rather, may be a function of the measurement of the constructs“ (ebd., 391). Auch für Kuehl, Schumm, Russell & Jurich (1988) legt u.U. schon das Antwortformat der FACES-Skalen eine lineare Interpretation durch die Beantworter nahe. Als Beispiel dient ihnen das Item „We feel very close to each other“ mit der Skalierung von „almost never“ (1) zu „almost always“ (5), das nach dem Motto „Je mehr desto besser“ aufgefaßt werden könnte. In ihrer Studie wurden die FACES II Antworten von jeweils über 100 Männern und Frauen einigen FACES Items mit modifiziertem Antwortformat gegenübergestellt. Bei diesen Items waren die Antwortkategorien so verändert worden, daß die Extremkategorien auch eindeutig als solche zu identifizieren waren. Es stellte sich heraus, daß Personen mit Extremwerten im Originalitem beim modifizierten, bipolar konstruierten Item im Mittelbereich lagen. Weitere vielversprechende Versuche mit bipolarem Antwortmodus (vgl. Perosa & Perosa 1990) veranlaßten Olson (1991), dies bei der Entwicklung der FACES IV zu berücksichtigen.

Eine neuere Validitätsstudie zur FACES III von Green, Harris, Forte & Robinson (1991a; 1991b) versucht erstmals an einer ausreichend großen und heterogenen Stichprobe (2440 Männer, 1780 Frauen) eine Klärung der bislang widersprüchlichen Ergebnisse bezüglich der Kurvilinearitätshypothese. Vier Gründe machen sie hierfür verantwortlich. So sind die einzelnen Validierungsstudien z.T. nicht vergleichbar, da unterschiedliche Operationalisierungen (FACES bis FACES III) verwandt wurden. Hampson, Beavers und Hulgus (1988) konnten belegen, daß die Korrelationen der FACES II und der FACES III mit einem dritten Meßverfahren zur Bestimmung der „Funktionalität“ des Familiensystems jeweils unterschiedlich ausfielen, d.h. beide Operationalisierungen des Circumplex-Modells offensichtlich Verschiedenes messen. Weiter unterscheiden sich die Studien schon oft dadurch, daß einmal Werte einzelner Familienmitglieder, ein andermal Durchschnittswerte von Paaren oder der Gesamtfamilie in die Auswertung eingehen. Ebenso unterschiedlich fällt je nach Studie die weitere Datenverarbeitung aus. Es finden sich u.a. Korrelationsanalysen mit FACES Rohwerten (von den Testautoren nicht vorgesehen!), Verwendung von transformierten Werten zur Ermöglichung linearer Analysetechniken oder lediglich Verfahren für Nominaldaten. Neben zu kleinen und homogenen Untersuchungsgruppen, die das Auffinden kurvilinearer Beziehungen unmöglich machen, ist nach Green et al. (1991a) ein weiteres Problem des Untersuchungsdesigns bisher nicht berücksichtigt worden. Ein typologischer Vergleich von „balanced“, „midrange“ und „extreme“ Familien hinsichtlich ihrer „Funktionalität“ verschleiere u.U. bedeutsame Differenzen innerhalb dieser Dreierkategorisierung. Vielmehr sei es nötig zu fragen, ob z.B. Familien aus jeder der vier Extremkategorien niedrigere Werte aufweisen als Familien, die den acht mittleren Kategorien zuzuordnen wären, und diese wiederum niedrigere Werte als Familien aus dem Zentralbereich des Circumplex-Modells erhalten. Die Ergebnisse fallen so aus, daß Olson für die FACES III letztlich doch eine lineare Auswertung vorschlägt: („In summary, future studies with

FACES III should assume it is a linear measure with high scores representing Balanced types and low scores representing Extreme types" (Olson 1991, 75). Beim Vergleich von „balanced", „midrange" und „extreme" Familien, d.h. bei Verwendung des 3-D Circumplex-Modells (im Unterschied zum differenzierteren 4x4 Modell) zeigte zwar vorhersagegemäß die erste Gruppe im Vergleich zur zweiten und entsprechend die zweite Gruppe zur dritten jeweils höhere Zufriedenheitswerte. Innerhalb der Dreiertypologie gab es jedoch wider Erwarten signifikante Unterschiede, wobei interessanterweise die Zellen auf der rechten Seite des Circumplex-Modells, d.h. Zellen mit höheren Kohäsionswerten unabhängig von der Ausprägung der Adaptabilitätswerte höhere Zufriedenheitswerte aufwiesen. Ein Vergleich der Rangordnung der 16 Familientypen nach den beiden Zufriedenheitswerten machte es nochmals deutlich: je stärker die Variable Kohäsion ausgeprägt ist, desto zufriedener beurteilen sich die Männer und Frauen. Ein Zusammenhang zwischen der Variable Adaptabilität und den beiden Zufriedenheitsmaßen bestand dagegen nicht. Während die, allerdings lineare Verwendung der Skala Kohäsion gerechtfertigt erscheint, bleibt nach wie vor unklar, was die Skala „Adaptabilität" der FACES III inhaltlich mißt. Insbesondere der Gebrauch von Kombinationswerten (DFC, vgl. 6.2.4.2) sollte nach den Ergebnissen dieser Studie eingestellt werden.

6.2.4.3 Zur Verwendung der FACES III in unserer Studie

Die 20 Items der FACES III (Olson, Portner & Lavee 1985) wurden projektintern zunächst ins Deutsche übersetzt. Bei sieben Items konnte auf die Übersetzung der FACES II durch von Schlippe (1985) zurückgegriffen werden, dessen Instruktion zum „Familienfragebogen" ebenfalls übernommen wurde.[30] Im Rahmen der Familienuntersuchung beantworten Väter und Mütter jeweils getrennt den Fragebogen.

Zu Beginn der statistischen Auswertung soll zunächst die Faktorenstruktur der FACES III an unserer Stichprobe überprüft werden. Im Anschluß an die Skalenanalysen (Verteilungskennwerte, Reliabilitäten) wird mittels multivariater Analysen der Frage nachgegangen, ob sich Mütter und Väter hochintelligenter Kinder in der Einschätzung ihres Familiensystems von Müttern und Vätern durchschnittlich intelligenter Kinder unterscheiden. Da das ursprüngliche Kurvilinearitätskonzept durch Olson (1991) fallengelassen wurde (s.o.), können für die angestrebten statistischen Analysen untransformierte Skalensummenwerte verwendet werden. Auf die Bildung

---

[30] Anhang A.2 enthält den Wortlaut der Originalitems und unsere Übersetzung. Der in unserer Untersuchung verwendete Fragebogen findet sich im ebenfalls im Anhang A.2.

eines Familienwertes wird aus oben genannten Gründen verzichtet, d.h. die Angaben von Vätern und Müttern werden jeweils getrennt betrachtet. Es soll lediglich überprüft werden, ob in Abhängigkeit von der Begabungsgruppe die Übereinstimmungen zwischen väterlicher und mütterlicher Beurteilung des Familiensystems variieren.

6.2.5 Zum Ablauf der Untersuchung in den Familien

Mit den Familien wurde telefonisch ein Termin für die Untersuchung vereinbart, die an zwei möglichst aufeinanderfolgenden Nachmittagen stattfinden sollte. Die Aufteilung war notwendig geworden, um die Kinder mit dem umfangreichen Untersuchungsmaterial nicht unnötig zu belasten. Bis auf einige Familien der Vergleichsgruppe erklärten sich alle Familien mit unseren Besuchen einverstanden. Die Projektmitarbeiter erhielten zudem uneingeschränkt in allen Familien die schriftliche Einverständniserklärung zur vorgesehenen Lehrerbefragung.

Vor Beginn der eigentlichen Untersuchung mußte darauf geachtet werden, daß das Kind die Unterlagen in Ruhe und ohne Störung etwa von seiten der Geschwister oder auch der Eltern durchführen konnte. Dem Argument, daß es sich hierbei für das Kind um konzentrierte Arbeit handelt, konnte man sich - trotz erheblicher Neugierde - nicht verschließen. Wenn beide Elternteile anwesend waren, wurden sie explizit darauf hingewiesen, daß sie die Fragebögen mit Vater- bzw. Mutterversion auch wirklich unabhängig voneinander ausfüllen sollten. Ein im nachhinein Vergleichen war schließlich immer möglich. War nur die Mutter anwesend, was den Normalfall darstellte, so wurden ihre ausgefüllten Fragebögen nach dem ersten Termin mitgenommen, die Bögen für den Vater jedoch zum Ausfüllen dagelassen. Alle Fragebögen, mit Ausnahme des umfangreichen Elternfragebogens, der von einigen Familien nachgeschickt werden mußte, sind in der Familie ausgefüllt worden, was den Vorteil hatte, daß mögliche Nachfragen sofort beantwortet werden konnten.

6.3 Zusammenfassender Überblick über den Untersuchungsablauf

Abbildung 6.6 zeigt noch einmal in einer Übersicht die verschiedenen Abschnitte der Datenerhebung.

An einer unselegierten Stichprobe von über 7000 Drittklässler aus verschiedenen Bundesländern wurden u.a. verschiedene Intelligenztestwerte (CFT-20, ZVT, Sprachliche Analogien) erhoben. Nach Herausnahme einiger „Problemklassen" konnten in der *Identifikationsphase* insgesamt 151 Zielkinder, zum einen mit höchsten Werten in einem gewichteten Faktorwert („g"-Wert) aus den drei Intelligenz-

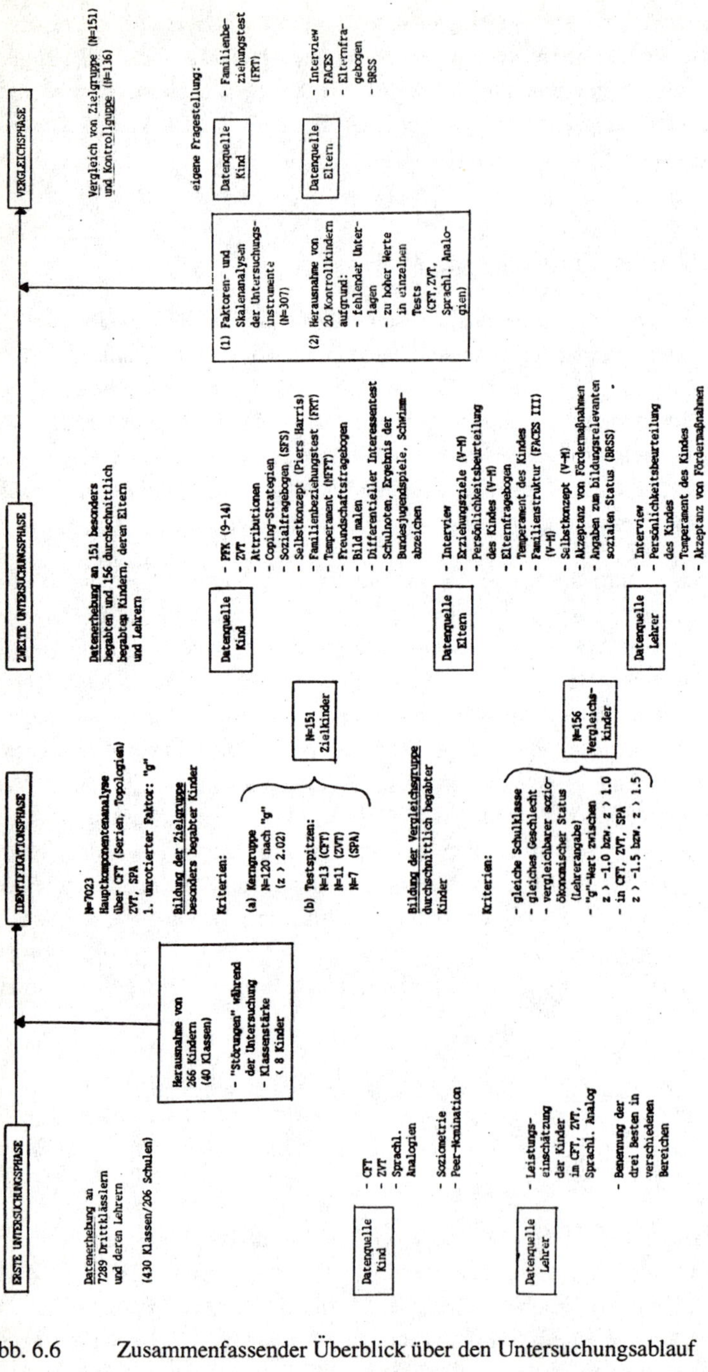

Abb. 6.6 Zusammenfassender Überblick über den Untersuchungsablauf

tests (n=120), zum anderen weitere 31 Kinder mit Testspitzen in einem der drei Verfahren, ermittelt werden. Diesen wurde dann eine nach Geschlecht, Schulklasse und sozioökonomischem Status parallelisierte Vergleichsgruppe von 156 durchschnittlich begabten Kindern („g“-Wert) gegenübergestellt.

Der zweite Untersuchungsabschnitt (*Vergleichsphase*) begann mit einer umfangreichen Datenerhebung in den Familien und einer Befragung der Klassenlehrer von Ziel- und Vergleichskind, die sich mittlerweile im vierten Schuljahr befanden. Nach einer statistischen Aufarbeitung der Untersuchungsverfahren (Faktoren- und Skalenanalysen) konnte die empirisch-statistische Analyse der Lebenswelt von Zielgruppe (N=151) und Vergleichsgruppe (N=136) in Angriff genommen werden.

6.4 Auswertungsplan und statistische Berechnungen

Die statistische Auswertung der Daten erfolgte ausschließlich am Hochschulrechenzentrum der Philipps-Universität Marburg mit dem dort installierten Programmpaket SPSSx (Version 2.2 bis 3.1; vgl. Schubö & Uehlinger 1984). Der umfangreiche Datensatz wurde nach der Eingabe in den Computer noch einmal vollständig kontrolliert und gegebenenfalls korrigiert, so daß von einem nahezu fehlerfreien Ausgangsdatensatz auszugehen ist.

Um die interessierenden Vergleiche zwischen Ziel- und Vergleichsgruppe auf den drei Analyseebenen (Familienstruktur, Familienbeziehung, Familiensystem) vornehmen zu können, waren einige statistische Vorarbeiten notwendig.

Für den *Familienbeziehungstest* sollte zunächst überprüft werden, ob die Ergebnisse, d.h. die Vergabe der Antworkarten an die einzelnen Familienmitglieder, zum einen von der Familiengröße und zum anderen vom Geschlecht des Kindes abhängen. Da die Daten des Familienbeziehungstests lediglich Rangskalenniveau aufweisen (größer/kleiner Relationen), wurde der Vergleich zwischen Familien mit bzw. ohne Geschwister und auch der Vergleich zwischen Jungen und Mädchen mit Hilfe des Mann-Whitney U-Tests (vgl. Bortz 1985, 178-183) vorgenommen. Um die Inflationierung der Irrtumswahrscheinlichkeit bei den hier notwendigen wiederholten Testungen etwas zu kompensieren (vgl. Stelzl 1982), wurde für die Berechnungen mit dem Familienbeziehungstest das Signifikanzniveau auf 1% festgesetzt. Zur Feststellung der praktischen Relevanz eines signifikanten Ergebnisses sollten hier - wie auch bei den übrigen Unterschiedstestungen - zusätzlich die Effektstärken ES (Mittelwertsunterschied der betrachteten Variablen, relativiert an der gepoolten Variablenstreuung) bzw. Eta^2_{multi} oder Eta^2 (Größe des Faktoreffekts bei multivariater bzw. univariater Varianzanalyse) mit angegeben werden (Bredenkamp 1970). Während für theoriegeleitete hypothesentestende Untersuchungen/Experimente die

Ja/Nein Entscheidung eines Signifikanztest völlig ausreicht, ist in unserer stärker deskriptiv orientierten Studie die zusätzliche Feststellung der standardisierten Stärke eines signifikanten Effekts (bzw. u.U. auch die „Effekt"-Stärke eines nicht signifikanten Ergebnisses) vom Untersuchungsinteresse her zu vertreten (vgl. Chow 1988).

Für den von uns z.T. neu übersetzten *FACES* wurde in einem ersten Arbeitsschritt zunächst die Dimensionalität festgestellt und das Ergebnis zu den Originaldaten in Beziehung gesetzt. Als geeignetes Verfahren erschien uns die Hauptkomponentenanalyse (PCA; Hotelling 1933) mit anschließender Varimax-Rotation (vgl. Überla 1971). Mit dem Ziel der besseren Vergleichbarkeit zum Circumplex-Modell mit den orthogonal zueinander stehenden Dimensionen Kohäsion und Adaptabilität wurde einer Zweifaktorenlösung zunächst der Vorrang eingeräumt. Dennoch sollte bei der endgültigen Festlegung der Faktorenlösung auf folgende, von Rost & Schermer (1986) vorgeschlagene Auswahlkriterien geachtet werden:

(a) Eigenwert >1;

(b) Scree-Test;

(c) mindestens 3% Varianzauflösung pro unrotierter Komponente;

(d) mindestens drei Markiervariablen pro Komponente, wobei eine Markiervariable folgende Bedingungen zu erfüllen hat:
(1) $a>0.35$;
(2) $a^2/h^2>0.50$ (Fürntratt 1969);
(3) $(a_1^2-a_2^2)/h^2>0.25$ (Rost & Haferkamp 1979);

(e) Interpretierbarkeit im Sinne der betrachteten Konstrukte.

Zur Abschätzung der Reliabilität der verwendeten Skalen wurden klassische Itemanalysen mit gegebenenfalls anschließender Itemselektion durchgeführt (vgl. Lienert 1969) und jeweils ein Homogenitätsindex berechnet (Cronbach $\propto$). Für den Familienbeziehungstest ergibt sich hierbei das Problem, daß die Itemschwierigkeit je nach betrachteter Zuordnungsperson (Vater, Mutter, Geschwister oder Niemand) stark schwankt und dies im Testkonzept begründet liegt. So ist etwa zu erwarten, daß sehr negativ lautende Items eher selten der Mutter oder dem Vater zugeordnet werden, dafür aber häufiger dem Herrn Niemand oder dem Geschwister, d.h. dieses Item für die Mutter und Vater eine hohe, für den Herrn Niemand und das Geschwister jedoch eine mittlere Schwierigkeit aufweist. So sind für den Familienbeziehungstest, gerade was die Subskalen mit negativer Beziehungswahrnehmung angeht, für die Zuordnungen zu Mutter und Vater eher niedrigere Homogenitätskoeffizienten zu erwarten.

Die Prüfung von Gruppendifferenzen geschieht vornehmlich mit Hilfe uni- oder multivariater Varianzanalysen (Anovas bzw. Manovas), wobei neben der hauptsächlich interessierenden unabhängigen Variable „Begabung" immer auch die Variable „Geschlecht" mit betrachtet wird (zweifaktorielles Design). Immer dann, wenn sich substantielle Korrelationen mit dem bildungsrelevanten Status (BRSS) und den jeweiligen abhängigen Variablen ergeben ($r>0.15$), wird dieser als Kovariable mit in die Berechnungen eingeführt. Dies soll klären, ob statistisch signifikante Ergebnisse auch noch mit den vom Einfluß der Kovariablen bereinigten Werten von Bestand sind. Hierbei besteht allerdings das Problem, daß durch die Korrelation des BRSS mit unserer Gruppendifferenzierungsvariablen „allgemeine Intelligenz" in Höhe von $r=-0.22$ möglicherweise nicht nur Fehlervarianz auspartialisiert wird, sondern sich auch die Treatmentvarianz verändert (vgl. Bortz 1985, 443).

Die Voraussetzungen für uni- bzw. multivariate Varianzanalysen (z.B. Normalverteilungsannahme der Fehlerkomponente und damit auch der Meßwerte selbst; Annahme der Varianzhomogenität in den Treatmentstufen) wurden soweit als möglich überprüft (z.B. Prüfung auf Varianzhomogenität durch Bartletts Box F-Test für univariate Varianzanalysen bzw. Test auf Homogenität der Kovarianzmatrizen im multivariaten Fall durch Boxs M). Insgesamt ist jedoch davon auszugehen, daß die Varianzanalyse bei Vorliegen von etwa gleichgroßen Stichproben und ausreichend großen Zellbesetzungen ($n>10$) gegenüber Verletzungen ihrer Voraussetzungen relativ robust ist (vgl. Bortz 1985, 347).

Gruppenvergleiche auf der Ebene der *Strukturvariablen*, d.h. Prüfung auf Unterschiede in den Häufigkeitsverteilungen bezüglich der betrachteten Variablen (Familiengröße, Geschwisterposition etc.), wurden mittels chi^2-Tests vorgenommen.

7 ERGEBNISSE

7.1 Ergebnisse auf der Ebene der Familienstruktur

Unser Vergleich der familiären Lebenswelt hoch und durchschnittlich testintelligenter Grundschulkinder beginnt mit einer *Strukturanalyse* der Familien. Variablen, die den Rahmen für das innerfamiliäre Beziehungsgeflecht festlegen und von denen insofern angenommen wird, daß sie auf die wahrgenommenen Familienbeziehungen einen Einfluß ausüben, sollen im Gruppenvergleich überprüft werden. Insbesondere wird versucht, folgende Fragen zu beantworten: Unterscheiden sich die Familien mit einem hochbegabten Kind und Familien mit einem durchschnittlich begabten Kind hinsichtlich

(a) der Familiengröße,

(b) der Geschwisterposition des Kindes,

(c) der Schulbildung der Eltern,

(d) des Alters der Eltern bei der Geburt des Kindes,

(e) des Familienstatus,

(f) der Erwerbstätigkeit der Mütter,

(g) des antizipierten Bildungsabschlusses für das Untersuchungskind,

(h) der Begabungseinschätzung des Untersuchungskindes und

(i) der Begabungseinschätzung der Geschwisterkinder?

Die in den folgenden Tabellen zu bemerkenden, leicht unterschiedlichen Gruppengrößen von Ziel- und Vergleichsgruppe sind durch fehlende Daten bedingt (missing values).

7.1.1 Familiengröße und Geschwisterposition

Die größte Gruppe unserer Untersuchungsstichprobe stellen Familien mit 2 Kindern (54%) dar, gefolgt von 3-Kind-Familien (22%), 1-Kind-Familien (18%) und Familien mit mehr als 3 Kindern (6%) (vgl. Tabelle 7.1.1).

Tabelle 7.1.1: Strukturvariable „Familiengröße". Zielgruppe: Familien mit einem besonders begabten Kind (n=151); Vergleichsgruppe: Familien mit einem durchschnittlich begabten Kind (n=136)

GRÖSSE	GRUPPE ZG	VG	GESAMT
Ein-Kind-Familie	23 (15%)	28 (21%)	51 (18%)
Zwei-Kind-Familie	82 (54%)	73 (54%)	155 (54%)
Drei-Kind-Familie	36 (24%)	27 (20%)	63 (22%)
Vier und mehr Kinder	10 (7%)	8 (5%)	18 (6%)

$chi^2_3=1.74$; $p=0.63$

Die Mehrzahl der untersuchten Kinder sind älteste Kinder oder Einzelkinder (56%). Unter den Einzelkindern stammen 23 aus der Gruppe der besonders Begabten und 28 aus der Vergleichsgruppe. 94 Kinder (33%) haben ein älteres Geschwister, und 31 Kinder (11%) haben zwei oder mehr als zwei ältere Geschwister (vgl. Tabelle 7.1.2).

Tabelle 7.1.2: Strukturvariable „Geschwisterposition". Zielgruppe: Familien mit einem besonders begabten Kind (n=151); Vergleichsgruppe: Familien mit einem durchschnittlich begabten Kind (n=136)

POSITION	GRUPPE ZG	VG	GESAMT
ältestes Kind/Einzelkind	82 (54%)	80 (59%)	162 (56%)
ein älteres Geschwister	49 (33%)	45 (33%)	94 (33%)
zwei und mehr ältere Geschwister	20 (13%)	11 (8%)	31 (11%)

$chi^2_2=2.06$; $p=0.36$

Wie den Tabellen 7.1.1 und 7.1.2 zu entnehmen ist, unterscheiden sich beide Gruppen weder hinsichtlich der Familiengröße noch der Geschwisterposition in statistisch bedeutsamer Weise. Auch bezüglich der Anzahl jüngerer Geschwister in Ziel- und Vergleichsgruppe zeigte sich kein statistisch signifikanter Unterschied ($chi^2_2=0.08$; $p=0.961$). Weiterhin ergeben sich auch keine Unterschiede bei einem Vergleich beider Gruppen hinsichtlich der Gesamtzahl von Schwestern oder Brüdern (vgl. die entsprechenden Kreuztabellen im Anhang B.2).

7.1.2 Schulbildung der Eltern

Der Vergleich der elterlichen Schulbildung in Ziel- und Vergleichsgruppe dient der Kontrolle der durch die Klassenlehrer versuchten Parallelisierung von Vergleichskind zu Zielkind hinsichtlich des bildungsrelevanten sozioökonomischen Status der Familie (vgl. Abschnitt 6.1.5.3). Statistisch bedeutsame Unterschiede in der Strukturvariable „Schulbildung der Eltern" dürften bei gelungener Parallelisierung zwischen beiden Gruppen nicht bestehen. Die erreichten Bildungsabschlüsse beider Untersuchungsgruppen zeigt Tabelle 7.1.3.

Tabelle 7.1.3: „Schulbildung der Eltern". Zielgruppe: Eltern des besonders begabten Kindes (150 Mütter, 149 Väter); Vergleichsgruppe: Eltern des durchschhnittlich begabten Kindes (135 Mütter, 136 Väter)

SCHULBILDUNG	MUTTER ZG	MUTTER VG	VATER ZG	VATER VG
1 kein Abschluß	-	-	-	1 (1%)
2 Volksschule	17 (11%)	22 (16%)	9 (6%)	18 (13%)
3 Berufsschule	15 (10%)	24 (18%)	17 (11%)	22 (16%)
4 Berufsfachschule	20 (13%)	22 (16%)	15 (10%)	28 (20%)
5 Mittlere Reife	47 (31%)	37 (27%)	25 (17%)	19 (14%)
6 Höhere Fachschule	5 (3%)	4 (3%)	17 (11%)	12 (9%)
7 Abitur	8 (5%)	5 (4%)	9 (6%)	5 (4%)
8 Lehrerexamen	11 (7%)	2 (1%)	5 (3%)	3 (2%)
9 Diplom/Staatsexamen	24 (16%)	16 (12%)	27 (18%)	17 (12%)
10 Doktorgrad/Habilitation	3 (2%)	3 (2%)	25 (17%)	11 (8%)

Mütter: chi^2_5=9.46; p=0.09 (die Kategorien 6, 7 und 8 bzw. 9 und 10 wurden jeweils zu einer Kategorie zusammengefaßt)
Väter: chi^2_7=18.62; p=0.009 (die Kategorien 1 und 2 bzw. 7 und 8 wurden jeweils zu einer Kategorie zusammengefaßt)

Die Eltern der durchschnittlich begabten Kinder sind bei den Bildungsabschlüssen bis zur Mittleren Reife häufiger vertreten, für die höheren Bildungsabschlüsse kehrt sich das Verhältnis zugunsten der Eltern der besonders begabten Kinder um. Auch wenn die Mütter der hoch intelligenten Kinder in den Kategorien der höheren Bildungsabschlüsse verstärkt vertreten sind und die Mütter der Kontrollgruppe häufiger niedrigere Bildungsabschlüsse aufweisen, so ist dieser Unterschied statistisch nicht signifikant (chi^2_5=9.46; p=0.09). Die Prüfung auf Differenzen in der Verteilung der Häufigkeiten ergibt für den väterlichen Bildungsabschluß dagegen einen auf dem 1%-Niveau signifikanten Effekt (chi^2_7=18.62; p<0.01). Die Väter unserer „Hochbegabtengruppe" haben demnach einen höheren Bildungsabschluß im Vergleich zu den Vätern unserer Vergleichsgruppe, d.h. die Parallelisierung beider Gruppen hinsichtlich dieser Variable des bildungsrelevanten sozialen Status (BRSS) ist nicht gelungen.

7.1.3 Alter der Eltern bei der Geburt des Kindes

Eine Übersicht über das Alter der Eltern bei der Geburt des untersuchten Kindes, jeweils getrennt für beide Gruppen, zeigt Tabelle 7.1.4.

Tabelle 7.1.4: „Alter der Eltern bei der Geburt des Kindes". Zielgruppe: Eltern des besonders begabten Kindes (n=151); Vergleichsgruppe: Eltern des durchschnittlich begabten Kindes (n=136). Angabe von Mittelwert (M), Standardabweichung (S), Modus und Extremwerten und der Effektstärke (ES)

GRUPPE	ALTER BEI DER GEBURT DES KINDES M	S	Modus	Range	ES
			MUTTER		
ZG	28.5	4.6	27	18-42	
VG	26.7	5.5	25	16-44	0.35
			VATER		
ZG	31.3	5.1	29	21-44	
VG	30.0	5.9	25	19-48	0.23

Vater und Mutter des besonders begabten Kindes sind bei der Geburt des Kindes älter als die Eltern der Vergleichsgruppenkinder. Das Ergebnis der einfaktoriellen multivariaten Varianzanalyse belegt, daß der Begabungseffekt zwar signifikant ausfällt ($F_{2,284}=4.56$; $p<0.05$), jedoch praktisch wenig bedeutsam erscheint ($Eta^2_{multi}=0.03$; $ES_{Mütter}=0.35$, $ES_{Väter}=0.23$). Die Vermutung liegt nahe, daß der höhere bildungsrelevante Status (BRSS) der „Hochbegabtenfamilien" (vgl. Tabelle 6.2) mit diesem „Alterseffekt" im Zusammenhang steht. Die Korrelation zwischen dem Alter der Eltern und dem BRSS beträgt für die Mütter $r_{BRSS/Alter}=-0.22$, für die Väter $r_{BRSS/Alter}=-0.18$[31]. Eine deshalb nachträglich vorgenommene Kovarianzanalyse mit dem „BRSS" als Kovariable ergab erwartungsgemäß einen multivariaten Effekt der Kovariable auf die abhängigen Variablen ($F_{2,280}=5.37$; $p<.01$). Die Varianzanalyse über die bezüglich der Kontrollvariable „BRSS" bereinigten Werte verfehlte knapp das Signifikanzniveau ($F_{2,280}=2.66$; $p=.07$).

7.1.4 Familienstatus

Wie aus Tabelle 7.1.5 ersichtlich ist, sind mehr Eltern in den „Hochbegabtenfamilien" geschieden bzw. leben in Trennung ($chi^2_1=5.34$; $p<0.05$). 12% der „Hochbegabtenfamilien", aber nur 4% der Familien mit einem durchschnittlich begabten Kind leben in Trennung bzw. sind geschieden.

Tabelle 7.1.5: „Familienstatus". Zielgruppe: Familien mit einem besonders begabten Kind (n=151); Vergleichsgruppe: Familien mit einem durchschnittlich begabten Kind (n=136)

	FAMILIENSTATUS		
GRUPPE	verheiratet	geschieden, getrennt lebend	ein Elternteil verstorben
ZG	132 (87.4%)	18 (11.9%)	1 (0.7%)
VG	130 (95.6%)	6 (4.4%)	0 -

$chi^2_1=5.34$; $p=0.02$

Interessant ist ein Vergleich des Alters der Eltern beider Gruppen (Variable „Alter bei der Geburt des Kindes") in der Kategorie „Geschieden/Getrennt lebend". Das durchschnittliche Alter der Eltern der besonders Begabten liegt hier deutlich höher ($Mutter_{ZG}$: M=30.0, S=5.0; $Vater_{ZG}$: M=33.8, S=4.1) als bei den Eltern der durchschnittlich Begabten ($Mutter_{VG}$: M=26.7, S=6.7; $Vater_{VG}$: M=26.8, S=5.8). Ob sich

[31] Die negativen Korrelationen zwischen dem Alter der Eltern und dem BRSS sind lediglich eine Folge der Kodierung des BRSS: Der höchste bildungsrelevante Status wurde mit Ziffer „1" kodiert, der niedrigste mit Ziffer „6" (vgl. auch Tabelle 6.2 in Kapitel 6).

hier die Annahme bestätigt, daß je länger ein Ehepaar verheiratet ist, desto eher die Wahrscheinlichkeit zur Trennung besteht, läßt sich nicht weiter überprüfen, da weder der Zeitpunkt der Eheschließung noch der Zeitpunkt der Trennung bzw. Scheidung erhoben wurden. Das höhere Alter der Eltern unserer Zielgruppe, das auch für die Kategorie „Verheiratet" gilt, ist vermutlich vor allem eine Folge der längeren Schulausbildung (vgl. Abschnitt 7.1.2) und damit des höheren bildungsrelevanten sozialen Status (vgl. Abschnitt 6.1.5.3).

7.1.5 Weitere Einzelergebnisse

Im folgenden werden zusätzlich einige Ergebnisse aus der Elternbefragung mitgeteilt, wobei die untersuchten Variablen nicht unbedingt unter die Kategorie der Strukturvariablen zu fassen wären.

7.1.5.1 Erwerbstätigkeit der Mütter

Es ist davon auszugehen, daß eine Erwerbstätigkeit der Mutter das Familienleben stark beeinflußt. Ob sich die zeitweise Trennung von Mutter und Kind positiv oder negativ auf die kindliche Entwicklung auswirkt, hängt von vielerlei Faktoren ab. Ältere Studien betonten aufgrund der hohen positiven Bewertung einer intensiven Mutter-Kind Bindung (vgl. die Ergebnisse zur „Mutterdeprivation" von Spitz 1945; aber auch Bowlby 1959; Ainsworth, Blehar, Waters & Wall 1978), daß eine Trennung des Kindes von der (biologischen) Mutter, gerade im ersten Lebensjahr, für die entstehende einzigartige Mutter-Kind Bindung schädlich sei und notwendig zu kindlichen Fehlentwicklungen führen müsse. Neuere Studien zur mütterlichen Erwerbstätigkeit zeigen jedoch, daß die biologische Mutter durchaus durch andere qualifizierte Betreuungspersonen ersetzt werden kann, ohne daß dies für die kindliche Entwicklung von Nachteil sein muß. Vielmehr ergeben sich auch positive Aspekte außerhäuslicher Betreuung: Mit dem Wechsel von Betreuungspersonen wächst auch der Anteil an sozialen Interaktionsmöglichkeiten. Verschiedene „Modell"-Personen bereichern das Lebensumfeld des Kindes, was gerade bei der Zunahme der Ein-Kind-Familien zu begrüßen ist. Wenn eine Mutter aus eigener Motivation heraus (und nicht nur aus wirtschaftlichen Gründen) einer Ganz- oder Teilzeitarbeit nachgeht, wenn sie in ihrer häufig bestehenden Doppelbelastung von Berufs- und Haus- bzw. Erziehungsarbeit von ihrem Partner unterstützt wird und wenn eine qualifizierte Kinderbetreuung gefunden wurde, dann ist durchaus mit positiven Effekten einer mütterlichen Erwerbstätigkeit für das Kind zu rechnen. So zeigte sich etwa, daß Kinder berufstätiger Mütter zu einem früheren Zeitpunkt selbständig werden und ein weniger festgelegtes Geschlechtsrollenstereotyp aufweisen (vgl. die zitierten Studien in Paetzold 1989). Von einer zufriedenen und ausgeglichenen Mutter, die entsprechend ihrer beruflichen Ausbildung tätig sein kann und hierdurch auch zum Familieneinkommen beiträgt, profitieren auch die Kinder, denn „alleine aus der Präsenz der Mutter darf nicht auf ein förderliches Verhalten gegenüber dem Kind geschlossen werden" (Paetzold 1989, 46).

In bezug auf die Frage, ob in Familien mit hochbegabten Kindern die Mütter sich eher der Kindererziehung widmen und auf eine eigene Berufstätigkeit verzichten, liegen bisher keine eindeutigen Ergebnisse vor (vgl. auch 4.3.2). Unsere Elternbefragung[32] zeigt jedenfalls, daß etwa die Hälfte der Ziel- und Vergleichsgruppenmütter einer Erwerbstätigkeit nachgehen bzw. in den letzten vier Jahren nachgegangen sind (ZG: n=79, 53%; VG: n=75, 56%). Zwischen beiden Gruppen konnte bezüglich der Berufstätigkeit der Mütter demnach kein Unterschied festgestellt werden. Einschränkend muß allerdings bemerkt werden, daß über die genaue Art der Berufstätigkeit (Teilzeit-, Vollzeit,- oder Aushilfstätigkeit), die Motivation für die Berufstätigkeit („Selbstverwirklichung" vs. materielle Gründe) oder auch das Ausmaß der sich hieraus ergebenden Doppelbelastung in Beruf und Familie bzw. die Art der Kinderbetreuung keine weiteren Angaben vorhanden sind.

7.1.5.2 Bildungsaspiration und Begabungseinschätzung der Eltern

Die Frage nach den elterlichen Erwartungen hinsichtlich des Bildungsabschlusses ihrer Kinder müßte im Grunde, als Beispiel einer Variablen auf der Beziehungsebene, erst im nächsten Kapitel diskutiert werden. Die Ergebnisse sollen dennoch an dieser Stelle vorgestellt werden, da der Beziehungsaspekt hier nur indirekt, d.h. etwa vermittelt über bisherige Schulleistungskenntnisse oder eigene Leistungswünsche der Eltern angenommen werden kann, die Ergebnisse unter 7.2 jedoch direkt die vom Kind wahrgenommenen positiven bzw. negativen Gefühle zu seinen Familienmitgliedern betreffen.

Wie zu erwarten, liegen die Schullaufbahnerwartungen[33] der Zielgruppeneltern weit über denen der Vergleichsgruppeneltern (vgl. Tabelle 7.1.6). Die Hälfte der

---

[32] Die Frage 17 des Elterfragebogens lautete: „Ist die Mutter in den *vergangenen vier Jahren* (Hervorhebung im Text) länger als ein halbes Jahr berufstätig gewesen?"

[33] Die Schullaufbahnerwartung wurde mit Frage 31 des Elternfragebogens „Welchen Bildungsabschluß könnte Ihr Kind nach Ihren *bisherigen* (Hervorhebung im Text) Erfahrungen erreichen?" erhoben.

Eltern unserer Hochbegabtenstichprobe erwartet, daß ihre Kinder ein Hochschulstudium aufnehmen. Über 10% der Eltern sehen darüber hinaus einen Doktor- oder Professorentitel auf ihre jetzt zehnjährigen Kinder zukommen. Während 41% der Vergleichsgruppeneltern einen Haupt- oder Realschulabschluß ihrer Kinder antizipieren, sind dies bei den Eltern der Hochbegabten nur 5.3%. Der Unterschied in der Schullaufbahnerwartung ist hoch signifikant (chi^2_3=55.14; p<0.001).

Tabelle 7.1.6: „Erwarteter Bildungsabschluß": Vergleich der Angaben der Eltern der Zielgruppe (N=149) und der Eltern der Vergleichsgruppe (N=134)

	GRUPPE		
BILDUNGSABSCHLUSS	ZG	VG	GESAMT
Hauptschulabschluß[1]	2 (1.2%)	14 (10.4%)	16 (5.7%)
Realschulabschluß[1]	6 (4.0%)	41 (30.6%)	47 (16.6%)
Abitur	66 (44.3%)	45 (33.6%)	111 (39.2%)
Hochschulstudium	56 (37.6%)	29 (21.6%)	85 (30.0%)
Doktortitel, Professor	19 (12.8%)	5 (3.7%)	24 (8.5%)

[1] Kategorien wurden zur chi^2-Berechnung wegen zu geringer Zellbesetzungen zusammengenommen: chi^2_3=55.14; p<0.001

Im Zusammenhang mit der Bildungsaspiration der Eltern ist auch die Antwort auf die Frage nach der Begabung der Kinder[34] zu sehen. Es ist davon auszugehen, daß diese im Elternfragebogen der Frage nach der Schullaufbahnerwartung vorgeordnete Frage die Frage nach dem zu erwartenden Bildungsabschluß durch eine Art Sensibilisierung und Zentrierung auf den Leistungsbereich beeinflußt hat. Die Ergebnisse der zweifaktoriellen univariaten Varianzanalysen (Gruppe: ZG vs. VG; Geschlecht: Junge vs. Mädchen), einmal für das untersuchte Kind, einmal für sein/seine Geschwister, wobei hier bei mehreren Geschwistern die durchschnittliche Begabungseinschätzung berechnet wurde, zeigt Tabelle 7.1.7.

Weder bei der Beurteilung des Ziel- bzw. des Vergleichskindes, noch bei der Begabungseinschätzung der Geschwister beider Gruppen ergab sich eine signifikante Wechselwirkung zwischen den Faktoren „Begabung" und „Geschlecht". Die Kinder der Zielgruppe werden von ihren Eltern auch als begabter beurteilt (F=66.96; p<0.001). Bei einer so stark ausgelesenen Gruppe besonders begabter Kinder (die 2% „Fähigsten"), der vermutlich dem entsprechenden Leistungsrückmeldung von seiten der Schule und der Möglichkeit des elterlichen Vergleichs der kognitiven

---

34 Die entsprechende Frage 30 des Elternfragebogens lautete: „Für wie begabt halten Sie Ihre Kinder?" Vergleichbar der Schulnotenstaffelung von Eins bis Sechs (Kategorien wurden für die statistischen Berechnungen so rekodiert, daß höhere Werte einer gößeren Begabung entsprechen) sollten die Eltern sowohl für das an der Untersuchung teilnehmende Kind als auch für dessen Geschwister eine entsprechende Beurteilung abgeben.

Fähigkeiten ihres Kindes mit denen der Klassenkameraden oder Geschwister, war dieses Ergebnis selbstverständlich zu erwarten.

Tabelle 7.1.7: „Begabungseinschätzung" der Teilnehmer und deren Geschwister: Vergleich der Angaben der Eltern der Zielgruppe und der Eltern der Vergleichsgruppe

	UNTERSUCHUNGSKIND			GESCHWISTERKIND/KINDER[1]		
GRUPPE	M	S	(n)	M	S	(n)
ZG Jungen	4.4	0.7	(84)	3.7	0.8	(60)
ZG Mädchen	4.2	0.7	(65)	3.8	0.7	(46)
VG Jungen	3.7	0.7	(77)	3.8	0.8	(44)
VG Mädchen	3.6	0.6	(58)	3.7	0.7	(42)
p(Begabung)	<0.001			0.141		
p(Geschlecht)	0.049			0.505		
p(BxG)	0.585			0.526		

[1]Für den Fall mehrerer Geschwisterkinder wurde ein Durchschnittswert berechnet.

Für die Geschwister beider Vergleichsgruppen gilt dieser von den Eltern wahrgenommene Begabungsunterschied jedoch nicht mehr. Im Durchschnitt werden die Geschwister in beiden Gruppen nicht als unterschiedlich in ihrer Begabung wahrgenommen. In unserer Untersuchungsgruppe zeigte sich darüber hinaus ein signifikanter Geschlechtseffekt. Die Jungen unserer Stichprobe werden insgesamt von ihren Eltern als begabter eingestuft als die Mädchen (F=3.93; p=0.049).

Auch für den antizipierten Bildungsabschluß konnte ein signifikanter Geschlechtereffekt nachgewiesen werden (vgl. Tabelle 2.4 im Anhang B.2). Für die Töchter erwarten die Eltern von Ziel- und Vergleichsgruppe signifikant niedrigere Schulabschlüsse als für ihre Söhne (chi^2_4=13.51; p=0.009). Bei der Bedeutung, die diese Variable für die Leistungsmotivation und die Selbstwahrnehmung der eigenen Leistungsfähigkeit hat, ist hier eine Benachteiligung der Mädchen deutlich sichtbar. Bei einem Vergleich der Schullaufbahnerwartungen von Jungen und Mädchen innerhalb beider Gruppen wurde deutlich, daß auch die Eltern der Zielgruppenkinder ihren Söhnen der Tendenz nach einen höheren Bildungsabschluß zutrauen (chi^2_2=5.49; p=0.063, vgl. Tabelle 2.5 im Anhang B.2). Der Vergleich Jungen vs. Mädchen erreichte bei den Vergleichsgruppeneltern knapp das 5%-Niveau (chi^2_3=7.91; p=0.048, vgl. Tabelle 2.6 im Anhang B.2).

7.2 Ergebnisse auf der Ebene des familiären Beziehungssystems

Ziel dieses Abschnitts ist die Beantwortung der Frage, ob sich durchschnittlich intelligente Kinder und hoch intelligente Kinder in der *Wahrnehmung ihrer Familienbeziehungen bzw. in ihrem internen Erfahrungsmodell der Familie* voneinander unterscheiden. Zunächst soll jedoch eine Analyse des Meßinstruments (Familienbeziehungstest - FBT) vorgenommen werden. Insbesondere geht es hierbei um die

Frage, ob die Ergebnisse des FBT außer von der hauptsächlich interessierenden „Intelligenz“ noch von anderen Variablen („Familiengröße“, „Geschlecht des Kindes“) beeinflußt werden, was dann in der weiteren statistischen Analyse zu berücksichtigen wäre.

7.2.1 Analyse des Meßinstruments (Familienbeziehungstest-FBT)

7.2.1.1 Mehrfachvergabe von Antwortkarten

Von den 287 Kindern unserer Vergleichsstichproben haben 69 Kinder ein oder mehrere Item(s) mehr als einmal (also an mindestens zwei Personen) vergeben. In über einem Drittel der Fälle handelt es sich um eine einfache Doppelvergabe an zumeist beide Elternteile. Bei der Aufklärung dieser unerwartet hohen Anzahl an Mehrfachvergaben zeigte sich ein eindeutiger Untersuchereffekt (chi^2_6=77.3; p<0.001). Eine der sieben Untersucher(innen) verursachte knapp die Hälfte (46%) der Fälle von Mehrfachvergaben. Eine Nachfrage ergab, daß hier die Instruktion, die eine Zuordnung eines Items auf mehrere Personen ausschloß, nicht konsequent genug befolgt worden. Für die 69 Kinder mit Mehrfachvergaben konnte darüber hinaus weder ein Effekt der Variable „Begabung“ (chi^2_1=0.04; p=0.85) noch ein Effekt der Variable „Geschlecht“ (chi^2_1=3.36; p=0.07) nachgewiesen werden. Die weitere Auswertung des FBT bezieht sich deshalb nur noch auf diejenigen 218 Kinder, 114 hoch intelligente (51 Mädchen, 63 Jungen) und 104 durchschnittlich intelligente (49 Mädchen, 55 Jungen), die keine Mehrfachvergaben aufweisen.

7.2.1.2 Effekte der Familiengröße

Die Zuordnungen der Items zu den einzelnen Familienmitgliedern bei unterschiedlicher Familiengröße (Bedingung: Vater und Mutter vorhanden, keine weitere Verwandtschaft in der Familie wohnhaft) bezüglich der Skalen „zusammengefaßte zukommende und ausgehende positive Gefühle (POS)“ bzw. „zusammengefaßte zukommende und ausgehende negative Gefühle (NEG)“ sind den Tabellen 7.2.1 und 7.2.2 zu entnehmen.[35]

---

[35] Im Anhang B.3 finden sich für die Skalen POS/NEG und die Gesamtskala ausführliche Tabellen mit Angaben zu weiteren Verteilungsparametern. Die Verteilungsparameter für die Teilskalen Z-POS, A-POS, Z-NEG und A-NEG können bei der Autorin angefordert werden.

Erwartungsgemäß zeigt sich eine kontinuierliche Abnahme der Zuordnungen zu Vater und Mutter bei steigender Geschwisterzahl (vgl. Tabelle 7.2.1 und 7.2.2, Kategorie [1] bis [4]). Beim Vergleich der Kinder mit und ohne Geschwister (vgl. Tabelle 7.2.1 und 7.2.2, [1] vs. [5]) ergibt sich nur für die Zuordnung der positiven Gefühle ein signifikantes Ergebnis. Kinder mit Geschwistern ordnen ihren Eltern signifikant weniger positive Items zu als Kinder ohne Geschwister (ES_{Mu}=0.64, ES_{Va}=0.61). Da die Zuordnung zum Herrn Niemand von der Familiengröße unberührt bleibt (vgl. Tabelle 7.2.1), läßt sich folgern, daß sich in größeren Familien die positiven Beziehungen auf mehrere Personen verteilen und so die Eltern entsprechend weniger Items erhalten.

Für die Wahrnehmung negativer Gefühle zeigt sich ein sehr bedeutsamer Effekt (ES=1.27) der Familiengröße nur in bezug auf die Zuordnung der Items zum Herrn Niemand (vgl. Tabelle 7.2.2). Hier führt das Vorhandensein von Geschwistern offenbar dazu, daß die negativen Beziehungen, die die Einzelkinder in ihrer kleinen Familie nicht mehr „unterbringen" können (Zuordnung zum Herrn Niemand), nun auf Bruder oder Schwester verteilt werden.

Die Frage, ob die Familiengröße sich auch auf die Zuordnung der Items zur Gesamtfamilie (Summe der Karten für die Familienmitglieder im Vergleich zu einer nicht zur Familie gehörenden Person [Niemand]) auswirkt, läßt sich im Grunde bereits mit Hilfe der bisher berichteten Ergebnisse, d.h. genauer durch eine Betrachtung der Zuordnungen zum Herrn Niemand, beantworten. Es ist anzunehmen, daß in größeren Familien die Beziehungsdichte, so wie sie das befragte Kind auf sich selbst bezogen wahrnimmt, größer ist als in kleineren Familien.

Zwar verteilen sich die Beziehungen der Eltern auf mehr Kinder, d.h. für die Eltern wäre eine Abnahme der Beziehungen für die Kategorien der „zukommenden positiven/negativen Gefühle" zu erwarten, aber stattdessen bieten sich Geschwister als Beziehungspartner an. Die Analysen zeigen erwartungsgemäß, daß Kinder mit Geschwister ein höheres Maß an familiärem Eingebundensein erleben als Kinder ohne Geschwister. Einzelkinder verteilen auf die Mitglieder ihrer Familie durchschnittlich 25 Items, Kinder mit zwei oder mehr Geschwistern dagegen durchschnittlich 30 Items ($p<0.001$; vgl. die Tabelle 3.4 im Anhang B.3). Dieser signifikante Effekt zwischen Kindern mit und ohne Geschwister ist darauf zurückzuführen, daß Kinder mit Geschwister in stärkerem Maße auch negative Beziehungen in ihrer Familie, d.h. genauer zu ihren Geschwistern, erleben.

Tabelle 7.2.1: Minimaler und maximaler Wert (Min.-Max.), Mittelwerte (M) und Standardabweichungen (S) für die Skala „Positive Gefühle" (22 Items) des Family Relations Test: [1] Ein-Kind Familien (n=26); [2] Familien mit zwei Kindern (n=101); [3] Familien mit drei Kindern (n=43); [4] Familien mit vier Kindern (n=9); [5] Familien mit zwei und mehr Kindern (n=156); zusätzlich Angabe der Irrtumswahrscheinlichkeit (p) und der Effektstärke (ES) für den Vergleich [1] vs. [5]

FAMILIENGRÖSSE	POSITIVE GEFÜHLE Min.-Max.	M	S	p	ES
	MUTTER				
[1] Ein-Kind Familien	3 - 21	11.7	3.9		
[2] Familien mit zwei Kindern	0 - 18	9.6	3.6		
[3] Familien mit drei Kindern	0 - 20	9.2	3.8		
[4] Familien mit vier Kindern	5 - 12	7.2	2.6	.005	0.64
[5] Familien mit zwei und mehr K.	0 - 20	9.3	3.6		
	VATER				
[1] Ein-Kind Familien	0 - 19	8.0	4.3		
[2] Familien mit zwei Kindern	0 - 17	6.2	3.8		
[3] Familien mit drei Kindern	0 - 15	4.5	2.8		
[4] Familien mit vier Kindern	0 - 8	4.4	2.8	.002	0.61
[5] Familien mit zwei und mehr K.	0 - 17	5.6	3.6		
	GESCHWISTER				
[2] Familien mit zwei Kindern	0 - 14	3.8	2.9		
[3] Familien mit drei Kindern	1 - 12	6.0	2.7		
[4] Familien mit vier Kindern	4 - 11	9.0	2.4		
[5] Familien mit zwei und mehr K.	0 - 15	4.8	3.2		
	NIEMAND				
[1] Ein-Kind Familien	0 - 13	2.2	2.8		
[2] Familie mit zwei Kindern	0 - 15	2.3	2.7		
[3] Familien mit drei Kindern	0 - 10	2.3	2.5		
[4] Familien mit vier Kindern	0 - 6	1.3	1.9	.829	0.0
[5] Familien mit zwei und mehr K.	0 - 15	2.2	2.6		

Kinder ohne Geschwister ordnen diese Items dagegen dem Herrn Niemand zu (vgl. Tabelle 3.4 im Anhang B.3). Für die Zuordnung positiver Gefühle ergeben sich bei Betrachtung der Gesamtfamilie keine Unterschiede in Abhängigkeit von der Familiengröße (vgl. ebd., fehlender Effekt bei „Niemand"). Inwiefern die berichteten Effekte lediglich als Folge einer veränderten Zuordnungswahrscheinlichkeit bei ansteigender Familiengröße bewertet werden müssen oder ob hier tatsächlich die Familiengröße einen Einfluß auf die wahrgenommenen positiven und negativen Beziehungen des Kindes zu seinen Eltern nimmt, bleibt zu untersuchen. Der differenzielle Effekt bei den positiven und negativen Gefühlen läßt zumindest die Vermutung zu, daß die Wahrnehmung negativer familiärer Beziehungen sich vornehmlich auf die Geschwister bezieht.

Zur bisher vorgenommenen Ergebnisinterpretation ist einschränkend auf einige statistische Probleme hinzuweisen: Beim Vergleich der Wahrnehmung positiver bzw. negativer Gefühle in Familien mit und ohne Kinder (Kategorie [1] vs. [5], vgl. Tabelle 7.2.1 bzw. 7.2.2) werden zwei stark unterschiedlich große Gruppen miteinander verglichen (n=26 vs. n=156). Hier wird eine Voraussetzung der Varianzanalyse (gleichgroße Gruppengrößen) verletzt, dem aber aufgrund der vorhandenen Stichprobe (wesentlich weniger Einzelkindfamilien als Familien mit mehr als einem

Kind) nicht ausgewichen werden konnte. Ein weiteres Problem betrifft die Verteilungsformen einiger Skalen, d.h. genauer einiger Zuordnungskombinationen. Als Folge der Anlage des FBT ist es eher unwahrscheinlich, daß die Figur des Niemand viele positive Items erhält, ebenso wie es eher ungewöhnlich sein sollte, daß die beiden Elternfiguren viele negative Items erhalten. Die entsprechenden Verteilungen (vgl. genauer Anhang B.3: $POS_{Niemand}$ bzw. NEG_{Vater} und NEG_{Mutter} Tab. 3.2 bzw. Tab.3.1) zeigen, daß hier die Standardabweichungen gleich groß oder sogar größer sind als der Mittelwert und es sich um z.T. sehr breitgipflige Verteilungsformen handelt. Im Grunde genommen bieten die üblicherweise verwendeten Kennwerte „Mittelwert" und „Standardabweichung" hier keine adäquate „Kurz"-Darstellung der entsprechenden Skalen. Nach Bortz (1985, 346) liegt bei breitgipfligen Verteilungen das tatsächliche ∝-Risiko über dem nominellen, d.h. es ist mit einer geringeren Teststärke zu rechnen.

Tabelle 7.2.2: Minimaler und maximaler Wert (Min.-Max.), Mittelwerte (M) und Standardabweichungen (S) für die Skala „Negative Gefühle" (22 Items) des Family Relations Test: [1] Ein-Kind Familien (n=26); [2] Familien mit zwei Kindern (n=101); [3] Familien mit drei Kindern (n=43); [4] Familien mit vier Kindern (n=9); [5] Familien mit zwei und mehr Kindern (n=156); zusätzlich Angabe der Irrtumswahrscheinlichkeit (p) und der Effektstärke (ES) für den Vergleich [1] vs. [5]

FAMILIENGRÖSSE	NEGATIVE GEFÜHLE Min.-Max.	M	S	p	ES
	MUTTER				
[1] Ein-Kind Familien	0 - 6	1.6	1.6		
[2] Familien mit zwei Kindern	0 - 10	1.4	1.7		
[3] Familien mit drei Kindern	0 - 6	0.6	1.1		
[4] Familien mit vier Kindern	0 - 1	0.3	0.5	0.072	0.31
[5] Familien mit zwei und mehr K.	0 - 10	1.1	1.6		
	VATER				
[1] Ein-Kind Familien	0 - 16	3.2	4.1		
[2] Familien mit zwei Kindern	0 - 11	2.1	2.2		
[3] Familien mit drei Kindern	0 - 8	2.1	2.0		
[4] Familien mit vier Kindern	0 - 5	1.7	1.6	0.415	0.37
[5] Familien mit zwei und mehr K.	0 - 11	2.0	2.1		
	GESCHWISTER				
[2] Familien mit zwei Kindern	0 - 18	6.7	3.8		
[3] Familien mit drei Kindern	0 - 19	8.5	4.7		
[4] Familien mit vier Kindern	2 - 13	8.4	3.7		
[5] Familien mit zwei und mehr K.	0 - 19	7.3	4.1		
	NIEMAND				
[1] Ein-Kind Familien	5 - 22	17.2	4.4		
[2] Familien mit zwei Kindern	0 - 22	11.7	4.3		
[3] Familien mit drei Kindern	1 - 20	10.7	5.4		
[4] Familien mit vier Kindern	7 - 18	11.6	3.9	<0.001	1.27
[5] Familien mit zwei und mehr K.	0 - 22	11.5	4.6		

Als Folge der Abhängigkeit der Testergebnisse von der Familiengröße der befragten Kinder soll der beabsichtigte Gruppenvergleich auf Familien mit zwei Kindern beschränkt werden bzw. die Familiengröße als Kovariable mit berücksichtigt werden.

7.2.1.3 Geschlechtereffekte

Zur Überprüfung möglicher Geschlechtereffekte in der Zuordnung der Items zu den einzelnen Familienmitgliedern wurden für die zusammengefaßten positiven bzw. negativen Gefühle in Familien mit einem, zwei, drei oder vier Kindern jeweils Einzelvergleiche zwischen Mädchen und Jungen durchgeführt (Mann-Whitney U-Test, wobei die Irrtumswahrscheinlichkeit auf $\propto \leq 0.01$ festgesetzt wird).

Geschlechterunterschiede finden sich nur bei den Zuordnungen der Items zur Mutter. Hinsichtlich des Vaters oder der Geschwister konnte für keine der verschiedenen Untergruppierungen entsprechend der Familiengröße ein Geschlechtereffekt nachgewiesen werden (vgl. Tabelle 7.2.3 bzw. die Tabellen 3.5 bis 3.7 im Anhang B.3). In Familien mit zwei Kindern (N=101: 51 Jungen, 50 Mädchen) ordnen die Jungen der Mutter signifikant weniger positive (ES_{POS}=-0.64)und mehr negative (ES_{NEG}=0.66[36]) Items zu als die Mädchen.

Mädchen erleben im Vergleich zu den Jungen ihre Beziehung zur Mutter insgesamt positiver, d.h. sie ordnen der Mutter signifikant mehr positive und weniger negative Items zu. Offenbar ist die Mutter als „Beziehungsobjekt" für die Jungen weniger positiv besetzt. Dies ist insofern verständlich, als die Identitätsbildung des Jungen in stärkerem Maße als beim Mädchen eine Abgrenzung von der Mutter als Identifikationsmodell erforderlich macht. Betrachtet man die Zuordnungen positiver und negativer Items zur Familie insgesamt, so ergeben sich keine Unterschiede zwischen den Geschlechtern (vgl. Tabelle 3.7 im Anhang B.3. Jungen wie Mädchen erleben sich in gleichem Maße in der Familie eingebunden. In der Verteilung positiver Gefühle auf die Familienmitglieder zeigt sich dagegen das, was der Geschlechtervergleich auf der Ebene der Einzelpersonen schon erwarten ließ. Mädchen verteilen mehr positive Gefühle an die Familienmitglieder, d.h. genauer an die Mutter, als Jungen ($p<0.01$, vgl. Tabelle 3.5 im Anhang B.3).

---

36 Bei der Bewertung dieser Effektstärke ist auf die problematische Verteilungsform (S > M) Rücksicht zu nehmen.

Tabelle 7.2.3: Mittelwerte (M), Standardabweichungen (S), Mediane (Md) und Quartilabstände (Q_1-Q_3) und Z-Werte (Mann-Whitney U-Test) für den Vergleich „Jungen vs. Mädchen" bei Familien mit zwei Kindern (51 Jungen, 50 Mädchen); zusätzlich Angabe der Irrtumswahrscheinlichkeit (p) und der Effektstärke (ES)

ZUORDNUNG ZUR MUTTER	M	S	Q_1	MD	Q_3	Z	p	ES
POS (22 Items)								
Jungen	8.5	3.6	6	9	11			
Mädchen	10.7	3.3	9	11	13	-3.03	0.002	-0.64
NEG (22 Items)								
Jungen	1.9	2.1	0	1	3			
Mädchen	0.8	1.1	0	0.5	1	-2.75	0.006	0.66

Geschlechtsbedingte Unterschiede für die Zuordnungen der Items zur Mutter fanden sich auch in der deutschen Normierungsstudie des FBT (Flämig & Wörner 1977). 486 sechs- bis elfjährige Kinder bildeten die Eichstichprobe, wobei zwar auf die Repräsentativität der Stichprobe in bezug auf den Sozialstatus der Eltern, nicht aber auf so wichtige Variablen wie die Familiengröße oder die Mehrfachvergabe von Items geachtet wurde. Insofern sind die dort berichteten Ergebnisse mit Vorsicht zu betrachten. Es zeigte sich, daß die Gesamtzahl der Zuordnungen zur Mutter mit steigendem Alter wohl bei den Jungen nicht aber bei den Mädchen geringer wurde, wobei die Jungen allerdings ein höheres Ausgangsniveau besaßen. In der uns interessierenden Gruppe der 10- bis 11jährigen Kinder fanden sich jedoch keine Geschlechtereffekte. Auch in der Studie von Beelmann & Schmidt-Denter (1991) konnten bei einer allerdings altersheterogenen Gruppe von 34 Kindern (6-11 Jahre) keine Geschlechterunterschiede in den FBT Ergebnissen festgestellt werden.

Beim Vergleich der Familienbeziehungen zwischen hochintelligenten und durchschnittlich intelligenten Kindern sollte aufgrund unserer Ergebnisse das Geschlecht des Kindes mit berücksichtigt werden.

7.2.1.4 Item- und Skalenanalysen

Zunächst soll für die zahlenmäßig größte Analysegruppe (vollständige Familien mit zwei Kindern, n=96) der Frage nachgegangen werden, wie sich die 44 Items auf die einzelnen Mitglieder der Familie verteilen. Es geht hierbei um die Frage der *Priorität* der Zuordnung. Interpretationen wie „der Mutter wird das Item im Durchschnitt doppelt so häufig wie dem Vater zugeordnet" sind aufgrund des Problems der ipsativen Meßwerte (vgl. Abschnitt 6.2.3.2) problematisch. Es kann lediglich untersucht werden, welche Items vornehmlich der Mutter, dem Vater oder dem Geschwister zugeordnet werden, bzw. wo die Verteilung etwa zwischen den Eltern eher ausgeglichen ist. Die Angaben zu den Itemschwierigkeiten für die angesprochene Gruppe finden sich in den Tabellen 7.2.4 und 7.2.5.

Den höchsten Erwartungswert für die Zuordnung eines Items aus den beiden Subskalen zur *positiven Beziehungswahrnehmung* (A-POS, Z-POS) hat die Mutter ($M_{pi\text{-}Mu}$=.43; $M_{pi\text{-}Va}$=.28; M_{pi}-Ge=.17; $M_{pi\text{-}Ni}$=.10). Die Mutter hilft bei Schwierigkeiten ([16], p_i=.75) und hört dem Kind zu ([17], p_i=.65). Gefühle körperlicher Nähe werden vorwiegend mit der Mutter erlebt (vgl. Tabelle 7.2.4, [7], [10], [18], [20]. Diejenigen Items, die sehr starke Nähe ausdrücken, wie „in einem Bett schlafen" ([8], [21]) oder „immer zusammen sein wollen" ([19]) erhält jedoch der Herr Niemand. Geschwister werden in erster Linie als Spielpartner geschätzt ([4], [14], [2]), doch auch der Vater rangiert hier in der Häufigkeit der Zuordnungen noch vor der Mutter. Für beide Elternteile gilt, daß man sich mit ihnen gut unterhalten kann ([3], [13]). Eine ebenso ausgegliche Verteilung auf Mutter und Vater erhalten die Items, die eine Art zusammenfassendes Urteil der Beziehungen ausdrücken ([5], [6], [12], [13]). Die wichtigste Person der Familie, die man nicht verlieren will, ist jedoch die Mutter ([9]). Von ihr fühlen sich auch die Mehrzahl der Kinder sehr geliebt ([22], p_i=.60).

Tabelle 7.2.4: Itemschwierigkeiten (p_i) des Familienbeziehungstests für die Gruppe „vollständige Familie mit 2 Kindern (n=96)"; Angabe der relativen Häufigkeit der Zuordnung zu Mutter (Mu), Vater (Va), Geschwister (Ge) und Niemand (Ni). I tem 1 bis 11 „Ausgehend positive Gefühle (A-POS)", Item 12 bis 22 „Zukommend positive Gefühle (Z-POS)".

Itemnummer und Wortlaut	Mu	Va	Ge	Ni
A-POS				
1 Diese Person mag ich sehr.	48	33	18	01
2 Mit dieser P. habe ich viel Spaß.	16	29	51	04
3 Mit d.P. kann ich mich gut unterhalten.	43	40	10	07
4 Mit d.P. spiele ich sehr gern.	10	22	61	05
5 Mit d.P. verstehe ich mich sehr gut.	47	39	12	02
6 Mit d.P. bin ich sehr gern zusammen.	34	34	27	04
7 Mit d.P. mag ich gerne schmusen.	52	27	06	14
8 Manchmal wünsche ich mir, mit d.P. in einem Bett zu schlafen.	30	11	17	42
9 Ich möchte, daß d.P immer bei mir bleibt.	58	26	06	08
10 Diese Person umarme ich gern.	56	29	06	08
11 Diese Person liebe ich sehr.	51	36	07	05
Z-POS				
12 Diese Person mag mich sehr.	50	42	07	01
13 Diese Person unterhält sich gern mit mir.	38	39	11	11
14 Diese Person spielt gern mit mir.	10	24	56	09
15 Diese Person versteht mich.	56	34	03	06
16 Diese Person der Familie kümmert sich um mich, wenn ich in Schwierigkeiten bin.	75	22	00	03
17 Diese P. hört mir zu, wenn ich etwas sage.	65	20	13	02
18 Diese Person umarmt mich gern.	60	27	06	06
19 Diese Person will immer bei mir sein.	21	15	28	36
20 Diese Person schmust gern mit mir.	53	30	06	10
21 Diese Person liegt gern mit mir im Bett.	20	11	25	44
22 Diese Person der Familie liebt mich sehr.	60	31	04	04

Bei den Subskalen zur *negativen Beziehungswahrnehmung* (A-NEG, Z-NEG) überwiegt die Zuordnung zum Herrn Niemand und zum Geschwister ($M_{pi\text{-}Mu}$=.06; $M_{pi\text{-}Va}$=.09; $M_{pi\text{-}Ge}$=.30; $M_{pi\text{-}Ni}$=.53). So gern mit den Geschwistern gespielt wird (s.o.), so häufig streitet man sich auch untereinander (vgl. Tabelle 7.2.5, [30], [33],

[39], [31], [32]). Herr Niemand erhält die stark negativ besetzten Beziehungsaussagen wie „diese Person macht mir Angst“ ([42]), „mit dieser Person bin ich nicht gern zusammen“ ([27]) und „ich wünsche mir, diese Person wäre nicht mehr bei uns“ ([29]). Zum Bild eines überarbeiteten und gestreßten Vaters paßt die relativ hohe Zuordnungswahrscheinlichkeit zweier Items zur Vaterfigur: 42% der Kinder meinen, daß ihr Vater zu wenig Zeit für sie hat, und 39% der Kinder erleben ihn als manchmal schlecht gelaunt. Wenn in der Familie gestraft wird, dann ist dies die Aufgabe des Vaters ([44], p_i=.15). Die Mutter „nörgelt“ ([34] und „meckert“ ([25]) eher mal und zeigt manchmal ihre Enttäuschung über Sohn oder Tochter ([35], p_i=.27).

Tabelle 7.2.5: Itemschwierigkeiten (p_i) des Familienbeziehungstests für die Gruppe „vollständige Familie mit 2 Kindern (n=96)“; Angabe der relativen Häufigkeit der Zuordnung zu Mutter (Mu), Vater (Va), Geschwister (Ge) und Niemand (Ni). Item 23 bis 33 „Ausgehend negative Gefühle (A-NEG)“, Item 34 bis 44 „Zukommend negative Gefühle (Z-NEG)“.

Itemnummer	und Wortlaut	Mu	Va	Ge	Ni
	A-NEG				
23	Diese P. d. Fam. mag ich nicht so gern.	2	2	15	80
24	Mit dieser P. spiele ich nicht so gerne.	3	1	20	76
25	Ich finde, daß diese Person der Familie zu viel meckert.	16	11	27	46
26	Ich finde, daß d. P. zu ungeduldig ist.	4	14	30	51
27	Mit d. P. bin ich nicht gern zusammen.	0	1	9	90
28	Diese Person der Familie ist manchmal schlecht gelaunt.	15	40	33	12
29	Manchmal wünsche ich mir, diese Person wäre nicht mehr bei uns.	1	0	18	81
30	Dieser Person möchte ich manchmal eine runterhauen.	2	0	71	26
31	Diese Person habe ich manchmal satt.	9	6	57	25
32	Manchmal würde ich gern Dinge tun, nur um diese Person zu ärgern.	3	6	55	35
33	Diese Person kann mich sehr wütend machen.	6	9	64	19
	Z-NEG				
34	Diese P. nörgelt manchmal an mir herum.	16	13	45	26
35	Diese P. ist manchmal enttäuscht von mir.	27	18	7	45
36	Diese Person hat zu wenig Zeit für mich.	6	42	5	47
37	Diese Person hilft mir nicht immer, wenn ich in Schwierigkeiten bin.	5	9	31	54
38	Diese Person will nicht mit mir spielen, wenn ich es gerne möcht.	4	9	46	41
39	Diese Person hänselt mich gern.	1	6	60	31
40	Diese Person ist gemein zu mir.	0	1	39	60
41	Diese Person liebt mich nicht genug.	3	1	9	86
42	Diese Person macht mir Angst.	1	2	2	95
43	Diese P. beklagt sich dauernd über mich.	3	3	29	65
44	Diese Person bestraft mich oft.	4	15	2	79

Zusammengefaßt ergibt die Analyse der Itemzuordnungen ein klassisch zu nennendes Familienbild. Die Mütter sind die wichtigsten Bezugspersonen, vor allem weil sie da sind, Zeit haben und bei Schwierigkeiten zuhören und helfen. Mit ihnen kann man zärtlich sein und nur ab und an stört ein Nörgeln oder Meckern der Mutter und nicht immer kann sie zufriedengestellt werden. Die Väter dagegen sind in den Augen der Kinder zu selten für sie da. Sind sie dann aber zu Hause und nicht gerade schlecht gelaunt, dann kann man sich gut mit ihnen unterhalten und zusammen spielen. Die wichtigsten Spiel- und Streitpartner sind allerdings die Geschwister.

Eine weitere Frage betrifft das Verhältnis von ausgehenden zu zukommenden positiven bzw. negativen Gefühlen. Es ist davon auszugehen, daß die Gefühle, die ein Kind einer Person der Familie entgegenbringt (A-POS/A-NEG), eng zusammenhängen mit den vom Kind erlebten Beziehungen ihm selbst gegenüber (Z-POS/Z-NEG). Dies konnte bestätigt werden (vgl. Abbildung 7.1).

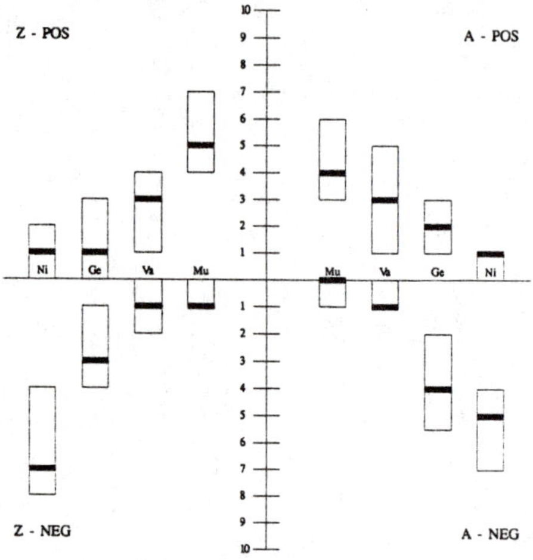

Abb. 7.1 Mediane und Quartilabstände (Q_1/Q_3) der einzelnen Zuordnungsmöglichkeiten, ermittelt an Familien mit 2 Kindern (n=101)

Die Verteilungen der vom Kind ausgehenden und zukommenden Gefühle sind sehr ähnlich. Auch wenn die Korrelationskoeffizienten (vgl Tab. 7.2.6) noch nichts über Unterschiede in der relativen Höhe der Einzelwerte pro Skala aussagen, so zeigt doch die Abbildung 7.1, daß die Verteilung der ausgehenden und zukommenden positiven wie negativen Gefühle durchaus vergleichbar sind. Dieses Ergebnis rechtfertigt u.E. die Zusammenfassung der ausgehenden und zukommenden positiven wie negativen Gefühle zumindest für den Zweck der Gruppenvergleiche.

Tabelle 7.2.6: Höhe der Übereinstimmung (Pearson Korrelation) zwischen den Skalen ausgehende und zukommende positive bzw. negative Beziehungswahrnehmung. Die Angaben zum Geschwister sich auf Familien mit zwei Kindern.

Zuordnung	r(ZPOS - APOS)	r(ZNEG - ANEG)
Mutter	0.60	0.53
Vater	0.68	0.54
Geschwister	0.67	0.75
Niemand	0.69	0.70

Die Homogenitäten der Subskalen des FBT, jeweils berechnet für unterschiedliche Familiengrößen (Bedingung: Vater und Mutter vorhanden, keine anderen Personen in der Familie wohnhaft), zeigt Tabelle 7.2.7.

Tabelle 7.2.7: Homogenitätskoeffizienten (Kuder Richardson 20) für die Sublen des Family Relations Test: [1] Familien mit einem Kind (n=25); [2] Familien mit zwei Kindern (n=96); [3] Familien mit drei Kindern (n=39)

	MUTTER			VATER		
SUBSKALEN	[1]	[2]	[3]	[1]	[2]	[3]
A-POS	0.68	0.52	0.69	0.75	0.67	0.27
Z-POS	0.56	0.50	0.46	0.59	0.52	0.49
A-NEG	0.69	0.70	0.60	0.88	0.56	0.52
Z-NEG	0.23	0.27	0.50	0.70	0.47	0.31
POS	0.70	0.67	0.73	0.77	0.75	0.56
NEG	0.49	0.66	0.66	0.88	0.69	0.59
	1. GESCHWISTER			NIEMAND		
SUBSKALEN	[1]	[2]	[3]	[1]	[2]	[3]
A-POS	-	0.67	0.41	0.76	0.66	0.69
Z-POS	-	0.55	0.53	0.58	0.68	0.56
A-NEG	-	0.70	0.72	0.83	0.69	0.83
Z-NEG	-	0.63	0.66	0.77	0.72	0.76
POS	-	0.75	0.45	0.84	0.81	0.76
NEG	-	0.79	0.82	0.87	0.81	0.89

Bei den zusammengefaßten positiven und negativen Gefühlen (POS, NEG) ergeben sich für Gruppenvergleiche ausreichend hohe Reliabilitätskoeffizienten. Der besonders niedrig ausgefallene Koeffizient in der Subskala „zukommende negative Gefühle" bei der Mutter ($\propto$=0.23 bzw. $\propto$=0.27) und beim Vater ($\propto$=0.31 bzw. $\propto$=0.47) liegt vermutlich an der geringen Wahrscheinlichkeit der Zuordnung dieser Items zu den Elternfiguren. Die hohe Itemschwierigkeit trägt zu den niedrigen Trennschärfekoeffizienten[37] bei. Auf eine Berechnung der inneren Konsistenz der Gesamtskala (GES) wurde aufgrund ihrer inhaltlichen Heterogenität (positive und negative Beziehungsaussagen) verzichtet.

7.2.2 Ergebnisse des Gruppenvergleichs

Die Frage, ob sich hochbegabte und durchschnittlich begabte Kinder in der Wahrnehmung ihrer Familienbeziehungen unterscheiden, wurde getrennt für die Bereiche „Positive Beziehungswahrnehmung" bzw. „Negative Beziehungswahrnehmung" überprüft. Die Ergebnisse der beiden zweifaktoriellen univariaten Kovarianzanaly-

[37] Die Tabellen 3.8 bis 3.11 im Anhang B.3 zeigen die Trennschärfekoeffizienten der Items in den Skalen A-POS, Z-POS, A-NEG und Z-NEG, bezogen auf die Kategorie „Familien mit zwei Kindern".

sen (unabhängige Variablen: „Begabung“ [hochbegabt vs. durchschnittlich begabt] - „Geschlecht“ [Jungen vs. Mädchen]; Kovariable „Familiengröße“ [Bedingung: Vater und Mutter vorhanden, keine anderen Personen in der Familie wohnhaft]) zeigen Tabelle 7.2.8 bzw. Tabelle 7.2.9. Da sich weder im Bereich positiver noch im Bereich negativer Beziehungswahrnehmung ein bedeutsamer Interaktionseffekt zeigt, können die vorgefundenen Haupteffekte entsprechend interpretiert werden.

Tabelle 7.2.8: Ergebnisse des Gruppenvergleichs bezüglich der familiären Beziehungswahrnehmung: unabhängige Variablen „Begabung“, „Geschlecht“; Kovariable „Familiengröße“. Mittelwerte (M) und Standardabweichungen (S) pro Zuordnungskategorie in der Subskala „Positive Beziehungswahrnehmung“. Zielgruppe: besonders begabtes Kind (n=90: 42 Mädchen, 48 Jungen); Vergleichsgruppe: durchschnittlich begabtes Kind (n=77: 33 Mädchen, 44 Jungen). Ergebnis der zweifaktoriellen univariaten Kovarianzanalyse

	MUTTER		VATER		GESCHWISTER[a]		NIEMAND	
GRUPPE	M	S	M	S	M	S	M	S
ZG Jungen	9.2	3.6	5.7	3.7	4.0	3.4	2.9	2.9
ZG Mädchen	10.9	3.3	5.8	3.7	3.8	2.9	1.4	1.6
VG Jungen	8.5	4.2	6.8	4.0	4.1	3.7	2.5	2.9
VG Mädchen	10.0	3.9	5.8	3.9	4.6	4.1	1.6	2.6
p (Begabung)	0.111		0.341		0.173		0.596	
p (Geschlecht)	0.004		0.617		0.847		0.003	
p (B x G)	0.905		0.517		0.959		0.432	

[a] Die unterschiedliche Anzahl von Kindern in der Familie wurde zur Kategorie „Geschwister“ zusammengefaßt.

Tabelle 7.2.9: Ergebnisse des Gruppenvergleichs bezüglich der familiären Beziehungswahrnehmung: unabhängige Variablen „Begabung“, „Geschlecht“; Kovariable „Familiengröße“. Mittelwerte (M) und Standardabweichungen (S) pro Zuordnungskategorie in der Subskala „Negative Beziehungswahrnehmung“. Zielgruppe: besonders begabtes Kind (n=90: 42 Mädchen, 48 Jungen); Vergleichsgruppe: durchschnittlich begabtes Kind (n=77: 33 Mädchen, 44 Jungen). Ergebnis der zweifaktoriellen univariaten Kovarianzanalyse

	MUTTER		VATER		GESCHWISTER[a]		NIEMAND	
GRUPPE	M	S	M	S	M	S	M	S
ZG Jungen	1.5	2.1	2.4	2.8	6.8	4.4	11.1	5.0
ZG Mädchen	0.8	1.1	1.8	1.5	6.3	4.5	13.1	4.4
VG Jungen	1.4	1.7	2.3	2.5	5.7	5.1	12.6	5.4
VG Mädchen	0.9	1.1	2.3	3.0	5.7	4.7	13.1	5.1
p (Begabung)	0.893		0.742		0.322		0.375	
p (Geschlecht)	0.015		0.470		0.485		0.068	
p (B x G)	0.459		0.333		0.967		0.467	

[a] Die unterschiedliche Anzahl von Kindern in der Familie wurde zur Kategorie „Geschwister“ zusammengefaßt.

Nach unseren Ergebnissen steht die Begabung eines Kindes in keinem Zusammenhang mit den kindperzipierten positiven oder negativen Familienbeziehungen (vgl. Tabelle 7.2.8 und 7.2.9). Das hochbegabte Kind erlebt im Vergleich zum durchschnittlich begabten Kind demnach weder eine höhere „Beziehungsdichte“ in seiner Familie (vgl. dazu im Gegensatz Grobel 1990), noch zeigt sich in unserer Untersuchung die häufig behauptete „Geschwisterrivalität“ in Hochbegabtenfamilien (vgl. etwa Ballering & Koch 1984). Dagegen besteht ein Einfluß des Geschlechts in bezug auf die Beziehung zur Mutter. Die Jungen bringen der Mutter signifikant weniger positive (ES=0.43) und mehr negative Gefühle (ES=0.39) entgegen als die Mädchen. Die nicht der Mutter zugeordneten positiven Gefühle erhält der Herr Niemand, d.h. sie werden von den Jungen nicht auf die anderen Familienmitglieder verteilt. Bei Mädchen erhält der Herr Niemand tendenziell mehr negative Gefühle.

7.3 Ergebnisse auf der Ebene des Familiensystems

Zur Überprüfung möglicher Unterschiede in der Wahrnehmung und Einschätzung des Familiensystems beantworteten 149 Mütter und 133 Väter der Zielgruppe bzw. 135 Mütter und 129 Väter der Vergleichsgruppe jeweils getrennt die FACES III. Bevor die Ergebnisse des interessierenden Gruppenvergleichs mitgeteilt werden, soll zunächst eine statistische Analyse des Meßinstruments vorgenommen werden. Die Komponenten- und Skalenanalysen beruhen auf den Daten von 307 Familien (vgl. Verlaufsplan der Gesamtuntersuchung, S.141).

7.3.1 Analyse des Meßinstruments (FACES)

7.3.1.1 Ergebnisse der Dimensionsanalyse

Über die 20 Items der FACES III wurde für die Vater- und Mutterversion jeweils eine Hauptkomponentenanalyse gerechnet (Programmpaket SPSS, Prozedur: Factor). Es ergaben sich je 5 Komponenten mit einem Eigenwert E>1 und einer Gesamtvarianzaufklärung von insgesamt 54.7% (FACES-Mutter) bzw. 56.6% (FACES-Vater) (vgl. Tab. 7.3.1).

Tabelle 7.3.1: Übersicht über den Eigenwertverlauf der Komponentenanalyse der FACES III, getrennt berechnet für Müttern bzw. Väter (N jeweils 307)

	Komponente	Eigenwert	% aufgeklärter Totalvarianz	kumulierte %
	1	5.12	25.6	25.6
	2	2.05	10.3	35.9
Mütter	3	1.37	6.9	42.8
	4	1.30	6.5	49.3
	5	1.08	5.4	54.7
	1	5.37	26.9	26.9
	2	2.31	11.5	38.4
Väter	3	1.28	6.4	44.8
	4	1.22	6.1	50.9
	5	1.11	5.6	56.5

In Anlehnung an die Konzeption des Circumplex-Modells (zweidimensionale Struktur mit orthogonalen Subskalen) wurden 2 Komponenten extrahiert und varimax rotiert.[38] Ein Vergleich der Ladungsmuster der Items bei Olson et al. (1985) und unseren Daten findet sich in den Tabellen 7.3.2 und 7.3.3.

Für die Subskala *Kohäsion* zeigten sich sowohl für die Mutter- als auch für die Vaterversion z.T. vergleichbare, z.T. auch höhere Ladungen (vgl. Tab. 7.3.2 Item 7 bzw. Item 5 und 13) im Sinne des Testkonzepts. Die Benennung der Skala erscheint angemessen, haben doch die drei höchstladenden Items (5, 9 und 19) das Zusammensein innerhalb der Familie zum Inhalt. Die beiden Items mit den niedrigsten Ladungen/Kommunalitäten (3 und 7) berühren dagegen die Familiengrenzen, d.h. sie fragen etwa nach der Wertschätzung von Personen, die nicht der Familie zugehören.

Tabelle 7.3.2: Vergleich des Ladungsmusters der FACES III für die Items der Subskala „Kohäsion". Angabe der Ladungen auf Komponente I und II und der Kommunalität. [1] Originalversion (Olson et al. 1985); [2] dt. Übersetzung - Mutterversion; [3] dt. Übersetzung - Vaterversion

	[1] Olson			[2] Mütter			[3] Väter		
ITEMWORTLAUT	I	II	h^2	I	II	h^2	I	II	h^2
1. In unserer Familie helfen wir uns gegenseitig.	.51	.13	.28	.58	.25	.39	.61	.21	.42
3. Wir schätzen die Freunde der anderen Familienmitglieder.	.43	.03	.18	.34	.36	.24	.36	.20	.17
5. Wir unternehmen gern etwas mit der gesamten Familie.	.39	-.01	.15	.76	.05	.58	.76	.08	.59
7. Wir fühlen uns den anderen Familienmitgliedern näher als Menschen außerhalb der Familie.	.49	-.16	.26	.45	-.04	.20	.48	-.20	.27
9. Wir verbringen gern unsere freie Zeit miteinander.	.69	.07	.48	.77	.05	.60	.79	.03	.63
11. In unserer Familie fühlen wir uns menschlich sehr nahe.	.60	.01	.36	.68	.05	.46	.73	.03	.54
13. Wenn wir als Familie etwas gemeinsam unternehmen, sind alle dabei.	.54	-.05	.29	.69	-.15	.51	.75	-.10	.57
15. Uns fallen leicht Dinge ein, die wir als Familie gemeinsam unternehmen können.	.43	-.06	.19	.69	.13	.51	.71	.16	.54
17. Bei ihren Entscheidungen fragen sich die Familienmitglieder gegenseitig um Rat.	.48	.16	.26	.56	.24	.37	.60	.18	.39
19. Der Familienzusammenhalt ist uns sehr wichtig.	.47	-.04	.22	.71	.02	.50	.73	-.12	.55

Im Gegensatz zur Komponente „Kohäsion" konnte die Komponente *Adaptabilität* nicht so eindeutig repliziert werden (vgl. Tab. 7.3.3). Zwei der Items (8, 14) müßten nach den Ergebnissen an unserer Stichprobe aufgrund ihrer Ladungen eher der Komponente „Kohäsion" zugeordnet werden. Ein weiteres Item (6) hat in der Mutterversion eine zu geringe Kommunalität (h^2=0.05), um in die Skala aufgenommen zu werden. Die beiden Markieritems (4, 12), aber auch Item 2 und 10 betreffen das

38 Weitere Analysen mit Extraktionen von drei bis fünf Komponenten erbrachten entsprechend unseren vorgeschlagenen Auswahlkriterien zur Festlegung der Faktorenlösung, vor allem jedoch aufgrund einer Vielzahl von Doppelladungen, keine überzeugenden Resultate. Auf eine Darstellung dieser Ergebnisse wird daher verzichtet.

Mitspracherecht von Kindern in der Familie. Die verbleibenden Items (16, 18 und 20) fragen nach der Eindeutigkeit von familiären Rollenzuweisungen.

Tabelle 7.3.3: Vergleich des Ladungsmusters der FACES III für die Items der Subskala „Adaptabilität". Angabe der Ladungen auf Komponente I und II und der Kommunalität. [1] Originalversion (Olson et al. 1985); [2] dt. Übersetzung - Mutterversion; [3] dt. Übersetzung - Vaterversion

	[1] Olson			[2] Mütter			[3] Väter		
ITEMWORTLAUT	I	II	h^2	I	II	h^2	I	II	h^2
2. Vorschläge, die die Kinder machen, werden berücksichtigt.	.15	<u>.37</u>	.16	.37	<u>.48</u>	.38	.33	<u>.43</u>	.30
4. Die Kinder haben in der Erziehung ein Wort mitzureden.	.14	<u>.48</u>	.25	-.08	<u>.76</u>	.59	-.08	<u>.71</u>	.51
6. In unserer Familie haben unterschiedliche Personen das Sagen.	.07	<u>.35</u>	.13	-.06	<u>.22</u>	.05	.05	<u>.33</u>	.11
8. In unserer Familie gibt es für bestimmte Situationen und Aufgaben feste Regeln, wie wir mit ihnen umgehen.	-.05	<u>.45</u>	.20	<u>.38</u>	-.03	.14	<u>.40</u>	.04	.16
10. Über Bestrafungen diskutieren Kinder und Eltern gemeinsam.	.28	<u>.37</u>	.21	.17	<u>.57</u>	.36	.22	<u>.37</u>	.18
12. In unserer Familie treffen die Kinder häufig die Entscheidungen.	-.15	<u>.34</u>	.14	.01	<u>.61</u>	.37	.01	<u>.63</u>	.40
14. In unserer Familie fällt es uns leicht, uns auf die verschiedensten Situationen neu einzustellen.	-.06	<u>.36</u>	.13	<u>.55</u>	.18	.34	<u>.61</u>	.15	.40
16. Bei den häuslichen Aufgaben wechseln wir uns ab.	.14	<u>.38</u>	.16	.29	<u>.35</u>	.21	.28	<u>.47</u>	.30
18. Es ist schwer herauszufinden, wer in der Familie das Sagen hat.	-.22	<u>.38</u>	.19	.04	<u>.43</u>	.19	-.06	<u>.56</u>	.31
20. Es ist schwer zu sagen, wer was im Haushalt macht.	-.20	<u>.34</u>	.15	.01	<u>.39</u>	.16	-.19	<u>.53</u>	.31

Die Schwierigkeit bei der Replikation der Komponente „Adaptabilität" wurde schon durch von Schlippe (1985) beschrieben. Er kritisiert, daß in der familientherapeutischen Literatur die Kategorie der „Regel" als Metakategorie zur Beschreibung sowohl der familiären Handhabung von Nähe und Distanz (Kohäsion!) als auch zur Beschreibung des Umgangs mit Veränderung im allgemeinen (Adaptabilität!) verwendet wird. Olson konzeptualisiert „Regeln" jedoch nur als Subkonzept der Dimension „Adaptabilität" und vermischt so zwei logische Ebenen unterschiedlicher Reichweite oder - anders gesprochen - macht somit keinen Unterschied zwischen Veränderungen erster (auf der Ebene des Beziehungssystems) und zweiter (auf der Ebene des Familiensystems) Ordnung. Die Ergebnisse unserer Komponentenanalyse zeigen die Problematik der Olsonschen Konzeption von Adaptabilität deutlich. Die Items 8 und 14, welche bei Olson offenbar im Sinne der Veränderbarkeit familiärer Regeln verstanden wurden, sind in unserer Stichprobe eher auf der Ebene des konkreten Miteinanders aufgefaßt worden und insofern eigentlich der Komponente „Kohäsion" zuzurechnen. Die Subskala „Adaptabilität" wurde aufgrund der Ergebnisse unserer Komponentenanalyse um die drei fraglichen Items (6, 8 und 14) gekürzt. Der inhaltliche Bezug der noch verbleibenden Items führte zur Umbenennung der Skala in „Demokratischer Familienstil". Durch unsere neue Skala mit nunmehr 7 Items wird nur noch ein Teilbereich des Konzepts „Adaptabilität" erfaßt. Anstelle einer Art übergeordneten familiären Fähigkeit zum Umgang mit neuen Situationen beinhaltet die Skala „Demokratischer Familienstil" lediglich die elterliche Berücksichtigung auch der Bedürfnisse der Kinder und das Eingeständnis einer gewissen Rollenflexibilität (oder auch Rollenunsicherheit?) etwa bei häuslichen Aufgaben.

Schon auf der Ebene der Analyse unseres Meßinstruments kann ein erster „Gruppenvergleich" im Sinne einer Strukturübereinstimmung vorgenommen werden. Die Berechnung des Faktorkongruenzkoeffizienten (Burt 1948) zeigt, daß weder bei den Müttern von Hochbegabten und durchschnittlich Begabten, noch bei den Vätern beider Gruppen die Komponentenstruktur unterschiedlich ausfällt. Die entsprechenden Koeffizienten liegen bei den Müttern bei $C_{IMg\text{-}IMng}$=.98 (1.Faktor) und $C_{IIMg\text{-}IIMng}$=.89 (2.Faktor) bzw. bei den Vätern entsprechend bei $C_{IVg\text{-}IVng}$=.97 und $C_{IIVg\text{-}IIVng}$=.95.).

7.3.1.2 Ergebnisse der Skalenanalyse

In den Tabellen 7.3.4 und 7.3.5 finden sich die Mittelwerte, Standardabweichungen und Trennschärfen der Items der Skalen „Kohäsion" und „Demokratischer Familienstil". Tabelle 7.3.6 gibt Auskunft über Skalenmittelwert, -standardabweichung und Reliabilität.

Tabelle 7.3.6: Reliabilität der FACES-Skalen „Kohäsion" (10 Items) und „Demokratischer Familienstil" (7 Items). Mittelwert, Standardabweichung, Cronbach alpha bzw. auf 10 Items aufgewertetes alpha (Spearman Brown) für die Skala „Demokratischer Familienstil".

DIMENSION	M	S	∝	
MUTTER				
Kohäsion	41.6	4.9	0.84	-
Demokrat. Familienstil	20.6	3.7	0.59	0.67
VATER				
Kohäsion	40.4	5.4	0.86	-
Demokrat. Familienstil	20.4	3.6	0.59	0.67

Die Reliabilität der beiden Subskalen ist für Gruppenvergleiche ausreichend (vgl. Tab. 7.3.6). Die nach der Spearman-Brown Formel für eine Testverlängerung auf 10 Items aufgewertete Reliabilität der Skala „Demokratischer Familienstil" beträgt ∝=.67. Unsere Reliabilitäten liegen damit leicht über den im Testhandbuch (Olson et al. 1985) angegebenen (Kohäsion: α=.77; Adaptabilität: ∝=.62; N=2412). Die niedrige innere Konsistenz der Skala „Demokratischer Familienstil" ist, neben der verringerten Itemzahl der Skala, u.E. auch eine Folge der Schwierigkeit, Veränderungsflexibilität auf der Ebene des Familiensystems angemessen zu operationalisieren (vgl. von Schlippe & Schweitzer 1988).

Tabelle 7.3.4: Mittelwert (M), Standardabweichung (S) und Trennschärfe (r_{it}) der Einzelitems, getrennt für Mütter und Väter; Subskala Kohäsion; Skalierung: (1) „trifft fast fast gar nicht zu" bis (5) „trifft fast völlig zu"

Itemformulierung	Mütter M	S	r_{it}	N	Väter M	S	r_{it}	N
1. In unserer Familie helfen wir uns gegenseitig.	4.04	.69	.52	304	4.02	.77	.52	282
3. Wir schätzen die Freunde der anderen Familienmitglieder.	4.03	.63	.34	304	3.82	.71	.31	281
5. Wir unternehmen gern etwas mit der gesamten Familie.	4.21	.83	.66	304	4.03	.88	.72	282
7. Wir fühlen uns den anderen Familienmitgliedern näher als Menschen außerhalb der Familie.	4.36	.89	.34	304	4.35	.82	.39	282
9. Wir verbringen gern unsere freie Zeit miteinander.	4.07	.76	.68	304	3.88	.82	.74	282
11. In unserer Familie fühlen wir uns menschlich sehr nahe.	4.43	.64	.59	304	4.40	.73	.65	282
13. Wenn wir als Familie etwas gemeinsam unternehmen, sind alle dabei.	4.20	.84	.56	304	4.10	.93	.66	282
15. Uns fallen leicht Dinge ein, die wir als Familie gemeinsam unternehmen können.	3.74	.85	.59	304	3.60	.88	.62	282
17. Bei ihren Entscheidungen fragen sich die Familienmitglieder gegenseitig um Rat.	3.95	.73	.49	304	3.77	.79	.53	282
19. Der Familienzusammenhalt ist uns sehr wichtig.	4.54	.65	.60	303	4.43	.71	.63	282

Auffällig ist das hohe Maß an Zustimmung zu den Items der Skala „Kohäsion" (vgl. Tabelle 7.3.4). Bei jeweils niedrigen Standardabweichungen liegt der durchschnittliche Itemmittelwert sowohl bei den Müttern als auch bei den Vätern bei über 4.00 ($M_{Mütter}$=4.16, S=0.06; $M_{Väter}$=4.04, S=0.08), d.h. den Items wird überwiegend zugestimmt. Die Verteilungen beider Skalen (Mutter- und Vaterversion) sind zudem nicht normalverteilt (K-S Z_M=1.96, p<.01; K-S Z_V=1.71, p<.01). Aufgrund dieses Ergebnisses stellt sich die Frage, ob die Itemformulierungen überhaupt eine größere Bandbreite an Antwortmöglichkeiten zulassen. Olson (1985) gibt bei den Normwerten für die Skala „Kohäsion" ebenfalls hohe Mittelwerte (M=39.8, S=5.4; N=2453) an.

Tabelle 7.3.5: Mittelwert (M), Standardabweichung (S) und Trennschärfe (r_{it}) der Einzelitems, getrennt für Mütter und Väter; Subskala Demokratischer Familienstil; Skalierung: (1) „trifft fast gar nicht zu" bis (5) „trifft fast völlig zu"

Itemformulierung	Mütter M	S	r_{it}	N	Väter M	S	r_{it}	N
2. Vorschläge, die die Kinder machen, werden berücksichtigt.	3.82	.66	.29	304	3.72	.70	.25	281
4. Die Kinder haben in der Erziehung ein Wort mitzureden.	3.17	.84	.43	304	3.09	.78	.46	282
10. Über Bestrafungen diskutieren Kinder und Eltern gemeinsam.	3.07	1.08	.37	299	2.99	1.09	.22	278
12. In unserer Familie treffen die Kinder häufig die Entscheidungen.	2.57	.78	.33	304	2.47	.81	.39	282
16. Bei den häuslichen Aufgaben wechseln wir uns ab.	2.79	1.07	.26	304	3.00	1.05	.31	282
18. Es ist schwer herauszufinden, wer in der Familie das Sagen hat.	3.09	1.23	.24	304	2.94	1.16	.30	282
20. Es ist schwer zu sagen, wer was im Haushalt macht.	2.12	1.08	.29	304	2.16	.97	.32	282

Die Items der Skala „Demokratischer Familienstil" erreichen eine größere Beantwortungsbreite (vgl. Tabelle 7.3.5). Für die Mütter liegt der durchschnittliche Itemmittelwert bei M=2.94 (S=0.28), für die Väter bei M=2.91 (S=0.24). Beide Skalen sind normalverteilt (K-S Z_M=1.13, p=.16; K-S Z_V=1.19, p=.11). Interessant ist bei sonstiger Gleichförmigkeit der Itembeantwortung zwischen Männern und Frauen das unterschiedliche Ergebnis bei Item 16 („Bei den häuslichen Aufgaben wechseln wir uns ab"). Männern sind offenbar häufiger der Ansicht, sich an Hausarbeiten zu beteiligen, als Frauen dies wahrnehmen (t=-3.04, p<.01).

Die Korrelation der beiden Skalen beträgt bei den Müttern $r_{Mütter}$=0.32 bzw. $r_{Väter}$=0.16 bei den Vätern. Die doppelt attenuitätskorrigierte Korrelation der beiden Skalen lautet $r_{korr\text{-}Mütter}$=0.46 bzw. $r_{korr\text{-}Väter}$=0.24. Das Konzept des Circumplex-Modells mit seinen beiden unabhängigen Dimensionen ließ sich vor allem für die Mutterversion nicht überzeugend replizieren, wobei zu beachten ist, daß unsere Skala „Demokratischer Familienstil" und die Dimension „Adaptabilität" nur zum Teil vergleichbar sind.

7.3.2 Ergebnisse des Gruppenvergleichs

Die zu überprüfende Frage lautet: „Unterscheiden sich Mütter bzw. Väter eines hoch bzw. durchschnittlich testintelligenten Kindes in ihrer Einschätzung des Familiensystems auf den Dimensionen 'Kohäsion' (familiärer Zusammenhalt) und 'Demokratischer Familienstil'?"

Das Ergebnis der zweifaktoriellen multivariaten Varianzanalyse (unabhängige Variablen „Begabung", „Geschlecht"; abhängige Variablen „Kohäsion" und „Demokratischer Familienstil" bei Vater und Mutter) zeigt, daß - bei fehlendem Interaktionseffekt - die elterliche Einschätzung des Familiensystems weder in einem Zusammenhang mit der Begabung des Kindes ($F_{4,253}$=0.01, p=0.40, Eta^2_{multi}=0.016) noch mit dem Geschlecht des Kindes ($F_{4,253}$=0.37, p=0.83, Eta^2_{multi}=0.006) steht (vgl. Tab. 7.3.7).

Ein Vergleich der Skaleninterkorrelationen in beiden Untersuchungsgruppen ergibt für die Eltern der besonders begabten Kinder höhere Übereinstimmungen bezüglich beider Subskalen (Kohäsion: $r_{Vater,Mutter}$=0.56 in ZG bzw. $r_{Vater,Mutter}$=0.47 in VG; Demokratischer Familienstil: $r_{Vater,Mutter}$=0.48 in ZG bzw. $r_{Vater,Mutter}$=0.43 in VG). Die Differenz der Korrelationen ist allerdings nicht signifikant (Kohäsion: z=.98 p=0.84; Demokratischer Familienstil: z=.41, p=0.66).

Tabelle 7.3.7: Ergebnis des Gruppenvergleichs der zweifaktoriellen univariaten Varianzanalyse (unabhängige Variablen „Begabung", „Geschlecht"; abhängige Variablen „Kohäsion", „Demokratischer Familienstil") bei Vater und Mutter. Angabe von Mittelwert (M) und Standardabweichung (S). Zielgruppe: Eltern des besonders begabten Kindes (149 Mütter, 133 Väter); Vergleichsgruppe: Eltern des durchschnittlich begabten Kindes (135 Mütter, 129 Väter)

	$KOHÄSION_{Va}$		$FAMILIENSTIL_{Va}$		$KOHÄSION_{Mu}$		$FAMILIENSTIL_{Mu}$	
GRUPPE	M	S	M	S	M	S	M	S
Zielgruppe Jungen	39.8	5.6	20.0	3.7	41.0	4.4	20.0	3.9
Zielgruppe Mädchen	39.8	6.3	20.2	3.4	42.1	5.0	21.1	3.4
Vergleichsgruppe Jungen	40.7	4.8	20.9	3.8	41.7	5.0	20.9	4.1
Vergleichsgruppe Mädchen	41.1	5.0	20.4	3.5	42.0	4.9	20.3	3.5
p (Begabung)	0.104		0.200		0.569		0.926	
p (Geschlecht)	0.797		0.779		0.279		0.685	
p (B x G)	0.797		0.494		0.555		0.060	

Wie schon auf der Beziehungsebene finden sich auch auf der Ebene des Familiensystems keine Unterschiede zwischen Familien mit hoch- und Familien mit durchschnittlich intelligenten Kindern.

8 DISKUSSION

8.1 Zur Frage der Generalisierung der Ergebnisse

Die aufgrund der bisherigen Ausführungen naheliegende Feststellung, daß Familien mit hochbegabten Kindern von Familien mit durchschnittlich begabten Kindern im Prinzip nicht zu unterscheiden sind und der Begriff „Hochbegabtenfamilie" offenbar etwas vorgibt, was außerhalb einer begrifflichen Realität nicht vorhanden ist, muß hinsichtlich folgender Punkte relativiert werden:

Unsere Ergebnisse beziehen sich auf die Untersuchungen von Familien, in denen das Ziel- und Vergleichskind jeweils ca. 10 Jahre alt war und noch kein Schulwechsel stattgefunden hat. Erst eine erneute Untersuchung von Ziel- und Vergleichsgruppe im Rahmen einer Längsschnittuntersuchung kann weitere Aufschlüsse darüber geben, ob sich in der Familien*entwicklung* der „Hochbegabtenfamilie" nicht doch noch besondere Probleme ergeben werden. Dieser Ansatz ist vom Marburger Hochbegabtenprojekt auch verfolgt worden, und auf die Ergebnisse dieser erneuten Untersuchung der jetzt jugendlichen Teilnehmer darf man gespannt sein. Ein besonderes Augenmerk sollte dann dem Entwicklungsverlauf einiger Untergruppen unserer Hochbegabtenfamilien gelten, so etwa Familien der Zielgruppe mit niedrigem bildungsrelevanten Status (n=20, vgl. Tabelle 6.2) bzw. den sogenannten unvollständigen Familien (n=19, vgl. Tabelle 7.1.5).

Ein wichtiger Punkt betrifft die Frage nach der Operationalisierung der Familienvariablen. Waren die verwendeten Instrumente FBT/FACES z.B. ausreichend „sensibel", um mögliche Unterschiede zwischen Ziel- und Vergleichsgruppenfamilien auch abbilden zu können? Hier sind für den FACES zumindest Zweifel angebracht. Die Subskala „Kohäsion" enthält ausnahmslos positiv formulierte Items, die eine Art Idealbild einer Familie widerspiegeln. Die insgesamt hohe Zustimmung der Väter und Mütter zu den Items dieser Subskala führte bei geringer Beantwortungsbreite denn auch zu einer stark rechtssteilen Verteilungsform. Die Subskala „Demokratischer Familienstil" löste dagegen ein weniger gleichförmiges Antwortverhalten aus. Das positive Bild einer Familie, die Vieles gemeinsam unternimmt, in der man sich gegenseitig schätzt und sich bei Problemen unterstützt (Subskala „Kohäsion") in Frage zu stellen, ist sicherlich psychologisch ungleich schwieriger als über verschiedene Auffassungen etwa bezüglich der familiären Arbeitsteilung Auskunft zu geben. Ob unsere befragten Familien tatsächlich dem Idealbild einer Familie entsprechen oder nur angesichts der so positiv formulierten Items keinerlei Differenzierungen vornehmen konnten und wollten, ist im Grunde nicht zu entscheiden.

An den Familienbeziehungstest (FBT), der Operationalisierung familiärer Familienbeziehungen aus der Sicht des Kindes, sind ebenfalls einige Fragen zu stellen. Schon von seinem Testaufbau her ist das Verfahren nicht unproblematisch, da hier z.B. mit ipsativen Meßwerten gearbeitet wird und bei gruppenstatistischen Auswertungen die schon früher beschriebenen Probleme auftauchen (vgl. zusammenfassend Abschnitt 6.2.3.2). Bei den z.T. erheblichen Effekten der Familiengröße auf die Beantwortung (vgl. Abschnitt 7.2.1.2) kann nicht entschieden werden, ob hier Kinder mit Geschwistern tatsächlich ein anderes internes Erfahrungsmodell ihrer Familie besitzen oder ob es lediglich die Formulierungen bestimmter Items sind, die ein Kind mit Geschwistern dazu veranlassen, diese Items wie selbstverständlich seinen Geschwistern zuzuordnen, während ein Kind ohne Geschwister diese Karten jedoch dem Herrn Niemand gibt, weil die Itemformulierung es im Grunde nicht zuläßt, dieses Item an die Elternfiguren zu verteilen.

Bei der Interpretation und Generalisierung unserer Ergebnisse des Gruppenvergleichs muß zusätzlich folgendes beachtet werden: Die Auswahl unserer Zielgruppenkinder nach der Höhe ihres „g"-Wertes (vgl. genauer Abschnitt 6.1.4.4) hatte zur Folge, daß wir Zielgruppenfamilien erhielten, die einen im Vergleich zur Durchschnittsfamilie höheren bildungsrelevanten sozialen Status aufweisen. Dies ist auch nicht weiter verwunderlich, da positive Korrelationen zwischen Schichtindices und kognitiven Variablen - vermittelt über Aspekte der familiären Umwelt wie z.B. Anregungsreichtum, elterliche Erziehungseinstellungen und Verhaltensstile - vielfach belegt wurden (vgl. etwa Trudewind 1975, Kühn 1983). Eine Zuordnung von durchschnittlich begabten Kindern nach den Parallelisierungsvariablen „Schule", „Klasse", „Geschlecht" und „sozioökonomischer Status" (vgl. Abschnitt 6.1.4.5) bedeutet nun, daß auch unsere Vergleichsfamilien im Mittel einen entsprechend überdurchschnittlichen bildunsgrelevanten Status aufweisen, d.h. es sind zwar Familien mit einem durchschnittlich begabten Kind, ihr Bildungsstatus ist jedoch - wie in den Zielfamilien - im Durchschnitt als überdurchschnittlich einzustufen. Der Begriff der „Vergleichs"-Familie ist daher nicht gleichzusetzen mit der Vorstellung von einer statistischen „Durchschnitts"-Familie. Eine interessante Erweiterung des Untersuchungsplanes, der leider aus Kostengründen nicht durchgeführt werden konnte, hätte darin bestanden, unseren Ziel- und Vergleichskindern eine dritte Gruppe von Kindern mit durchschnittlicher Begabung und auch durchschnittlichem bildungsrelevantem Status des Elternhauses zuzuordnen. Erst ein Vergleich dieser drei Familiengruppen kann genauer darüber Aufschluß geben, wie das Verhältnis von Begabungs- und Statuseffekten auf die abhängigen Variablen jeweils zu bewerten ist.

8.2 Forderungen an weitere Familienforschung mit Hochbegabten

Ein Erklärungsansatz für unser im Vergleich zu anderen Studien „negatives" Ergebnis kann in unserer Stichprobenzusammensetzung liegen. Besonderheiten in der Familiendynamik von „Hochbegabtenfamilien" werden vor allem dann gefunden, wenn die Eltern ausdrücklich auf die außergewöhnliche Begabung ihres Kindes hingewiesen worden sind, d.h. wenn das Kind beispielsweise an einem Förderprogramm für Hochbegabte teilnimmt, oder wenn die Eltern und Kinder bereits aufgrund familiärer Schwierigkeiten eine Beratungsstelle aufgesucht haben. Fragt man Eltern, deren Kind ein Förderprogramm für Hochbegabte besucht, nach Problemen mit ihrem Kind, so berichten sie auch über Schwierigkeiten (vgl. Hackney 1981). Ob die Begabung des Kindes für die familiären Probleme verantwortlich gemacht werden kann, ist allerdings fraglich, da in unserer Studie (bei einer unselegierten Hochbegabtengruppe und einer Vergleichsgruppe) keine Differenzen gefunden wurden. Der Schluß liegt nahe, daß eher das Etikett „Hochbegabung" und weniger die außergewöhnliche Intelligenz des Kindes in einem Zusammenhang zu familiären Schwierigkeiten stehen. Familiäre Probleme als Folge der besonderen Begabung des eigenen Kindes zu sehen, lenkt zum einen von anderen, vielleicht unangenehmeren Schwierigkeiten ab und zieht zum anderen viel Verständnis der Umwelt nach sich. Das Wissen der Eltern um die „Hochbegabung" ihres Kindes könnte demnach u.U. bedeutsamer für die familiäre Interaktion und deren Auswirkungen sein als die Begabung allein. Die Eltern unserer Zielgruppe bemerken zwar die besonderen schulischen Leistungen und kognitiven Fähigkeiten ihrer Kinder (so konnten sie z.B. die Begabung ihrer Kinder treffend einschätzen, (vgl. die signifikanten Ergebnisse zur Begabungseinschätzung und zum erwarteten Bildungsabschluß, Abschnitt 7.1.5.2), über den nachweislich erzielten Intelligenzquotienten sowie über mögliche Schwierigkeiten im Zusammenleben mit „hochbegabten" Kindern waren sie aber (zum Glück?) noch nicht unterrichtet worden. Hier sollte der Frage nachgegangen werden, inwiefern gutgemeinte Ratgeberliteratur für Eltern von Kindern mit herausragenden intellektellen Fähigkeiten (z.B. BMBW Ratgeber: „Begabte Kinder finden und fördern" 1991) zu einseitigen Urteilen führt, da viele Probleme in der Entwicklung des hochbegabten Kindes vorrangig auf die „besondere Begabung" zurückgeführt werden und anderes damit vielleicht übersehen wird. Für die weitere Forschung weist unser Ergebnis darauf hin, daß die Effekte einer Etikettierung im Rahmen einer Art Vorurteils- oder Einstellungsforschung genauer überprüft werden sollten. Den theoretischen Rahmen eines solchen Forschungsansatzes bieten etwa neuere Überlegungen aus der Wissenspsychologie (vgl. v. Cranach 1995). Wie sehen die subjektiven Alltagstheorien von Eltern und Kindern hinsichtlich Intelligenz/ Begabung und deren Auswirkungen auf die Persönlichkeit aus bzw. lassen sich je nach „Betroffenheit“ unterschiedliche „group beliefs“ zu diesem Themenkomplex auffinden?

In diesem Zusammenhang sollten auch Überlegung zur „Rhetorik“, d.h. zur alltagssprachlichen Verankerung der Hochbegabtenfamilie (vgl. Abschnitt 2.1.2; Lüscher, Wehrspaun & Lange 1989) angestellt werden: Inwieweit ist der Begriff „Hochbegabtenfamilie“ - etwa in Analogie zur „Lehrerfamilie“ oder zur „Arbeiterfamilie“ - bereits umgangssprachlich selbstverständlich? Inwiefern haben sich hier Soziale Repräsentationen mit handlungsleitenden Vorstellungen konstituiert, die den Umgang mit solchen Familien zumindest zu einem Teil bereits festschreiben? Hierbei muß nach unserem Eindruck zur Zeit offen bleiben bzw. es bleibt mit anderen Worten noch zu untersuchen, ob der umgangssprachliche Begriff „Hochbegabtenfamilie“ eher einen positiven oder eher einen negativen Bedeutungsgehalt aufweist. Daß wir in unserer Untersuchung mit einem klassisch empirischen Untersuchungsdesign keine gravierenden Unterschiede zwischen den Ziel- und Vergleichsfamilien feststellen konnten, stellt ein notwendiges Korrektiv gegenüber denjenigen Eindrücken dar, die - vor allem gespeist durch Beiträge von Mitarbeitern von Spezialberatungsstellen für das hochbegabte Kind, die vorwiegend nur eine mit Problemen belastete „Teilmenge“ aller Hochbegabtenfamilien wahrnehmen - die Hochbegabtenfamilie vornehmlich als eine Problemfamilie sehen.

Eine interessante, bisher nur wenig beachtete Fragestellung betrifft die Geschwister hochbegabter Kinder. Sie wachsen in derselben Familie auf und von einer möglichen „Hochbegabtenatmosphäre“ sollten schließlich auch sie profitieren können. Untersuchungspraktisch bedeutet dies, daß in einem ersten Schritt auch die Intelligenzwerte der Geschwister (und, wenn möglich, auch der Eltern) mit erhoben werden sollten. Anstelle nach Unterschieden *zwischen* Familien mit einem hochbegabten Kind und einem durchschnittlich begabten Kind zu suchen, ist eine wichtige ergänzende Frage die nach Unterschieden *innerhalb* einer Familie mit einem hochbegabten Kind: Inwiefern sind die familiären Lebenswelten der Geschwister tatsächlich vergleichbar und wie groß sind die Einflüsse einer gemeinsamen („shared“) und einer möglicherweise nicht mehr vergleichbaren („nonshared“) familiären Umwelt. Diese, der Verhaltensgenetik entlehnte Fragestellung (vgl. Plomin & Daniels 1987), erscheint uns gerade für solche Extremgruppen wie Familien, in denen zumindest ein Kind zu den - je nach Definition - 2% Besten seiner Altersgruppe gehört, besonders interessant. Denn erst „with clarification of why children growing up within a family develop to be so different from one another will we begin to understand the way in which family influences affect the development of individual differences more generally“ (Dunn & Stocker 1989, 290).

8.3 Gibt es die Hochbegabtenfamilie?

Genauer formuliert, müßte unsere Hauptfragestellung lauten: „Gibt es spezifische, d.h. alle Familien mit einem hochbegabten Kind betreffende Eigenarten?“ oder „Gibt es etwas für Hochbegabtenfamilien *Typisches*?“

Durch den inhaltlichen Aufbau der vorliegenden Arbeit sollte deutlich geworden sein, daß zur Beantwortung dieser Fragen im vorhinein Entscheidungen zum einen hinsichtlich der *Definition von Hochbegabung* und zum anderen bezüglich der in den Blick zu nehmenden *Familienvariablen* zu treffen waren.

Wenn hier im Zusammenhang des Marburger Hochbegabtenprojekts und d.h. auch im Rahmen der vorliegenden Arbeit von „Hochbegabung“ die Rede war, so meinte dies immer eine hohe allgemeine Testintelligenz im Sinne des Spearmanschen g-Faktor Modells. Mit guten Gründen wurde diese vergleichsweise „einfache“ Hochbegabungsdefinition gewählt:

Als Hauptargument steht hier die Einbindung in eine mit den Studien Termans in den 20er Jahren begonnene und nach wie vor anhaltende Forschungstradition, Hochbegabung durch ein herausragendes Intelligenztestergebnis zu operationalisieren. Um Mißverständnissen vorzubeugen, wäre es im Grunde besser, dann auch genauer von „Hoch(test)intelligenten“ zu sprechen. Ein Überblick über die Untersuchungen zu Familien mit hochbegabten Kindern (vgl. Abschnitt 4) macht zudem deutlich, daß die überwiegende Mehrzahl der Studien eine solche Intelligenzdefinition der Hochbegabung verwendet. Ein Ziel unserer Untersuchung war es, bisher widersprüchliche Ergebnisse zu Besonderheiten in Familien mit einem hochintelligenten Kind mit Hilfe eines der Fragestellung adäquateren Untersuchungsdesigns (*unselegierte* Stichprobe, Ziel- *und* Vergleichsgruppe, *vergleichbarer sozioökonomischer Status* beider Gruppen, *vergleichbare* Altersgruppen) einer Klärung zuzuführen. Hierzu war es sinnvoll, die bisher mehrheitlich verwendete Tradition der Hochbegabtendefinition fortzuführen. Neuere inhaltliche Konzeptionen des Konstrukts „Hochbegabung“, wie sie etwa im Reader von Sternberg & Davidson (1986) vorgestellt werden, sind deshalb nicht weniger von Interesse. Nur sind bei einer veränderten Definition und damit auch einer veränderten Stichprobe von „Hochbegabten“ viele Ergebnisse nicht mehr unmittelbar vergleichbar.

Noch ein zweiter Gesichtspunkt spricht gegen alternative Definitionen von Hochbegabung. Die verschiedenen neueren Auffassungen von Hochbegabung (vgl. Abschnitt 1), die neben einer außergewöhnlichen kognitiven Fähigkeit auch weitere Persönlichkeitsdimensionen wie Motivation, Konzentration oder auch das soziale Umfeld (Familie, Schule, Peers) mit in eine Definition aufnehmen wollen, haben u.E. ihre Überlegenheit gegenüber der „klassischen" Hochbegabungsdefinition (noch) nicht aufzeigen können. So ergeben sich etwa Durchführungsprobleme, wenn notwendige Selektionsentscheidungen, sei es bei der Auswahl von Personen für Förderprogramme oder bei der Zusammenstellung von Untersuchungsgruppen, bei den ausgeweiteten Hochbegabungsdefinitionen nun nicht mehr eindimensional sondern mehrdimensional getroffen werden müssen. Problematischer erscheint uns jedoch, daß die Frage möglicher Abhängigkeiten oder Überschneidungen der einzelnen Teilkonstrukte mehrdimensionaler Hochbegabungsbegriffe bei deren Befürwortern so gut wie nie reflektiert wird, obwohl die jeweilige Gewichtung solcher Teilkonstrukte bei einer Selektionsentscheidung vorher festgelegt sein muß. Allerdings bleibt abzuwarten, wie tragfähig eine sich auf den kognitiven Bereich „beschränkende" Definition von Hochbegabung für die weitere Forschung bleiben wird.

Etwas möglicherweise Spezifisches für Familien, in denen die so definierten Hochbegabten aufwachsen, sollte sich auf drei verschiedenen Ebenen zeigen können (vgl. Abschnitt 2): im *strukturellen Umfeld* (z.B. Familiengröße, Geschwisterposition), innerhalb der *familiären Beziehungen* (Vater-, Mutter-Bindung, Beziehung zu den Geschwistern) und auf der Ebene des *Familiensystems* (familiärer Zusammenhalt, Flexibilität der Familie). Die Frage nach der Angemessenheit der hier vorgenommenen Operationalisierung der Familienvariablen (Familienbeziehungstest-FBT / FACES) wurde bereits im Zusammenhang mit der Frage nach der Generalisierung der Ergebnisse diskutiert (vgl. Abschnitt 8.1).

Bei der Interpretation der Ergebnisse muß beachtet werden, daß aufgrund der Zuordnung der Vergleichskinder zu den Zielkindern u.a. nach ihrem bildungsrelevanten sozialen Familienstatus beide Gruppen hinsichtlich des familiären Bildungshintergrundes im Vergleich zur Gesamtbevölkerung sicherlich als überdurchschnittlich einzustufen sind. Im Rahmen der begrenzten finanziellen Möglichkeiten des Projekts war es leider nicht möglich, eine zweite Gruppe von Vergleichsfamilien mit durchschnittlich begabten Kindern und einem auch durchschnittlichen familiären Bildungsstatus zu untersuchen. Dies hätte die Möglichkeit eröffnet, die Effekte der Begabungsvariable und Statuseffekte getrennt voneinander zu prüfen. Das Marburger Hochbegabtenprojekt ist jedoch von seiner Ausrichtung her schwerpunktmäßig an den Begabungseffekten interessiert, d.h. es war notwendig, mögliche hiermit konfundierte Variablen, wie etwa den familiären Bildungshintergrund, zu kontrollieren und dementsprechend Bedingungen für die eine nur mögliche Vergleichsgruppe zu definieren.

Ob die Lehrer bei der Zuordnung von Vergleichskindern zu vorgegebenem Zielkind entgegen unserer Instruktion auch noch andere Variablen als die vorgelegte vierstufige grobe Berufskategorisierung (vgl. genauer Rost & Dörner 1989) mit in Betracht gezogen haben, kann nicht kontrolliert werden. Eine *instruktionswidrige* „Gleichschaltung" beider Gruppen, etwa hinsichtlich der Geschwisterzahl oder anderer auffälliger Merkmale des familiären Umfelds, ist nicht auszuschließen, aber auch nicht wahrscheinlich.

Es folgen nun - zusammengefaßt - noch einmal die Hauptergebnisse unserer Untersuchung:

Familien mit einem hochbegabten Kind unterscheiden sich von Familien mit einem durchschnittlich begabten Kind gleichen Geschlechts (gleicher Schulklasse) weder hinsichtlich der Strukturvariablen „Familiengröße", „Geschwisterposition" und „Alter der Eltern bei der Geburt des Kindes" noch bezüglich der vom Kind wahrgenommenen positiven und negativen Gefühle gegenüber seinen Familienmitgliedern. Auch auf der Ebene des Familiensystems fanden sich für unsere Vergleichsgruppen keine Unterschiede bei der elterlichen Einschätzung des Familiensystems, was den familiären Zusammenhalt und die Flexibilität des Miteinander-Umgehens angeht. Die Eltern der besonders begabten Kinder leben öfters in Trennung bzw. sind häufiger geschieden als die Eltern unserer Vergleichskinder. Ob dieses Ergebnis vorrangig mit der Begabung des Kindes in Zusammenhang gebracht werden kann, sollte weiter untersucht werden. Da die geschiedenen bzw. getrennt lebenden Eltern in „Hochbegabtenfamilien" auch wesentlich älter sind, könnte ebenso ein Alterseffekt zur Erklärung der Scheidungshäufigkeit in Betracht gezogen werden. Der signifikant höhere Bildungsabschluß der Väter unserer Zielgruppe bzw. damit zusammenhängend der insgesamt höhere bildungsrelevante soziale Status (BRSS) der „Hochbegabtenfamilien", beides ein Zeichen einer nicht vollständig gelungenen Parallelisierung beider Gruppen hinsichtlich des sozioökonomischen Umfelds der Familie, wurde jeweils durch Kovarianzanalysen zu kontrollieren versucht.

Familien mit hochbegabten Kindern und Familien mit durchschnittlich begabten Kindern (und vergleichbarem - eher überdurchschnittlichem - Bildungshintergrund) sind sich offenbar ähnlicher, als es bisherige Ergebnisse der Hochbegabtenforschung hätten vermuten lassen.

9 LITERATUR

Ainsworth, M., Blehar, M., Waters, E. & Wall, S. (1978). Patterns of attachement. Hillsdale: Erlbaum.

Albert, R.S. (1980). Exceptionally gifted boys and their parents. Gifted Child Quarterly, 24 (4), 174-179.

Aldous, J. (1978). Family careers: Developmental change in families. New York: Wiley.

Anastasi, A. (1958). Heredity, environment and the question „how". Psychological Review, 65, 4, 197-208. Übersetzte Fassung in Skowronek, H. (Hrsg.) (1982). Vererbung, Umwelt und die Frage „Wie?". Frankfurt/M.: Ullstein, 9-26.

Araoz, D.C. (1977). Marital problems and the exceptional child. International Journal of Family Counseling, 5 (1), 64-69.

Asperger, H. (1982). Schwierigkeiten Hochbegabter. In Asperger, H. & Wurst, F. (Hrsg.). Psychotherapie und Heilpädagogik bei Kindern. München: Urban & Schwarzenberg, 242-248.

Ausubel, D.P., Balthazar, E.E., Rosenthal, I., Blackman, L.S., Schpoont, S. & Welkowitz, J. (1954). Perceived parent attitudes as determinants of children's ego structure. Child Development, 25, 173-183.

Bales, R.F. (1970). Personality and interpersonal behavior. New York: Holt, Rinehart and Winston.

Ballering, L.D. & Koch, A. (1984). Family relations when a child is gifted. Gifted Child Quarterly, 28 (3), 140-143.

Baltes, P.B. & Schaie, K.W. (1973) (Eds.). Life-span development psychology: Personality and socialization. New York: Academic Press.

Barbe, W.B. (1956). A study of the family background of the gifted. Journal of Educational Psychology, 47, 302-309.

Barrett, H.O. (1957). An intensive study of 32 gifted children. Personnel and Guidance Journal, 192-194.

Bateson, G. (1981). Ökologie des Geistes. Anthropologische, psychologische, biologische und epistemologische Perspektiven. Frankfurt: Suhrkamp.

Bauer, A. (1972). Ein Verfahren zur Messung des für Bildungsverhalten relevanten sozialen Status (BRSS). Frankfurt: Institut für Internationale Pädagogische Forschung.

Baumrind, D. (1980). New directions in socialization research. American Psychologist, 35 (7), 639-652.

Beavers, W.R. & Voeller, M.N. (1983). Family models: Comparing and contrasting the Olson Circumplex Model with the Beavers Systems Model. Family Process, 22, 250-260.

Beavers, W.R., Hampson, R.B. & Hulgus, Y.F. (1985). Commentary: The Beavers system approach to family assessment: Family Process, 24, 398-405.

Beck-Gernsheim, E. (1990). Alles aus Liebe zum Kind. In Beck, U. & Beck-Gernsheim, E. (Hrsg.). Das ganz normale Chaos der Liebe. Frankfurt: Suhrkamp, 135-183.

Beelmann, W. & Schmidt-Denter, U. (1991). Kindliches Erleben sozial-emotionaler Beziehungen und Unterstützungssysteme in Ein-Elternteil-Familien. Psychologie in Erziehung und Unterricht, 38, 80-189.

Bell, R.Q. & Harper, L.V. (1977). Child effects on adults. Hillsdale, N.J.: Erlbaum.

Bell, R.Q. (1968). A reinterpretation of the direction of effects in studies of socialization. Psychological Review, 75, 81-95.

Bell, R.Q. (1979). Parent, child, and reciprocal influences. American Psychologist, 34, 821-826.

Belmont, L. & Marolla, F.A. (1973). Birth order, family size and intelligence. Science, 182, 1096-1101.

Belser, H., Anger, H. & Bargmann, R. (1965). Frankfurter Analogietest FAT 7-8. Begabungstest für 7. bis 8. Klassen. Weinheim: Beltz.

Belser, H., Anger, H., Bargmann, R. & Raatz, U. (1972). Frankfurter Analogietest FAT 4-6. Begabungstest für 4. bis 6. Klassen. Weinheim: Beltz.

Benbow, C.P. & Stanley, J.C. (1980/81). Intellectually talented students: Family profiles. Gifted Child Quarterly, 24 (3), 119-122.

Benbow, C.P., Stanley, J.C., Kirk, M.K. & Zondermann, A.B. (1983). Structure of intelligence in intellectually precocious children and in their parents. Intelligence, 7, 129-152.

Benbow, C.P., Zondermann, A.B. & Stanley, J.C. (1983). Assortative marriage and the familiality of cognitive abilities in families of extremly gifted students. Intelligence, 7, 153-161.

Bene, E. & Anthony, E.J. (1978). Manual for the children's version of the Family-Relations-Test. Revised 1978 by Dr. Bene. Windsor, England: The NFER-Nelson Publishing.

Bene, E. (1973). Reply to Kauffman and Ball's note regarding the Family Relations Test. Journal of Personality Assessment, 37, 464-466.

Bertalanffy, L. von (1972). Zu einer allgemeinen Systemlehre. In Bleicher, K. (Hrsg.). Organisation als System. Wiesbaden: Gabler.

Block, J. (1957). A comparison between ipsative and normative ratings of personality. Journal of Abnormal Social Psychology, 54, 50-54.

Bloom, B.L. (1985). A factor analysis of self-report measures of family functioning. Family Process, 24, 225-239.

Bloom, B.S. (1985). Developing talent in young people. New York: Ballantine Books.

Blumer, H. (1969). Symbolic Interactionism. Englewood Cliffs, New Jersey: Prentice Hall.

Bortz, J. (1985). Lehrbuch der Statistik. Zweite, vollständig neu bearbeitete und erweiterte Auflage. Heidelberg: Springer.

Borzym, I. (1981). The family value system and scholastic achievement of school children differing in ability level. Polish Psychological Bulletin, Vol. 12 (4), 201-211.

Bowlby, J. (1959). Über das Wesen der Mutter-Kind-Bindung. Psyche, 13, 415-456.

Bradley, R.H. (1968). Birth order and school-related behavior: A heuristic review. Psychological Bulletin, 70, 45-51.

Bredenkamp, J. (1970). Über Maße der praktischen Signifikanz. Zeitschrift für Psychologie, 177, 310-318.

Breland, H.M. (1974). Birth order, family configuration, and verbal achievement. Child Development, 45, 1011-1019.

Bridges, S. (1973). IQ-150. London: Priory Press.

Bronfenbrenner, U. (1981). Die Ökologie der menschlichen Entwicklung. Stuttgart: Klett-Cotta.

Bronfenbrenner, U. (1986). Ecology of the family as a context for human development: research perspectives. Developmental Psychology, 22, 723-742.

Brunner, E.J. & Huber, G.L. (1989). Interaktion und Erziehung. München: PVU.

Brunner, E.J. (1986). Grundfragen der Familientherapie. Systemische Theorie und Methodologie. Berlin: Springer.

Brunner, E.J. (Hrsg.) (1984). Interaktion in der Familie. Berlin: Springer.

Bundesministerium für Bildung und Wissenschaft (BMBW) (1991). Begabte Kinder finden und fördern. Ein Ratgeber für Eltern und Lehrer. Bonn: Referat für Presse- und Öffentlichkeitsarbeit.

Burt, C. (1948). A comparison of factor analysis and analysis of variance. British Journal of Psychological Statistic, 1, 3-26.

Cattell, R.B. (1944). Psychological measurements: Normative, ipsative, interactive. Psychological Reviews, 51, 292-303.

Cattell, R.B. (1960). Culture Fair Intelligence Test, Scale 2. Champaign, III, IPAT.

Chamrad, D.L. & Robinson, N.M. (1986). Parenting the intellectually gifted preschool child. Topics in early childhood special education, 6 (1), 74-87.

Chauvin, R. (1979). Die Hochbegabten. Wie erkennen und fördern wir überdurchschnittlich begabte Kinder? Bern: Haupt.

Cheney, A.B. (1962). Parents view their intellectually gifted children. Peabody Journal of Education, 40, 98-101.

Chow, S.L. (1988). Significance test or effect size?. Psychological Bulletin, 103 (1), 105-110.

Cicirelli, V.G. (1976). Sibling structure and intellectual ability. Developmental Psychology, 12, 369-370.

Cicirelli, V.G. (1978). The relationship of sibling structure to intellectual abilities and achievement. Review of Educational Research, 48, 365-379.

Cierpka, M. (1988). Überblick über familiendiagnostische Fragebogeninventare. In Cierpka, M. (Hrsg.). Familiendiagnostik. Berlin: Springer, 215-231.

Cierpka, M. (1989). Das Problem der Spezifität in der Familientheorie. System Familie, 2, 197-216.

Cohen, J. (1977). Statistical power analysis for the behavioral sciences (revised edition). New York: Academic Press.

Colangelo N. & Brower, P. (1987). Labeling gifted youngsters: Long-term impact on families. Gifted Child Quarterly, 31 (2), 75-78.

Colangelo, N. & Dettmann, D.F. (1983). A review of research on parents and families of gifted children. Exceptional Children, 50, 20-27.

Colangelo, N. (1988). Families of gifted children: The next ten years. Roeper Review, 11 (1), 16-18.

Cooper, D. (1981). Der Tod der Familie. Reinbek: Rowohlt.

Cornell, D.G. & Grossberg, I.N. (1986). Siblings of children in gifted programs. Journal for the Education of the Gifted, 9 (4), 253-264.

Cornell, D.G. & Grossberg, I.N. (1987). Family environment and personality adjustment in gifted programm children. Gifted Child Quarterly, 31 (2), 59-64.

Cornell, D.G. & Grossberg, I.N. (1989). Parent use of the term „gifted“: Correlates with family environment and child adjustment. Journal for the Education of the Gifted, 12 (3), 218-230.

Cornell, D.G. (1983). Gifted children: The impact of positive labeling of the family system. American Journal of Orthopsychiatry, 53, 322-335.

Cornell, D.G. (1984). Families of gifted children. Ann Arbor, Mi.: UMI Research Press.

Cox, R.L. (1977). Background characteristics of 456 gifted students. Gifted Child Quarterly, 21 (2), 261-267.

Cox, R.L. (1981). Personal, physical, and family traits of gifted children. In Miller, B.S. & Puce, M. (Eds.). The gifted child, the family and the community. New York: Walter, 107-113.

Cropley, A., Mc Leod, J. & Dehn, D. (1988). Begabung und Begabungsförderung. Entfaltungschancen für alle Kinder! Heidelberg: Asanger.

Daniels, J.C. (1971). Figure Reasoning Test (FRT). London: Crosby Lockwood & Sons.

Darpe, F., Darpe, G. & Schneewind, K.A. (1975). Elternverhalten und kindliche Intelligenz. Eine Untersuchung über den Zusammenhang zwischen der Intelligenzstruktur und der Perzeption elterlicher Erziehungsziele und -einstellungen bei 10 bis 12jährigen Kindern. In Lukesch, H. (Hrsg.). Auswirkungen elterlicher Erziehungsstile. Göttingen: Hogrefe, 63-71.

Dowdall, C.B. & Colangelo, N. (1982). Underachieving gifted students: Review and implications. Gifted Child Quarterly, 26 (4), 179-184.

Drews, E.M. & Teahan, J.E. (1957). Parental attitudes and academic achievement. Journal of Clinical Psychology, 13, 328-332.

Dunn, J. & Stocker, C. (1989). The significance of differences in siblings´experiences within the family. In Kreppner, K. & Lerner, R.M.. Family systems and life-span development. Erlbaum: Hillsdale, 289-301.

Duss-von Werdt, J. (1980). Der Familienmensch. Identität und Familie. In Duss-von Werdt, J. & Welter-Endlin, R. (Hrsg.). Der Familienmensch. Stuttgart: Klett-Cotta, 17-28.

Duvall, E.M. (1977). Marriage and family development. 5th edition. New York: Lippincott.

Eysenck, H.J. (1988). The concept of „intelligence“: Useful or useless? Intelligence, 12, 1-16.

Feger, B. (1980). Identifikation von Hochbegabten. In Klauer, K.J. & Konradt, H.-J. (Hrsg.). Jahrbuch für Empirische Erziehungswissenschaft. Düsseldorf: Schwann, 87-112.

Feldmann, S.S., Wentzel, K.R. & Gehring, T.M. (1989). A comparison of the views of mothers, fathers and pre-adolescents about family cohesion and power. Journal of Family Psychology, 3, 39-60.

Fell, L., Dahlstrom, M. & Winter, D.C. (1984). Personality traits of parents of gifted children. Psychological Reports, 54, 383-387.

Flämig, J. & Wörner, U. (1977). Standardisierung einer deutschen Fassung des Family Relations Test (FRT) an Kindern von 6-11 Jahren. Teil 1: Testmaterial, Durchführung des Tests und Auswertung. Teil 2: Eichstichprobe, Normentabellen, Interpretation. Praxis der Kinderpsychologie und Kinderpsychiatrie, 26, 5-11 und 38-46.

Forman, B.D. & Hagan, B.J. (1984). Measures for evaluating total family functioning. Family Therapy, 11, 1-36.

Freeman, J. (1979). Gifted children. Their identification and development in a social context. Lancaster: MTP Press.

Freeman, J. (1982). Ist hohe Intelligenz ein Handicap? In Urban, K.K. (Hrsg.). Hochbegabte Kinder. Psychologische, pädagogische, psychiatrische und soziologische Aspekte. Heidelberg: Schindele, 123-130.

Freeman, J. (1985). Erziehung und Intelligenz. Natürliche Anlagen erkennen und fördern. Düsseldorf: Econ.

Freeman, J. (1991). Gifted children growing up. London: Cassell.

French, J.L. & Murphy, J.P. (1983). Parenting of gifted children: A two edged sword. Roeper Review, February.

Frey, J. & Wendorf, D.J. (1985). Families of gifted children. In L'Abate, L. (Ed.). The handbook of family psychology and therapy, Vol. II. Illinois: Homewood, 781-809.

Frierson, E.C. (1965). Upper and lower status gifted children: a study of differences. Exceptional Children, 32 (2), 83-90.

Fürntratt, E. (1969). Zur Bestimmung der Anzahl interpretierbarer gemeinsamer Faktoren in Faktorenanalysen psychologischer Daten. Diagnostica, 15, 62-75.

Gagné, F. (1985). Giftedness and Talented: Reexamining a Reexamination of the Definitions. Gifted Child Quarterly, 29, 103-112.

Gardner, H. (1983). Frames of mind. The theory of multiple intelligence. New York: Basic Books.

Gelcer, E. & Dick, S. (1986). Families of gifted children: achievers and underachievers. In Cropley, A.J., Urban, K.K., Wagner, H. & Wieczerkowski, W. (Eds.). Giftedness: A continuing worldwide challenge. New York: Trillium Press, 447-459.

Getzels, J.W. & Jackson, P.W. (1961). Family environment and cognitive style: A study of the sources of highly intelligent and of highly creative aolescence. American Sociological Review, 26 (3), 351-359.

Geuß, H. & Urban, K.K. (1982). Hochbegabte Kinder. In Wieczerkowski, W. & zur Oveste, H. (Hrsg.). Lehrbuch der Entwicklungspsychologie. Band 3. Düsseldorf: Schwann, 85-110.

Gockenbach, L.B. (1989). A review of personality factors in parents of gifted children and their families: Implications for research. Journal of Clinical Psychology, 45 (2), 210-213.

Gowan, J.C. (1957). Dynamics of the underachievement of gifted students. Exceptional Children, 98-101, 122.

Graumann, C.F. (Hrsg.). Ökologische Perspektiven in der Psychologie. Bern: Huber.

Green, K., Fine, M.J. & Tollefson, N. (1988). Family systems characteristics and underachieving gifted adolescent males. Gifted Child Quarterly, 32 (2), 267-272.

Green, R.G., Harris, R.N., Forte, J.A. & Robinson, M. (1991a). Evaluating FACES III and the circumplex model: 2440 families. Family Process, 30, 55-73.

Green, R.G., Harris, R.N., Forte, J.A. & Robinson, M. (1991b). The wives data and FACES IV: Making things appear simple. Family Process, 30, 79-83.

Green, R.G., Kolevzon, M.S. & Vosler, N.R. (1985). The Beavers-Timberlawn model of family competence and the circumplex model of family adaptability and cohesion: Separate, but equal? Family Process, 24, 385-398.

Grenier, M.E. (1985). Gifted child and other siblings. Gifted Child Quarterly, 29 (4), 164-167.

Grobel, A. (1990). Hochbegabung in Familien. Eine Untersuchung über Beziehungen zwischen Eltern und ihren hochbegabten Kindern. (Berichte zur Erziehungstherapie und Eingliederungshilfe, 54). München: Minerva.

Gross, M. (1993). Exceptionally gifted children. London: Routledge.

Grotevant, H.D., Scarr, S. & Weinberg, R.A. (1977). Intellectual development in family constellations with adopted and natural children: A test of the Zajonc and Markus Model. Child Development, 48, 1699-1703.

Groth, N.J. (1971). Differences in parental environment needed for degree achievement for gifted men and women. Gifted Child Quarterly, 15 (4), 256-261.

Groth, N.J. (1975). Mothers of gifted. Gifted Child Quarterly, 19 (3), 217-222.

Grupe, G. (1993). Wie komplexe Phänomene eine scheinbar einfache Erklärung finden. Zeitschrift für Pädagogische Psychologie, 7 (4), 191-195.

Gurman, A.S. (1970). The role of the family in underachievement. Journal of School Psychology, 8 (1), 48-53.

Hackney, H. (1981). The gifted child, the family, and the school. Gifted Child Quarterly, 25, 51-54.

Hagen, E. (1989). Die Identifizierung Hochbegabter. Heidelberg: Asanger.

Hany, E.A. & Heller, K.A. (1991). Gegenwärtiger Stand der Hochbegabtenforschung. Replik zum Beitrag Identifizierung von Hochbegabung. Zeitschrift für Entwicklungspsychologie und Pädagogische Psychologie, XXIII, 241-249.

Hany, E.A. (1987). Modelle und Strategien zur Identifikation hochbegabter Schüler. Ludwig-Maximilians-Universität. Unveröffentlichte Dissertation.

Havighurst, R.J. (1972). Developmental tasks and education. 3rd edition. New York: McKay.

Hayes, R.F. & Bronzaft, A.L. (1979). Birth order and related variables in an academically elite sample. Journal of Individual Psychology, 35, 214-224.

Heinbokel. A. (1988). Hochbegabte. Erkennen, Probleme, Lösungswege. Baden-Baden: Nomos Verlagsgesellschaft.

Helbig, P. (1988). Begabung im pädagogischen Denken. Ein Kernstück anthropologischer Begründung von Erziehung. Weinheim, München: Juventa.

Heller, K.A. & Hany, E.A. (1986). Identification, Development and Analysis of Talented and Gifted Children in West Germany. In Heller, K.A. & Feldhusen, J.F. (Eds.). Identifying and nurturing the gifted child. An international perspective. Toronto: Huber, 67-82.

Heller, K.A. (1986). Psychologische Probleme der Hochbegabungsforschung. Zeitschrift für Entwicklungspsychologie und Pädagogische Psychologie, Band XVIII, Heft 4, 335-361.

Heller, K.A. (1987b). Perspektiven einer Hochbegabungsdiagnostik. Zeitschrift für Differentielle und Diagnostische Psychologie, 8 (3), 159-172.

Heller, K.A. (1989). Diagnose und Lernangebote für Hochbegabte. In Lukesch, H., Nöldner, W. & Peez, H. (Hrsg.). Beratungsaufgaben in der Schule. München: Ernst Reinhardt Verlag, 114-128.

Heller, K.A. (1990). Zielsetzung, Methode und Ergebnisse der Münchner Längsschnittstudie zur Hochbegabung. Psychologie in Erziehung und Unterricht, 37, 85-100.

Heller, K.A. (1991). Hochbegabungsdiagnostik. In Heller, K.A. (Hrsg.). Begabungsdiagnostik in der Schul- und Erziehungsberatung. Bern: Huber, 277-291.

Heller, K.A. (Hrsg.) (1987a). Hochbegabungsdiagnostik. (Themenheft der Zeitschrift für Differentielle und Diagnostische Psychologie). Bern: Huber.

Henderson, R.W. (1981). Home environment and intellectual performance. In Henderson, R. W. (Ed.). Parent-child interaction. Theory, research, and prospects. New York: Academic Press, 3-32.

Holmes, F.B. (1962). A study of the psychological, emotional, and intellectual factors associated with academic underachievement. The Independent School Bulletin, 54-59.

Hotelling, H. (1933). Analysis of a complex of statistical variables into principal components. Journal of Educational Psychology, 24, 417-441, 498-520.

Huber, G.L. & Mandl, H. (1980). Kognitive Sozialisation. In Hurrelmann, K. & Ulich, D. (Hrsg.). Handbuch der Sozialisationsforschung. Weinheim: Beltz, 631-648.

Jäger, A.O. & Tesch-Römer, C. (1988). Replikation des Berliner Intelligenzstrukturmodells (BIS) in den „Kit of Reference Tests for Cognitive Factors“ nach French, Ekstrom & Price (1963). Zeitschrift für Differentielle und Diagnostische Psychologie, 9, 77-96.

Jäger, A.O. (1982). Mehrmodale Klassifikation von Intelligenztestleistungen: Experimentell kontrollierte Weiterentwicklung eines deskriptiven Intelligenzstrukturmodells. Diagnostica, 28, 195-225.

Jäger, A.O. (1986). Validität von Intelligenztests. Diagnostica, 32 (4), 272-289.

Jarrell, R.H. & Borland, J.H. (1990). The research base for Renzulli's three-ring conception of giftedness. Journal for the education of the gifted, 13 (4), 288-308.

Jensen, A.R. (1969). How much can we boost IQ and scholastic achievement? Harvard Educational Research, 39, 1-123. Übersetzte und leicht gekürzte Fassung in Skowronek, H. (Hrsg.) (1982). Wie sehr können wir Intelligenzquotient und schulische Leistung steigern? Frankfurt/M.: Ullstein, 63-155.

Jensen, R.A. (1975). Es gibt Unterschiede zwischen Schwarzen und Weißen. Eine Zusammenfassung der umstrittenen Thesen Arthur Jensens. Psychologie Heute, 2 (1), 63, 65, 67, 69, 71, 73, 75.

Karnes, M.B. & Shwedel, A.M. (1987). Differences in attitudes and practices between fathers of young gifted and fathers of young non-gifted: A pilot study. Gifted Child Quarterly, 31, 79-82.

Karnes, M.B., Mc Coy, C. & Zehrbach, R. (1961). Factors associated with underachievement and overachievement of intellectually gifted children. Exceptional Children, 25, 167-175.

Karnes, M.B., Shwedel, A.M. & Steinberg, D. (1984). Styles of parenting among parents of young gifted children. Roeper Review, April, 232-235.

Kauffmann, J.M. & Ball, D.W. (1973). A note on the item analysis of Family Relations Test data. Journal of Personality Assessment, 37, 248.

Kauffmann, J.M., Hallahan, D.P. & Ball, D.W. (1975). Parents' predictions of their children's perceptions of family relations. Journal of Personality Assessment, 39, 228-235.

Kauffmann, J.M., Weaver, S.J. & Weaver, A. (1972). Family Relations Test response of retarded readers: Reliability and comparative data. Journal of Personality Assessment, 36, 353-360.

Keirouz, K.S. (1990). Concerns of parents of gifted children: A research review. Gifted Child Quarterly, 34, 56-63.

Klauer, K.J. (1975). Auswege aus der Jensen-Debatte. Psycholgie Heute, 2 (8), 27-34.

Kline, B.E. & Meckstroth, E.A. (1986). Meeting the emotional needs of the gifted. In Cropley, A.J., Urban, K.K., Wagner, H. & Wieczerkowski, W. (Eds.). Giftedness: A continuing worldwide challenge. New York: Trillium Press, 460-470.

Krapp, A. (1984). Forschungsergebnisse zur Bedingungsstruktur der Schulleistung. In Heller, K.A. (Hrsg.). Leistungsdiagnostik in der Schule. 4. Auflage. Stuttgart: Huber.

Krapp, A. (1988). Anlage und Umwelt. In Asanger, R. & Wenninger, G. (Hrsg.). Handwörterbuch Psycholgie. München: PVU, 37-42.

Kuehl, B.P., Schumm, W.R., Russell, C.S. & Jurich, A.P. (1988). How do subjects interpret items in Olson's family adaptability and cohesion evaluation scales (FACES)? Educational and Psychological Measurement, 48, 247-253.

Kühn, R. (1983). Bedingungen für Schulerfolg. Göttingen: Hogrefe.

Kulieke, M.J. & Olszewski-Kubilius, P. (1989). The influence of family values and climate on the development of talent. In Tassel-Baska, J.L. van & Olszewski-Kubilius, P. (Eds.). Patterns of influence on gifted learners. The home, the self and the school. New York: Teachers College Press, Columbia University, 40-59.

Landau, E. & Weissler, K. (1993). Parental environment in families with gifted and nongifted children. The Journal of Psychology, 127 (2), 129-142.

Landau, E. (1990). Mut zur Begabung. München: Reinhardt.

Lange-Eichbaum, W. (1928). Genie, Irrsinn und Ruhm. München: Reinhardt.

Lerner, R.M. & Spanier, G.B. (Eds.) (1978). Child influences of marital and family interaction: A life span perspective. New York: Academic Press.

Lewin, K. (1946). Verhalten und Entwicklung als eine Funktion der Gesamtsituation. In Lewin, K. (Hrsg.) (1963). Feldtheorie in den Sozialwissenschaften. Bern: Huber, 271-329.

Lewis, M. & Rosenblum, L.A. (1974). The effect of the infant on its caregiver. New York: Wiley & Sons.

Lewontin, R.C., Rose, S. & Kamin, L.J. (1988). Die Gene sind es nicht. Biologie, Ideologie und menschliche Natur. München: PVU.

Lienert, G.A. (1969). Testaufbau und Testanalyse. Dritte, ergänzte Auflage. Weinheim: Beltz.

Lockwood, B. & Frost, B.P. (1973). Studies of the Family Relations Test patterns. II: Most mentioned family members and intersibling involvement. Social Behavior and Personality, 1, 137-143.

Loeb, R.C. & Jay, G. (1987). Self-concept in gifted children: Differential impact in boys and girls. Gifted Child Quarterly, 31 (1), 9-14.

Lukesch, H. (1980). Erziehungsstile. In Spiel, W. (Hrsg.) Die Psychologie des 20. Jahrhunderts. Band XI. Konsequenzen für die Pädagogik (1). Entwicklungsmöglichkeiten und erzieherische Modelle. Zürich: Kindler, 329-356.

Lukesch, H. (1993). Eine monogenetische Intelligenztheorie als Grundlage für die Gestaltung des Schulsystems? Zeitschrift für Pädagogische Psychologie, 7 (4), 185-189.

Lukesch, H. (Hrsg.) (1975). Auswirkungen elterlicher Erziehungsstile. Göttingen: Hogrefe.

Lüscher, K. (1988). Familie und Familienpolitik im Übergang zur Postmoderne. In Lüscher, K., Schultheis, F. & Wehrspaun, M. (Hrsg.). Die „postmoderne" Familie. Familiale Strategien in einer Übergangszeit. Konstanz: Universitätsverlag, 15-36.

Lüscher, K., Wehrspaun, M. & Lange, A. (1989). Begriff und Rhetorik von Familie. Zeitschrift für Familienforschung, 2, 61-76.

Marceil, J.C. (1977). Implicit dimensions of idiography and nomothesis: A reformulation. American Psychologist, 32, 1046-1055.

Marjoribanks, K. (1972). Environment, social class and mental abilities. Journal of Educational Psychology, 63, 103-109.

Mascie-Taylor, C.G.N. (1980). Family size, birth order and IQ components: A survey of a Cambridge suburb. Journal of Biosocial Science, 10, 309-312.

Massey, R.F. (1985). Was/Wer ist das Familiensystem? Zeitschrift für systemische Therapie, 3, 21-34.

Mathews, F.N., West, J.D. & Hosie, T.W. (1986). Understanding families of academically gifted children. Roeper Review, 9, 40-42.

McGillivray, R.H. (1964). Differences in home background between high achieving and low achieving gifted children. Ontario Journal of Educational Research, 6, 99-106.

McMann, N. & Oliver, R. (1988). Problems in families with gifted children: Implications for counselors. Journal of Counseling and Development, 66, 275-278.

McCubbin, H.I. & Patterson, J.M. (1983). The family stress process: The double ABCX model of adjustment and adaption. Marriage and Family Review, 6, 7-35.

McGillicuddy de Lisi, A.V. (1985). The relationship between parental beliefs and children's cognitive level. In Sigel, I.E. (Ed.). Parental belief systems. Hillsdale, N.J.: Erlbaum, 7-24.

Merz, F. & Stelzl, J. (1977). Einführung in die Erbpsychologie. Stuttgart: Kohlhammer.

Miller, A. (1979). Das Drama des begabten Kindes und die Suche nach dem wahren Selbst. Frankfurt am Main: Suhrkamp.

Miller, S.A. (1988). Parents' beliefs about children's cognitive development. Child Development, 59, 259-285.

Minuchin, P. (1985). Families and individual development: Provocations from the field of family therapy. Child Development, 56, 289-302.

Minuchin, S. & Fishmen, H.C. (1983). Praxis der strukturellen Familientherapie. Freiburg: Lambertus.

Minuchin, S. (1977). Familie und Familientherapie. Freiburg: Lambertus.

Mönks, F.J. & van Boxtel, H.W. (1985). Gifted Adolescents: A Developmental Perspective. In Freeman, J. (Ed.). The Psychology of Gifted Chidren, John Wiley & Sons, 275-296.

Mönks, F.J. (1987a). Einzelfallanalyse in der Hochbegabungsdiagnostik. Zeitschrift für Differentielle und Diagnostische Psychologie, 8, Heft 3, 235-240.

Mönks, F.J. (1987b). Beratung und Förderung besonders begabter Schüler. Psychologie in Erziehung und Unterricht, 34, 214-222.

Mönks, F.J. (1990). Hochbegabtenförderung als Aufgabe der Pädagogischen Psychologie. Psychologie in Erziehung und Unterricht, 37, 243-250.

Mönks, F.J. (1991). Kann wissenschaftliche Argumentation auf Aktualität verzichten? Replik zum Beitrag Identifizierung von Hochbegabung. Zeitschrift für Entwicklungspsychologie und Pädagogische Psychologie, XXIII, 232-240.

Mönks, F.J., van Boxtel, H.W., Roelofs, J.J.W. & Sanders, M.P.M. (1986). The identification of gifted children in secondary education and a description of their situation in Holland. In Heller, K.A. & Feldhusen, J.F. (Eds.). Identifying and nurturing the gifted. An international perspective. Toronto: Huber, 39-66.

Moos, R.H. & Moos, B.S. (1981). Family environment scale. Manual. Consulting Psychologists Press, Palo Alto.

Moos, R.H. (1974). Family environment scale (FES). Preliminary manual. Social Ecology Laboratory, Department of psychiatry, Stanford University, Palo Alto.

Morrow, W.R. & Wilson, R.C. (1961). Family relations of bright high-achieving and under-achieving high school boys. Child Development, 32, 501-510.

Nave-Herz, R. & Markefka, M. (Hrsg.) (1989). Handbuch der Familien- und Jugendforschung. Band 1: Familienforschung. Neuwied: Luchterhand.

Nave-Herz, R. (1989). Zeitgeschichtlicher Bedeutungswandel von Ehe und Familie in der Bundesrepublik Deutschland. In Nave-Herz, R. & Markefka, M. (Hrsg.). Handbuch der Familien- und Jugendforschung. Band 1: Familienforschung. Neuwied: Luchterhand, 211-222.

Newman, C.J., Dember, C.F. & Krug, O. (1973). He can but he won't. Psychoanalytic Study of the Child, 173 (28), 83-129.

Nichols, R.C. (1964). Parental attitudes of mothers of intelligent adolescents and creativity of their children. Child Development, 35, 1041-1049.

Norman, R.D. (1966). The interpersonal values of parents of achieving and nonachieving gifted children. The Journal of Psychology, 64, 49-57.

Oerter, R. (1987). Pädagogische Psychologie im Wandel: Rückblick und Neuorientierung. Zeitschrift für Pädagogische Psychologie, 1, 1-28.

Olson, D.H. (1985). Commentary: Struggling with congruence across theoretical models and methodes. Family Process, 24, 203-207.

Olson, D.H. (1986). Circumplex model VII: Validation studies and FACES III. Family Process 25, 337-351.

Olson, D.H. (1991). Commentary: Three-dimensional (3-D) circumplex model and revised scoring of FACES III. Family Process, 30, 74-79.

Olson, D.H., Mc Cubbin, H., Barnes, H.L., Larsen, A.S., Muxen, M.J. & Wilson, M.A. (1983). Families. What makes them work. Beverly Hills, Cal.: Sage.

Olson, D.H., Portner, J. & Lavee, Y. (1985). FACES III - Family adaptability and cohesion evaluation scales. St. Paul, Min.: University of Minnesota.

Olson, D.H., Russell, C.S. & Sprenkle, D.H. (1983). Circumplex model of marital and family systems VI: Theoretical update. Family Process, 22, 69-83.

Olson, D.H., Sprenkle, D.H. & Russell, C.S. (1979). Circumplex model of marital and family systems I: Cohesion and adaptability dimensions, family types, and clinical applications. Family Process, 18, 3.28.

Oswald, W.D. & Roth, E. (1987). Der Zahlen-Verbindungs-Test: Handanweisung. 2., überarbeitete und erweiterte Auflage. Göttingen: Hogrefe.

Oswald, W.D. (1983). Neuere Ansätz in der Intelligenzforschung. Psychologie in Erziehung und Unterricht, 30, 93-97.

Paetzold, B. (1989). Die Bedeutung der Mutter für die Entwicklung des Kindes. In Paetzold, B. & Fried, L. (Hrsg.). Einführung in die Familienpädagogik. Weinheim: Beltz, 34-51.

Page, E.B. & Grandon, G.M. (1979). Family configuration and mental ability: Two theories contrasted with U.S. data. American Educational Research Journal, 16, 257-272.

Papastefanou, C. (1989). Die Bedeutung der Familie für die kognitive Entwicklung von Kindern. In Paetzold, B. & Fried, L. (Hrsg.). Einführung in die Familienpädagogik. Weinheim: Beltz, 165-181.

Parker, M. & Colangelo, N. (1979). An assessment of values of gifted students and their parents. In Colangelo, N. & Zaffrann, R.T. (Eds.). New voices in counseling the gifted. Dubuque, Iowa: Kendall/Hunt, 408-414.

Pauls, H. (1983). Zur Reziprozität der Eltern-Kind-Beziehung. Psychologie in Erziehung und Unterricht, 30, 81-89.

Perosa, L.M. & Perosa, S.L. (1990). The use of a bipolar format for FACES III: A reconsideration. Journal of Marital and Family Therapy, 16, 187-199.

Peterson, D.C. (1977). The heterogeneously gifted family. Gifted Child Quarterly, 21, 396-408.

Petzold, M. & Nickel, H. (1989). Grundlagen und Konzept einer entwicklungspsychologischen Familienforschung. Psychologie in Erziehung und Unterricht, 36, 241-257.

Pfouts, J.H. (1980). Birth order, age-spacing, IQ differences and family relations. Journal of Marriage and the Family, 42, 517-530.

Phillip, R.L. & Orr, R.R. (1978). Family relations as perceived by emotionally disturbed and normal boys. Journal of Personality Assessment, 42, 121-127.

Piaget, J. (1981). Jean Piaget über Jean Piaget. Sein Werk aus seiner Sicht. München: Kindler. Übersetzung des Artikels „Piaget's theory". In Mussen, P.H. (1970). Carmichael's Manual of Child Pychology. 3rd edition, Vol.I, 703-732.

Plomin, R. & Daniels, D. (1987). Why are children brought up within the same family so different from one another ? The Behavioral and Brain Sciences, 10, 1-16.

Plomin, R. & DeFries, J.C. (1980). Genetics and intelligence: recent data. Intelligence, 4, 15-24.

Porter, R. & Cattell, R.B. (1973). Children's personality questionnaire. Champaign, Illinois: Institute for Personality and Ability Testing.

Portmann, R. (1974). Stufentests. Sprachliche Analogien 3/4. 308/408 Beiheft. Unter Mitarbeit von Graudenz, I. & Stark, G.. Weinheim: Beltz.

Portmann, R. (1975). Stufentests. Sprachliche Analogien 5/6. Unter Mitarbeit von Kadatz, G.. Weinheim: Beltz.

Pratt, D.M. & Hansen, J.C. (1987). A test of the curvilinear hypothesis with FACES II and III. Journal of Marital and Family Therapy, 13, 387-392.

Prenzel, M. & Schiefele, H. (1986). Konzepte der Veränderung und Erziehung. In Weidenmann, B. & Krapp, A. (Hrsg.). Pädagogische Psychologie, München: PVU, 105-142.

Rauchfleisch, U. (1979). Handbuch zum Rosenzweig-Picture-Frustration-Test (PFT). Band 1: Grundlagen, bisherige Resultate und Anwendungsmöglichkeiten des PFT. Bern: Huber.

Renzulli, J.S. & Smith, L.H. (1980). An alternative approach to identifying and programming for gifted and talented students. Gifted/Creative/Talented, Nov./Dec., 4-11.

Renzulli, J.S. (1978). What makes giftedness ? Reexamining a definition. Phi Delta Kappan, 60, 180-184, 261.

Renzulli, J.S. (1984). The triad/revolving door system: A research based approach to identification and programming for the gifted and talented. Gifted Child Quarterly, 28, 163-171.

Renzulli, J.S. (1986). The three-ring conception of giftedness: a developmental model for creative productivity. In Sternberg, R.J. & Davidson, J. E. (Eds.). Conceptions of giftedness. New York, Cambridge University Press, 53-92.

Renzulli, J.S. (1988). A decade of dialogue on the three-ring conception of giftedness. Roeper Review, 11, 19-25.

Renzulli, J.S. (1990). „Torturing data until they confess“: An analysis of the analysis of the three-ring conception of giftedness. Journal for the education of the gifted, 13 (4), 309-331.

Renzulli, J.S. (1993). Ein praktisches System zur Identifizierung hochbegabter und talentierter Schüler. Psychologie in Erziehung und Unterricht, 40, 217-224.

Richter, H.E. (1985). Patient Familie. Reinbek: Rowohlt.

Robinson, A. (1986a). Brave New Directions: Needed Research on the labeling of gifted children. Gifted Child Quarterly, 30 (1), 11-14.

Robinson, A. (1986b). The identification and labeling of gifted children. What does research tell us? In Heller, K.A. & Feldhusen, J.F. (Eds.). Identifying and nurturing the gifted. An international perspective. Toronto: Huber, 103-109.

Rodick, J.D., Henggeler, S.W. & Hanson, C.L. (1986). An evaluation of family adaptability and cohesion evaluation scales (FACES) and the circumplex model. Journal of Abnormal Child Psychology, 14, 77-87.

Roedell, W.C., Jackson, N.E. & Robinson, H.B. (1989). Hochbegabung in der Kindheit. Besonders begabte Kinder im Vor- und Grundschulalter. Heidelberg: Asanger.

Ross, A.O. (1964). Das Sonderkind. Stuttgart. Hippokrates.

Ross, A.O. (1979). The gifted child in the family. In Colangelo, N. & Zaffrann, R.T. (Eds.). New voices in counseling the gifted. Dubuque, IA: Kendall-Hunt, 402-407.

Rost, D.H. & Albrecht, H.T. (1985). Expensive homes; clever children? On the relationship between giftedness and housing quality. School Psychology International, 6, 5-12.

Rost, D.H. & Albrecht, H.T. (1988). Hochbegabung. In Asanger, R. & Wenninger, G. (Hrsg.). Handwörterbuch Psychologie. Vierte, völlig neu bearbeitete und erweiterte Auflage. München: PVU, 294-300.

Rost, D.H. & Czeschlik, T. (Hrsg.) (1988). Lebensumweltanalyse besonders begabter Grundschulkinder. Projektbericht Nr.1. Marburg: Fachbereich Psychologie, Philipps-Universität.

Rost, D.H. & Dörner, H. (Hrsg.) (1989). Lebensumweltanalyse besonders begabter Grundschulkinder. Forschungsbericht Nr.2, Band II, Marburg: Fachbereich Psychologie, Philipps-Universität.

Rost, D.H. & Haferkamp, W. (1979). Zur Brauchbarkeit des AFS (Angstfragebogen für Schüler). Eine empirische Analyse und eine vergleichende Darstellung vorliegender Untersuchungen. Zeitschrift für empirische Pädagogik, 3, 183-210.

Rost, D.H. & Schermer, F.J. (1986). Strategien der Prüfungsangstverarbeitung. Zeitschrift für Differentielle und Diagnostische Psychologie, 7, 127-139.

Rost, D.H. (1986). Unveröffentlicher Projektantrag „Lebensumweltanalyse hochbegabter Grundschulkinder". Marburg: Fachbereich Psychologie, Philipps-Universität.

Rost, D.H. (1989). Zum Thema „Hochbegabung". In Der Oberkreisdirektor des Kreises Neuss (Hrsg.). Bundesmodell Begabtenförderung im Kreis Neuss. Abschlußbericht. Mönchengladbach, 5-30.

Rost, D.H. (1991a). Identifizierung von Hochbegabung. Zeitschrift für Entwicklungspsychologie und Pädagogische Psychologie, XXIII, 197-231.

Rost, D.H. (1991b). „Belege", „Modelle", Meinungen und Allgemeinplätze. Anmerkungen zu den Repliken von E.A. Hany & K.A. Heller und F.Mönks. Zeitschrift für Entwicklungspsychologie und Pädagogische Psychologie, XXIII, 250-265.

Rost, D.H. (1991c). Lebensumweltanalyse besonders begabter Grundschulkinder. Das Marburger Hochbegabungsprojekt. In Rost, D.H. (Hrsg.). Besonders begabte Grundschulkinder. Familien, Erziehungsziele, Persönlichkeit, Temperament, leistungsbezogenes Denken, Fördermaßnahmen. Abschlußbericht Band II. Marburg: Fachbereich Psychologie, Philipps-Universität, 1-44.

Rost, D.H. (Hrsg.) (1989). Lebensumweltanalyse besonders begabter Grundschulkinder. Projektbericht Nr.2, Band I. Marburg: Fachbereich Psychologie, Philipps-Universität.

Runco, M. & Albert, R.S. (1986). The threshold theory regarding creativity and intelligence: An empirical test with gifted and nongifted children. Creative Child and Adult Quarterly, 11, 212-218.

Rutter, M. (1987). Family and school influences on cognitive development. In Hinde, R.A., Perret-Clermont, A.-N. & Stevenson Hinde, J. (Eds.). Social relationships and cognitive development. Oxford: Clarendon Press, 83-108.

Sameroff, A.J. (1975). Transactional models of early social relations. Human Development, 18, 65-79.

Sauer, J. & Gattringer, H. (1985). Soziale, familiale, kognitive und motivationale Determinanten der Schulleistung. Ein Beitrag zu einem Strukturmodell der Bedingungen des Schulerfolgs bei Grundschülern. Kölner Zeitschrift für Soziologie und Sozialpsychologie, 37, 288-309.

Scarr, S. & Weinberg, R.A. (1978). The influence of „family background" on intellectual attainment. American Sociological Review, 43, 674-692.

Schlichting, U.U. (1968). Einige Persönlichkeitszüge von Gymnasiasten mit hoher Testintelligenz. Archiv für die gesamte Psychologie, Bd. 120 (2-4), 125-150.

Schlippe, A. von & Schweitzer, J. (1988). Familienforschung per Fragebogen. Eine epistemologische Kritik am Circumplex-Modell und an den „Family Adaptability and Cohesion Scales" (FACES II). System Familie, 1, 7-23.

Schlippe, A. von (1985). Zur Einschätzung von Familien nach dem Circumplex Model of Marital and Family Systems von Olson und Mitarbeitern. Osnabrück: Forschungsbericht aus dem Fachbereich Psychologie der Universität Osnabrück, Nr. 48.

Schlippe, A. von (1986). Systemisches Bewältigungspotential in Familien mit einem asthmakranken Kind. Dissertation, Universität Osnabrück.

Schmidt, M.H. (1977). Verhaltensstörungen bei Kindern mit sehr hoher Intelligenz. Bern: Huber.

Schmidt-Denter, U. & Manz, W. (Hrsg.) (1991). Entwicklung und Erziehung im öko-psychologischen Kontext. München: Reinhardt.

Schneewind, K.A. (1980). Elterliche Erziehungsstile: einige Anmerkungen zum Forschungsgegenstand. In Schneewind, K.A. & Herrmann, T.(Hrsg.). Erziehungsstilforschung. Theorien, Methoden und Anwendung der Psychologie elterlichen Erziehungsverhaltens. Bern: Huber, 9-30.

Schneewind, K.A. (1987). Familienentwicklung. In Oerter, R. & Montada, L. (Hrsg.). Entwicklungspsychologie. 2., neu bearbeitete Auflage. München: PVU, 971-1014.

Schneewind, K.A. (1987). Familienpsychologie: Argumente für eine neue psychologische Disziplin. Zeitschrift für Pädagogische Psychologie, 1, 79-90.

Schneewind, K.A. (1991a). Familien als intime Beziehungssysteme. In Schmidt-Denter, U. & Manz, W. (Hrsg.). Entwicklung und Erziehung im ökopsychologischen Kontext. München: Ernst Reinhardt Verlag, 42-55.

Schneewind, K.A. (1991b). Familienpsychologie. Stuttgart: Kohlhammer.

Schneewind, K.A., Beckmann, M. & Engfer, A. (1983). Eltern und Kinder. Stuttgart: Kohlhammer.

Schooler, C. (1972). Birth order effects: Not here, not now! Psychological Bulletin, 78, 161-175.

Schubö, W. & Uehlinger, H.M. (19842). SPSSx. Handbuch der Programmversion 2, dt. Bearbeitung des SPSSx user's guide. Stuttgart: Fischer.

Schuck, K.D. & Schuck, E. (1979). Familiäre Umwelt und kognitive Leistungen im Vorschul- und Schulalter. Zeitschrift für Empirische Pädagogik, 3, 135-151.

Schuld, B. (1988). Analysen zur Reliabilität und Validität des Familienbeziehungstests von E. Bene und J. Anthony. Marburg: Fachbereich Psychologie, Philipps-Universität. Unveröffentlichte Diplomarbeit.

Sears, R.R. (1977). Sources of life satisfaction of the Terman gifted man. American Psychologist, 119-128.

Sebring, A.D. (1983). Parental factors in the social and emotional adjustment of the gifted. Roeper Review, 6 (2), 97-99.

Seginer, R. (1983). Parents' educational expectations and children's academic achievements: A literature review. Merrill-Palmer Quarterly, 19 (1), 1-23.

Selvini-Palazzoli, M., Boscolo, L., Cecchin, G. & Prata, G. (1977). Paradoxon und Gegenparadoxon. Stuttgart: Klett-Cotta.

Serot, N.M. & Teevan, R.C. (1961). Perception of the parent-child relationship and its relation to child adjustment. Child Development, 32, 373-378.

Shaw, M.C. & Dutton, B.E. (1962). The use of the Parent Attitude Research Inventory with the parents of bright academic underachievers. Journal of Educational Psychology, 53 (5), 203-208.

Sigel, I.E. (1982). The relationship between parental distancing strategies and the child's cognitive behavior. In Laosa, L.M. & Sigel, I.E. (Eds.). Families as learning environments for children. New York: Plenum Press, 47-86.

Sigel, I.E. (1985) (Ed.). Parental belief systems. Hillsdale, N.J.: Erlbaum.

Silbereisen, R.K. (1987). Soziale Kognition. Entwicklung von Wissen und Verstehen. In Oerter, R. & Montada, L. (Hrsg.). Entwicklungspsychologie. 2., neu bearbeitete Auflage. München: PVU, 696-737.

Silverman, L.K. (1986). Parenting young gifted children. Journal of Children in Contemporary Society, 18(3-4), 73-87.

Skinner, H.A. (1987). Self-report instruments for family assessment. In Jacob, T. (Ed.). Family interaction and psychopathology: Theories, methodes and findings. New York: Plenum, 427-452.

Skowronek, H. (Hrsg.) (1982). Umwelt und Begabung. Frankfurt/M.: Ullstein.

Spearman, C. (1904). „General intelligence“: Objectively determined and measured. American Journal of Psychology, 15, 201-292.

Spearman, C. (1927). The abilities of man. New York: MacMillan.

Spitz, R. (1945). Hospitalism. An inquiry into the genesis of psychiatric conditions in early childhood. Psychoanalytic studies of the child, 1, 53-74.

Stapf, A. & Stapf, K.H. (1988). Kindliche Hochbegabung in entwicklungspsychologischer Sicht. Psychologie in Erziehung und Unterricht, 35. Jg., 1-17.

Stapf, K.H., Herrmann,T., Stapf, A. & Stäcker, K.H. (1972). Psychologie des elterlichen Erziehungsstils. Bern und Stuttgart: Huber und Klett.

Statistisches Jahrbuch 1993 für die Bundesrepublik Deutschland. Statistisches Bundesamt (Hrsg.) Wiebaden: Metzler Poeschel.

Steelman, L.C. (1985). A tale of two variables: A review of the intellectual consequences of sibship size and birth order. Review of Educational Research, 55 (3), 353-386.

Steelmann, L.C. & Mercy, J.A. (1980). Unconfounding the confluence model: A test of sibship size and birth order effects on intelligence: American Sociological Review, 45, 571-582.

Steffens, K. (1989). Zur typologischen Differenzierung Hochbegabter. Eine Konfigurationsfrequenzanalyse auf der Basis von Lehrerurteilen. Psychologie in Erziehung und Unterricht, 36, 114-119.

Stelzl, I. (1982). Fehler und Fallen in der Statistik. Bern: Huber.

Sternberg, R.J. & Davidson, J.E. (Eds.) (1986). Conceptions of giftedness. Cambridge: Cambridge University Press.

Sunderlin, S. (1981). Gifted children and their siblings. In Miller, B.S. & Puce, M. (Eds.). The gifted child, the family and the community. New York: Walter, 100-106.

Süssmuth, R. (1981). Stichwort „Familie". Handlexikon zur Pädagogischen Psychologie. München: Ehrenwirth, 124-129.

Tassel-Baska, J.L. van (1983). Profiles of precocity. Gifted Child Quarterly, 27 (3), 139-144.

Terman, L.M. & Oden, M.H. (1947). The gifted child grows up: Twenty-five years' follow-up of superior child. Genetic studies of genius. Vol. 4. Stanford, Cal.: Stanford University Press.

Terman, L.M. & Oden, M.H. (1959). The gifted group at mid-life. Thirty-five years' follow-up of the superior child. (Genetic Studies of Genius, Vol.5) Stanford, Calif.: Stanford University Press.

Terman, L.M. & Oden, M.H. (1976). The Terman study of intellectually gifted children. In Dennis, W. & Dennis, M.W. (Eds.). The intellectually gifted: An overview. New York: Grune & Stratton, 51-67.

Terman, L.M. (1954). The discovery and encouragement of exceptional talent. American Psychologist, 9, 221-230.

Terman, L.M. et al. (1925). Mental and physical traits of a thousand gifted children (Genetic Studies of Genius, Vol.1), 2. edition. Stanford, Calif.: Stanford University Press.

Terrassier, J.C. (1982). Das Asynchronie-Syndrom und der negative Pygmalion-Effekt. In Urban, K.K. (Hrsg.). Hochbegabte Kinder. Psychologische, pädagogische und soziologische Aspekte. Heidelberg: Schindele, 92-97.

Thiel, R. & Thiel, A.F. (1977). A structural analysis of family interaction patterns and the underachieving gifted child. The Gifted Child Quarterly, 21 (2), 267-275.

Thomas, V. (1988). Das „Circumplex model" und der FACES. In Cierpka, M. (Hrsg.). Familiendiagnostik. Berlin: Springer, 256-281.

Toman, W. (1974). Familienkonstellationen. 2. Auflage. München: Beck.

Trudewind, C. (1975). Häusliche Umwelt und Motiventwicklung. Göttingen: Hogrefe.

Tyrell, H. (1982). Familienalltag und Familienumwelt: Überlegungen aus systemtheoretischer Perspektive. Zeitschrift für Sozialisationsforschung und Erziehungssoziologie, 2, 167-188.

Tyrell, H. (1989). Systemtheorie und Soziologie der Familie - Ein Überblick. Teil II. System Familie, 2 (2), 110-126.

U.S. Office of Education (1972). Education of the Gifted and Talented. Report to Congress of the United States by the U.S. Commissioner of Education. Washington, DC: U.S. Government Printing Office.

Überla, K. (1971). Faktorenanalyse. Heidelberg: Springer.

Urban, K.K. (1981). Zur Geschichte der Hochbegabtenforschung. In Wieczerkowski, W. & Wagner, H. (Hrsg.). Das hochbegabte Kind. Düsseldorf: Schwann, 15-37.

Van Tassel-Baska, J.L. & Olszowski-Kubilius, P. (Eds.) (1989). Patterns of influence on gifted learners. The home, the self and the school. Columbia University: Teachers College Press.

Walberg, H.J. & Marjoribanks, K. (1976). Family environment and cognitive development: Twelve analytic models. Review of Educational Research, 46, 527-551.

Wallach, M.A. (1985). Creativity testing and giftedness. In Horowitz, F. & O'Brien, M. (Eds.). The gifted and talented. Developmental perspectives. Washington, D.C.: American Psychological Association, 99-123.

Walter, H. & Oerter, R. (Hrsg.) (1979). Ökologie und Entwicklung. Mensch-Umwelt Modelle in entwicklungspsychologischer Sicht. Donauwörth: Auer.

Watzlawik, P., Beavin, J.H. & Jackson, D.D. (1969). Menschliche Kommunikation. Bern: Huber.

Webb, J.T., Meckstroth, E.A. & Tolan, S.S. (1985). Hochbegabte Kinder, ihre Eltern, ihre Lehrer. Ein Ratgeber. Stuttgart: Huber.

Weinert, F.E. (1984). Vom statischen zum dynamischen zum statischen Begabungsbegriff? Die Kontroverse um den Begabungsbegriff Heinrich Roths im Lichte neuer Forschungsergebnisse. Die Deutsche Schule, 5, 353-365.

Weisberg, R.W. (1989). Kreativität und Begabung. Was wir mit Mozart, Einstein und Picasso gemeinsam haben. Heidelberg: Spektrum der Wissenschaften.

Weiss, R.H. (1987). Grundintelligenz Skala 2 CFT-20. 3., verbesserte und erweiterte Auflage. Göttingen: Hogrefe.

Weiss, V. (1993a). Leistungsstufen der Begabung und dreigliedriges Schulsystem. Zeitschrift für Pädagogische Psychologie, 7 (4), 171-183.

Weiss, V. (1993b). Haben verschiedene Berufe unterschiedliche IQ-Mittelwerte? Eine Antwort auf Grupe und Lukesch. Zeitschrift für Pädagogische Psychologie, 7 (4), 197-200.

Weissler, K. & Landau, E. (1993). Characteristics of families with no, one, or more than one gifted child. The Journal of Psychology, 127 (2), 143-152.

West, J.D., Hosie, T.W. & Mathews, F.N. (1989). Families of academically gifted children: Adaptability and cohesion. School Counselor, 37, 121-127.

Whitmore, J.R. (1980). Giftedness, conflict and underachievement. Boston: Allyn & Bacon.

Wieczerkowski, W. & Wagner, H. (1985). Diagnostik von Hochbegabung. Tests und Trends: Jahrbuch der Pädagogischen Diagnostik, 4, 109-134.

Wild, K.P (1991). Identifikation hochbegabter Schüler. Lehrer und Schüler als Datenquelle. Heidelberg: Asanger.

Williams, R.L. (1975). Der leise Betrug an der Schwarzen Bevölkerung. IQ und wissenschaftlicher Rassismus. Psycholgie Heute, (1), 62, 64, 66, 68, 70, 72, 74.

Wirth, S. & Wolf, B. (1994). Zur Brauchbarkeit des Konfluenzmodells - Erklären Familienstrukturvariablen kognitive Leistungen? Psychologie in Erziehung und Unterricht, 41, 31-48.

Wottawa, H. (1980). Grundriß der Testtheorie. München: Juventa.

Youniss, J. (1994). Piaget und das in Beziehungen entstehende Selbst. In Youniss, J.: Soziale Konstruktion und Psychische Entwicklung. Hrsg. von Krappmann, L. & Oswald, H., Frankfurt/M.: Suhrkamp, 141-174. Übersetzung des Artikels „Piaget and the self constiuted through relations“ von 1983.

Zajonc, R.B. & Markus, G.B. (1975). Birth order and intellectual development. Psychological Review, 82, 74-88.

Zajonc, R.B. (1976). Family configuration and intelligence. Variations in scholastic aptitude scores parallel trends in family size and the spacing of children. Science, 192, 227-236.

Zajonc, R.B. (1983). Validating the confluence model. Psychological Bulletin, 95, 457-468.

10 ANHANG

Anhang A: Untersuchungsmaterial

A.1 Familienbeziehungstest (FBT)

(a) Itemliste

(b) Instruktion

(c) Auswertungsblatt

A.2 FACES III

(a) Originalitems mit Übersetzung

(b) Fragebogen

Anhang B: ergänzende Tabellen

B.1 Beschreibung der beiden Untersuchungsgruppen

Tab. 1.1: Verteilungskennwerte (Mittelwert, Standardabweichung) der Ziel- und Vergleichsgruppe in den vier Intelligenzvariablen („g"-Wert, CFT, ZVT, Sprachliche Analogien)

Tab. 1.2: Verteilungskennwerte (Mittelwert, Standardabweichung) in den vier Intelligenzvariablen, getrennt für die Jungen und Mädchen der Zielgruppe

Tab. 1.3: Verteilungskennwerte (Mittelwert, Standardabweichung) in den vier Intelligenzvariablen, getrennt für die Jungen und Mädchen der Vergleichsgruppe

B.2 Tabellen zu weiteren Strukturvariablen

Tab. 2.1: Anzahl jüngerer Geschwister in Ziel- und Vergleichsgruppe

Tab. 2.2: Anzahl von Schwestern in Ziel- und Vergleichsgruppe

Tab. 2.3: Anzahl von Brüdern in Ziel- und Vergleichsgruppe

Tab. 2.4: Erwarteter Bildungsabschluß für die Jungen und Mädchen in der Gesamtgruppe

B.3 Tabellen zum Familienbeziehungstest (FBT)

A.1. (a) Itemliste: Texte der Antwortkarten

Item 01 bis 11 „Ausgehende positive Gefühle"

(01) Diese Person mag ich sehr.

(02) Mit dieser Person habe ich viel Spaß.

(03) Mit dieser Person kann ich mich gut unterhalten.

(04) Mit dieser Person spiele ich sehr gerne.

(05) Mit dieser Person verstehe ich mich sehr gut.

(06) Mit dieser Person bin ich sehr gern zusammen.

(07) Mit dieser Person mag ich gerne schmusen.

(08) Manchmal wünsche ich mir, mit dieser Person in einem Bett zu schlafen.

(09) Ich möchte, daß diese Person immer bei mir bleibt.

(10) Diese Person umarme ich gern.

(11) Diese Person liebe ich sehr.

Item 12 bis 22 „Zukommende positive Gefühle"

(12) Diese Person mag mich sehr.

(13) Diese Person unterhält sich gern mit mir.

(14) Diese Person spielt gern mit mir.

(15) Diese Person versteht mich.

(16) Diese Person der Familie kümmert sich um mich, wenn ich in Schwierigkeiten bin.

(17) Diese Person hört mir zu, wenn ich etwas sage.

(18) Diese Person umarmt mich gern.

(19) Diese Person will immer bei mir sein.

(20) Diese Person schmust gern mit mir.

(21) Diese Person liegt gern mit mir im Bett.

(22) Diese Person der Familie liebt mich sehr.

Item 23 bis 33 „Ausgehende negative Gefühle“

(23) Diese Person mag ich nicht so gern.

(24) Mit dieser Person spiele ich nicht so gerne.

(25) Ich finde, daß diese Person zuviel meckert.

(26) Ich finde, daß diese Person zu ungeduldig ist.

(27) Mit dieser Person bin ich nicht gern zusammen.

(28) Diese Person ist manchmal schlecht gelaunt.

(29) Manchmal wünsche ich mir, diese Person wäre nicht mehr bei uns.

(30) Dieser Person möchte ich manchmal eine runterhauen.

(31) Diese Person bin ich manchmal satt.

(32) Manchmal würde ich gern Dinge tun, nur um diese Person zu ärgern.

(33) Diese Person kann mich sehr wütend machen.

Item 34 bis 44 „Zukommende negative Gefühle“

(34) Diese Person nörgelt manchmal an mir herum.

(35) Diese Person ist manchmal enttäuscht von mir.

(36) Diese Person hat zu wenig Zeit für mich.

(37) Diese Person hilft mir nicht immer, wenn ich in Schwierigkeiten bin.

(38) Diese Person will nicht mit mir spielen, wenn ich es gerne möchte.

(39) Diese Person hänselt mich gern.

(40) Diese Person ist gemein zu mir.

(41) Diese Person liebt mich nicht genug.

(42) Diese Person macht mir Angst.

(43) Diese Person beklagt sich dauernd über mich.

(44) Diese Person bestraft mich oft.

A.1. (b) Instruktion und Durchführungshinweise zum FBT

Bevor begonnen wird muß mit der Mutter/dem Vater des Kindes abgesprochen werden, daß man für die Dauer der Erhebung mit dem Kind allein sein möchte und nicht etwa durch die Geschwister gestört wird. Am günstigsten ist es, sich mit dem Kind ins Kinderzimmer zurückzuziehen. (Erlauben, daß die Tür angelehnt bleibt, damit die Mutter kontrollieren kann, was geschieht.) Man bittet das Kind, bei der Aufstellung der Figuren zu helfen:

- 3 Frauen
- 3 Männer
- 3 Mädchen
- 3 Jungen
- 1 Baby
- Niemand

Beim Aufstellen der Figuren für eine angenehme Atmosphäre sorgen! Sich mit dem Kind Die wichtigste Voraussetzung für eine gute Durchführung ist der Kontakt mit dem Kind. unterhalten! Eventuelle Fragen des Kind, wozu denn diese Figuren da seien o.ä., können mit dem Hinweis auf ein bevorstehendes „Familienspiel" beantwortet werden. („*das wirst du gleich sehen*!")

Zunächst stellt man die Personen der Familie fest und notiert sie auf dem Auswertungsblatt:

Wer gehört alles zu eurer Familie? Welche Leute wohnen bei Euch im Haus / in der Wohnung?

Man notiert auf dem Auswertungsblatt Name bzw. Funktion (Vater, Mutter, Tante ect.) und das Alter der Familienmitglieder. Die Geschwister werden ihrem Alter nach aufgeführt, d.h das älteste Geschwister unter Ziffer 1, das zweitälteste unter Ziffer 2 ect. In der Rubrik „Andere" sollen Onkel, Tante, Großmutter, Untermieter usw. aufgenommen werden, aber nur, wenn sie in der Familie leben. Manchmal nennt das Kind auch einen Hund oder eine Katze; Tiere werden jedoch nicht in den Test mit aufgenommen.

Die Rubrik „Bemerkungen" dient dazu, etwaige Besonderheiten (unvollständige Familie, Abwesenheit eines Elternteils usw.) zu notieren. Wenn die Eltern geschieden sind und beispiels-weise die Mutter wieder mit einem Partner zusammenlebt, so kann es vorkommen, daß das Kind angibt, es habe 2 Väter. Um die Gefühle des Kindes richtig zu verstehen, müssen beide Väter in den Test mit aufgenommen werden, d.h. es gibt dann 2 Vaterfiguren, wobei die Markierung für eine der Vaterfiguren dann in der Rubrik „Andere“ vorgenommen werden muß. In die Rubrik „Vater“ sollte jedoch die Figur der Person erscheinen, mit der das Kind zur Zeit in der Familie zusammenlebt.

Nachdem der Vl alles notiert hat, sagt er:

Wir spielen jetzt ein Familienspiel. Vorhin haben wir die vielen Figuren aufgestellt. Stell Dir doch mal vor, daß das Personen aus deiner Familie sind. Was meinst du, welche Figur wäre die beste Mutti?

Der Vl zeigt auf die drei Frauenfiguren und läßt das Kind auswählen. Die gewählte Figur wird beseite gestellt. Der gleiche Vorgang wird für die Vaterfigur wiederholt, die aus den drei Männerfiguren ausgewählt werden soll. Mit allen weiteren Figuren, die die restlichen Familienmitgliedern darstellen, wird ebenso verfahren.

Wenn das Kind eine Figur austauschen will, soll man das gestatten. Auch können vergessene Geschwister, Großeltern usw. nachträglich noch aufgestellt werden. Dies muß dann auf dem Auswertungsblatt nachgetragen werden. Die nicht benötigten Figuren werden vom Tisch genommen. Die Figurennummern werden auf dem Auswertungsblatt notiert.

Wenn die Familie vollständig dargestellt ist, sagt der Vl:

Haben wir auch keinen vergessen? Aber es darf noch jemand mitspielen.

Er holt „Niemand“ und stellt ihn in die Familie:

Diese Person heißt „Niemand“. Er wird auch mitspielen. Ich erzähle dir gleich, was er tut.

Das Kind sitzt jetzt in bequemer Reichweite vor jeder Figur.

Sieh, hier sind eine Menge kleiner Karten; das sind sozusagen kurze Briefe. Ich werde dir nun einige Karten vorlesen und du steckst jede Karte in die Person, für die sie nach deiner Meinung am besten paßt. Wenn der Brief für niemand paßt, dann stecke ihn in den Herrn Niemand. Verstehst du, was ich meine? Nochmal: Wenn das, was auf einer Karte steht, für eine Person gut paßt, dann steckst du die Karte in diese Person. Wenn es für niemand paßt, dann steckst du die Karte in den Herrn Niemand.

Die Karten sollen gemischt vorgegeben werden, mit Ausnahme der ersten 4 und der letzten 2 Karten: Die ersten Items sollen weder Angst erzeugen, noch beim Kind Widerstand hervorrufen. Auch die 2 letzten Items sollen positiven Charakter haben. Als die ersten 4 Items werden vorgegeben:

Item-Nr.: 2, 28, 17, 39.

Als die letzten 2 Items werden vorgegeben:

Item-Nr.: 1, 14.

Laß uns jetzt mal anfangen. Auf der Karte steht: (Kartennr. 2) „Mit dieser Person habe ich viel Spaß“. Für welche Person paßt dies deiner Meinung nach am besten? Gut. Dann wirf die Karte in den „Briefkasten“ dieser Person.

Der Vl liest die Karten jeweils laut vor und gibt sie dann dem Kind mit der Frage, für welche Person der Familie diese Karte wohl am besten paßt. Man kann das Kind die Karten auch selber laut vorlesen lassen, wenn es dies möchte.

Kann das Kind sich trotz Nachfrage (überleg doch nochmal: für wen paßt es besser?) nicht zwischen 2 Figuren entscheiden, so läßt man sich die Karte zurückgeben und notiert dies auf dem Auswertungsblatt (Kartennummer mit * versehen und bei 2 Personen notieren).

Zur Auswertung werden die Figuren geöffnet und die Kartennummern auf dem Auswertungsblatt notiert.

A.1. (c) Auswertungsblatt - Familienbeziehungstest (FBT)

Kennziffer:........

AUSWERTUNGSBLATT FBT

Personen der Familie

	Figur-Nr	Name	Alter	Karten-Nummern																					
Eltern		Vater																							
		Mutter																							
Geschwister		1																							
		2																							
		3																							
		4																							
		5																							
Andere		1																							
		2																							
		3																							
		4																							
		5																							
		Niemand																							

Bemerkungen:

A.2. (a) Originalitems mit Übersetzung

ÜBERSETZUNG DER FACES III	
FACES III (Olson, Portner & Lavee, 1983)	Übersetzung der FACES III
1. Family members ask each other for help.	1. In unserer Familie helfen wir uns gegenseitig.
2. In solving problems, the children's suggestions are followed.	*2. Vorschläge, die die Kinder machen, werden berücksichtigt.
3. We approve of each other's friends.	*3. Wir schätzen die Freunde der anderen Familienmitglieder.
4. Children have a say in their discipline.	*4. Die Kinder haben in der Erziehung ein Wort mitzureden.
5. We like to do things with just our immediate family.	5. Wir unternehmen gern etwas mit der gesamten Familie.
6. Different persons act as leaders in our familiy.	6. In unserer Familie haben unterschiedliche Personen das Sagen.
7. Family members feel closer to other family members than to people outside the family.	7. Wir fühlen uns den anderen Familienmitgliedern näher als Menschen außerhalb der Familie.
8. Our family changes its way of handling tasks.	8. In unserer Familie gibt es für bestimmte Situationen und Aufgaben feste Regeln, wie wir mit ihnen umgehen.
9. Family members like to spend free time with each other.	*9. Wir verbringen gern unsere freie Zeit miteinander.
10. Parent(s) and children discuss punishment together.	10. Über Bestrafungen diskutieren Kinder und Eltern gemeinsam.
11. Family members feel very close to each other.	*11. In unserer Familie fühlen wir uns menschlich sehr nahe.
12. The children make the decisions in our family.	12. In unserer Familie treffen die Kinder häufig die Entscheidungen.
13. When our family gets together for activities, everybody is present.	13. Wenn wir als Familie etwas gemeinsam unternehmen, sind alle dabei.
14. Rules change in our family.	14. In unserer Familie fällt es uns leicht, uns auf die verschiedensten Situationen neu einzustellen.
15. We can easily think of things to do together as a family.	15. Uns fallen leicht Dinge ein, die wir als Familie gemeinsam unternehmen können.
16. We shift household responsibilities from person to person.	*16. Bei den häuslichen Aufgaben wechseln wir uns ab.
17. Family members consult other family members on their decisions.	*17. Bei ihren Entscheidungen fragen sich die Familienmitglieder gegenseitig um Rat.
18. It is hard to identify the leaders(s) in our family.	18. Es ist schwer herauszufinden, wer in der Familie das Sagen hat.
19. Family togetherness is very important.	19. Der Familienzusammenhalt ist uns sehr wichtig.
20. It is hard to tell who does which houshold chores.	20. Es ist schwer zu sagen, wer was im Haushalt macht.

* Übersetzung des Items durch von Schlippe & Schweitzer (1983); Item ist Bestandteil des Familienfragebogens (FFB), einer deutschen Übersetzung der FACES II.

A.2. (b) Fragebogen

Kennziffer:.........

F A M I L I E N B O G E N - F O R M "M"

von der __Mutter__ auszufüllen

Bei diesen Fragen geht es darum, wie Sie <u>aus Ihrer Sicht</u> Ihre Familie im Moment erleben. Sie haben verschiedene Möglichkeiten, die Fragen zu beantworten:

	trifft fast gar nicht zu	trifft wenig zu	trifft mittelmäßig zu	trifft überwiegend zu	trifft fast völlig zu
In unserer Familie tut jeder was er will.	(1)	(2)	(3)	(4)	(5)

Das Kreuz auf der Ziffer (2) bedeutet, daß es Ihrer Meinung nach nur wenig zutrifft, daß jeder das tut, was er will. Es wird also meistens das getan, was ein anderer will oder was die ganze Familie entscheidet.

Sie haben sicher schon gemerkt: Es gibt keine richtigen oder falschen Antworten. Kreuzen Sie also so an, wie <u>Sie persönlich</u> es empfinden.

<u>Noch ein Hinweis:</u> Manchmal kommt es vor, daß eine Frage auf den einen in der Familie mehr paßt, auf den anderen weniger. Versuchen Sie dann bitte, einen "Familienwert" zu finden. Machen Sie bitte bei jedem Satz nur ein Kreuz und beantworten Sie alle Fragen.

	trifft fast gar nicht zu	trifft wenig zu	trifft mittelmäßig zu	trifft überwiegend zu	trifft fast völlig zu
1. In unserer Familie helfen wir uns gegenseitig.	(1)	(2)	(3)	(4)	(5)
2. Vorschläge, die die Kinder machen, werden berücksichtigt.	(1)	(2)	(3)	(4)	(5)
3. Wir schätzen die Freunde der anderen Familienmitglieder.	(1)	(2)	(3)	(4)	(5)
4. Die Kinder haben in der Erziehung ein Wort mitzureden.	(1)	(2)	(3)	(4)	(5)
5. Wir unternehmen gerne etwas mit der gesamten Familie.	(1)	(2)	(3)	(4)	(5)
6. In unserer Familie haben unterschiedliche Personen das Sagen.	(1)	(2)	(3)	(4)	(5)
7. Wir fühlen uns den anderen Familienmitgliedern näher als Menschen außerhalb der Familie.	(1)	(2)	(3)	(4)	(5)
8. In unserer Familie gibt es für bestimmte Situationen und Aufgaben feste Regeln, wie wir mit ihnen umgehen.	(1)	(2)	(3)	(4)	(5)

	trifft fast gar nicht zu	trifft wenig zu	trifft mittelmäßig zu	trifft überwiegend zu	trifft fast völlig zu
9. Wir verbringen gern unserer freie Zeit miteinander.	(1)	(2)	(3)	(4)	(5)
10. Über Bestrafungen diskutieren Eltern und Kinder gemeinsam.	(1)	(2)	(3)	(4)	(5)
11. In unserer Familie fühlen wir uns menschlich sehr nahe.	(1)	(2)	(3)	(4)	(5)
12. In unserer Familie treffen die Kinder häufig die Entscheidungen.	(1)	(2)	(3)	(4)	(5)
13. Wenn wir als Familie etwas gemeinsam unternehmen, sind alle dabei.	(1)	(2)	(3)	(4)	(5)
14. In unserer Familie fällt es uns leicht, uns auf die verschiedensten Situationen neu einzustellen.	(1)	(2)	(3)	(4)	(5)
15. Uns fallen leicht Dinge ein, die wir als Familie gemeinsam unternehmen können.	(1)	(2)	(3)	(4)	(5)
16. Bei den häuslichen Aufgaben wechseln wir uns ab.	(1)	(2)	(3)	(4)	(5)

	trifft fast gar nicht zu	trifft wenig zu	trifft mittelmäßig zu	trifft überwiegend zu	trifft fast völlig zu
17. Bei ihren Entscheidungen fragen sich die Familienmitglieder gegenseitig um Rat.	(1)	(2)	(3)	(4)	(5)
18. Es ist schwer herauszufinden, wer in der Familie das Sagen hat.	(1)	(2)	(3)	(4)	(5)
19. Der Familienzusammenhalt ist uns sehr wichtig.	(1)	(2)	(3)	(4)	(5)
20. Es ist schwer zu sagen, wer was im Haushalt macht.	(1)	(2)	(3)	(4)	(5)

B.1. Beschreibung der beiden Untersuchungsgruppen

Tabelle 1.1: Mittelwerte (M), Standardabweichungen (S) der Zielgruppe (N=151) und der Vergleichsgruppe (N=136) in den Intelligenzvariablen (z-Werte); minimaler (x_{min}) und maximaler (x_{max}) Wert; Ergebnisse der t-Tests

Variable	Gruppe	M	S	x_{min}	x_{max}	t(df=285)	p
„g"-Wert	ZG	2.32	0.39	1.70	3.71		
	VG	0.12	0.42	-1.03	0.96	-45.68	<0.000
CFT	ZG	1.51	0.37	0.41	2.36		
	VG	0.08	0.66	-2.78	1.24	-22.89	<0.000[1]
ZVT	ZG	1.76	0.82	0.06	4.00		
	VG	0.06	0.74	-2.42	1.49	-18.32	<0.000
Sprachl.	ZG	1.82	0.57	-0.09	2.99		
Analogien	VG	0.19	0.72	-1.18	1.63	-21.42	<0.000[2]

[1]) Der Wert des t-Tests für inhomogene Varianzen (F-Test ist signifikant) beträgt: t(df=207.91)=-22.28; p<0.000; [2]) Der Wert des t-Tests für inhomogene Varianzen (F-Test ist signifikant) beträgt: t(df=256.54)=-21.15; p<0.000.

Tabelle 1.2: Mittelwerte (M) und Standardabweichungen (S) der Zielgruppe (N=151) in den Intelligenzvariablen (z-Werte) getrennt für Jungen (N=86) und Mädchen (N=65); Ergebnisse der t-Tests

Variable	Geschlecht	M	S	t(df=149)	p
„g"-Wert	Jungen	2.32	0.39		
	Mädchen	2.31	0.39	0.23	0.82
CFT	Jungen	1.52	0.38		
	Mädchen	1.50	0.36	0.35	0.72
ZVT	Jungen	1.62	0.88		
	Mädchen	1.95	0.71	-2.39	0.02
Sprachl.	Jungen	1.90	0.60		
Analogien	Mädchen	1.71	0.51	1.99	<0.05

Tabelle 1.3: Mittelwerte (M) und Standardabweichungen (S) der Vergleichsgruppe (N=136) in den Intelligenzvariablen (z-Werte) getrennt für Jungen (N=78) und Mädchen (N=58); Ergebnisse der T-Tests

Variable	Geschlecht	M	S	t(df=134)	p
„g"-Wert	Jungen	0.12	0.40		
	Mädchen	0.12	0.46	0.12	0.90
CFT	Jungen	0.16	0.66		
	Mädchen	-0.03	0.65	1.69	0.09
ZVT	Jungen	-0.06	0.80		
	Mädchen	0.23	0.61	-2.34	0.02[1]
Sprachl. Analogien	Jungen	0.22	0.70		
	Mädchen	0.15	0.75	0.51	0.61

[1]) Der Wert des t-Tests für inhomogene Varianzen (F-Test ist signifikant) beträgt: t= -2.43; p=0.02

B.2. Tabellen zu weiteren Strukturvariablen

Tabelle 2.1: Strukturvariable „Anzahl jüngerer Geschwister". Zielgruppe: Familien mit einem besonders begabten Kind (n=151); Vergleichsgruppe: Familien mit einem durchschnittlich begabten Kind (n=136)

	GRUPPE		
GRÖSSE	ZG	VG	GESAMT
jüngstes Kind/Einzelk.	77 (51%)	71 (52%)	148 (53%)
Ein jüngeres Geschw.	59 (39%)	51 (38%)	110 (38%)
Zwei und mehr jüngere Geschwister	15 (10%)	14 (10%)	29 (10%)

$chi^2_2=0.08$; p=0.961

Tabelle 2.2: Strukturvariable „Anzahl von Schwestern". Zielgruppe: Familien mit einem besonders begabten Kind (n=151); Vergleichsgruppe: Familien mit einem durchschnittlich begabten Kind (n=136)

	GRUPPE		
GRÖSSE	ZG	VG	GESAMT
keine Schwester	77 (52%)	71 (54%)	148 (53%)
Eine Schwester	58 (39%)	52 (39%)	110 (39%)
Zwei und mehr Schwestern	12 (8%)	9 (7%)	21 (16%)

$chi^2_2=0.19$; p=0.909

Tabelle 2.3: Strukturvariable „Anzahl von Brüdern". Zielgruppe: Familien mit einem besonders begabten Kind (n=151); Vergleichsgruppe: Familien mit einem durchschnittlich begabten Kind (n=136)

	GRUPPE		
GRÖSSE	ZG	VG	GESAMT
keinen Bruder	73 (50%)	70 (53%)	143 (51%)
Einen Bruder	59 (40%)	49 (37%)	110 (39%)
Zwei Brüder und mehr Brüder	15 (9%)	13 (10%)	28 (10%)

chi^2_2=0.34; p=0.844

Tabelle 2.4: „Erwarteter Bildungsabschluß": Vergleich der Angaben der Eltern der Jungen (N=161) und der Eltern der Mädchen (N=122)

	GRUPPE		
BILDUNGSABSCHLUSS	JUNGEN	MÄDCHEN	GESAMT
Hauptschulabschluß	11 (6.8%)	5 (4.1%)	16 (5.7%)
Realschulabschluß	23 (14.3%)	24 (19.7%)	47 (16.6%)
Abitur	52 (32.3%)	59 (48.4%)	111 (39.2%)
Hochschulstudium	60 (37.3%)	25 (20.5%)	85 (30.0%)
Doktortitel, Professor	15 (9.3%)	9 (7.4%)	24 (8.5%)

chi^2_4=13.51; p=0.009

Tabelle 2.5: „Erwarteter Bildungsabschluß": Vergleich der Angaben der Zielgruppeneltern für die Jungen (N=84) und die die Mädchen (N=65)

	GRUPPE		
BILDUNGSABSCHLUSS	JUNGEN	MÄDCHEN	GESAMT
Hauptschulabschluß[1]	2 (2.4%)	0 (-----)	2 (1.3%)
Realschulabschluß[1]	3 (3.6%)	3 (4.6%)	6 (4.0%)
Abitur[1]	30 (35.7%)	36 (55.4%)	66 (44.3%)
Hochschulstudium	38 (45.2%)	18 (27.7%)	56 (37.6%)
Doktortitel, Professor	11 (13.1%)	8 (12.3%)	19 (12.8%)

[1] Kategorien wurden zur chi^2-Berechnung wegen zu geringer Zellbesetzungen zusammengenommen: chi^2_2=5.49; p<0.063

Tabelle 2.6: „Erwarteter Bildungsabschluß": Vergleich der Angaben der Vergleichsgruppeneltern für die Jungen (N=77) und die Mädchen (N=57)

BILDUNGSABSCHLUSS	GRUPPE JUNGEN	MÄDCHEN	GESAMT
Hauptschulabschluß	9 (11.7%)	5 (8.8%)	14 (10.4%)
Realschulabschluß	20 (26.0%)	21 (36.8%)	41 (30.6%)
Abitur	22 (28.6%)	23 (40.4%)	45 (33.6%)
Hochschulstudium[1]	22 (28.6%)	7 (12.3%)	29 (21.6%)
Doktortitel, Professor[1]	4 (5.2%)	1 (1.8%)	5 (3.7%)

[1] Kategorien wurden zur chi^2-Berechnung wegen zu geringer Zellbesetzungen zusammengenommen: $chi^2_3=7.91$; $p=0.047$

B.3. Tabellen zum Familienbeziehungstest: diverse Verteilungskennwerte der Skalen

Tabelle 3.1: Mittelwerte, Standardabweichungen, Mediane und Quartilabstände, Modus, Schiefe, Exzeß, minimaler und maximaler Wert, Test auf Normalverteilung (Kolmogorov-Smirnov) für die Skala „Positive Gefühle (POS)" (22 Items). Angaben jeweils für die folgenden Subgruppen: (1) Ein-Kind Familien (N=26); (2) Familien mit zwei Kindern (N=101); (3) Familien mit drei Kindern (N=43); (4) Familien mit vier Kindern (N=9); (5) Familien mit zwei und mehr Kindern (N=156); (6) Familien (Bedingung Vater und Mutter vorhanden, keine Anderen) (N=182)

Zuschreibung	M	S	Q1	MD	Q3	Modus	Schiefe	Exzeß	Min.-Max.	K-S
Mutter										
(1)[2]	11.69*	3.99	9.0	11	13.0	11	.484	.802	3 - 21	n.s.
(2)[3]	9.62*	3.61	7.0	10	12.0	10	-.190	.032	0 - 18	n.s.
(3)	9.19	3.81	7.0	9	11.0	10	.309	.926	0 - 20	n.s.
(4)	7.22	2.59	5.0	7	9.0	5	1.189	.211	5 - 12	n.s.
---										
(5)[2,3]	*9.31*	3.64	7.0	10	11.75	10	.033	.139	0 - 20	n.s.
(6)[3]	9.65*	3.78	7.0	10	12.0	10	.155	.379	0 - 21	n.s.
Vater										
(1)[2]	8.00*	4.29	6.0	8.5	11.0	9	.043	.789	0 - 19	n.s.
(2)	6.16	3.85	3.0	6	9.0	8	.244	-.614	0 - 17	n.s.
(3)	4.51	2.85	3.0	4	6.0	3	1.067	3.059	0 - 15	n.s.
(4)	4.44	2.83	2.0	5	6.5	0	-.752	-.437	0 - 8	n.s.
---										
(5)[2]	5.58*	3.58	3.0	5	8.0	3	.491	-.089	0 - 17	n.s.
(6)	5.93	3.77	3.0	6	8.0	8	.473	.056	0 - 19	n.s.
Geschw.[1]										
(2)	3.84	2.92	2.0	3	6.0	3	.862	.828	0 - 14	.013
(3)	6.00	2.69	4.0	6	7.0	4	.465	-.467	1 - 12	n.s.
(4)	9.00	2.45	7.5	10	11.0	11	-1.115	.696	4 - 11	n.s.
---										
(5)	4.84	3.25	3.0	4	7.0	3	.604	-.003	0 - 15	.041
(6)	4.15	3.45	1.0	4	6.0	0	.646	-.159	0 - 15	.016
Niemand										
(1)	2.23	2.85	0.0	2	3.0	0	2.328	7.470	0 - 13	n.s.
(2)[3]	2.35*	2.73	1.0	1	3.0	1	2.203	6.086	0 - 15	<.000
(3)	2.30	2.48	0.0	2	4.0	0	1.230	1.079	0 - 10	.028
(4)	1.33	1.94	0.0	1	2.0	0	2.051	4.711	0 - 6	n.s.
---										
(5)[3]	2.24*	2.61	0.0	1	3.0	0	5.164	2.004	0 - 15	<.000
(6)[3]	2.24**	2.63	0.0	1.5	3.0	0	2.039	5.329	0 - 15	<.000

[1]) Die unterschiedliche Anzahl von Kindern bei (3) bis (6) wurden zur Kategorie „Geschwister" zusammengefaßt. [2]) Kinder mit und ohne Geschwister unterscheiden sich signifikant in den Ver-teilungparametern (Mann-Whitney U-Test: * p < .01). [3]) Mädchen und Jungen unterscheiden sich in den Zuordnungen (*/** p < .01/.001).

Tabelle 3.2: Mittelwerte, Standardabweichungen, Mediane und Quartilabstände, Modus, Schiefe, Exzeß, minimaler und maximaler Wert, Test auf Normalverteilung (Kolmogorov-Smirnov) für die Skala „Negative Gefühle (NEG)" (22 Items). Angaben jeweils für die folgenden Subgruppen: (1) Ein-Kind Familien (N=26); (2) Familien mit zwei Kindern (N=101); (3) Familien mit drei Kindern (N=43); (4) Familien mit vier Kindern (N=9); (5) Familien mit zwei und mehr Kindern (N=156); (6) Familien (Bedingung Vater und Mutter vorhanden, keine Anderen) (N=182)

Zuschreibung	M	S	Q1	MD	Q3	Modus	Schiefe	Exzeß	Min.-Max.	K-S
Mutter										
(1)	1.58	1.58	0.0	1.5	2.25	0	.969	.859	0 - 6	n.s.
(2)[3]	1.36*	1.75	0.0	1	2.0	0	2.177	6.571	0 - 10	<.000
(3)	.65	1.15	0.0	0	1.0	0	2.794	10.336	0 - 6	<.000
(4)	.33	.50	0.0	0	1.0	0	.857	-1.714	0 - 1	n.s.
---										
(5)[3]	1.10*	1.59	0.0	1	1.75	0	2.410	8.071	0 - 10	<.000
(6)[3]	1.17+	1.59	0.0	1	2.0	0	2.167	6.652	0 - 10	<.000
Vater										
(1)	3.19	4.12	.75	2	4.25	2	1.936	3.439	0 - 16	.015
(2)	2.06	2.17	1.0	1	3.0	1	1.876	3.932	0 - 11	<.000
(3)	2.12	2.01	1.0	2	3.0	1	1.208	1.073	0 - 8	n.s.
(4)	1.67	1.58	.5	1	2.5	1	1.193	1.543	0 - 5	n.s.
---										
(5)	2.01	2.09	1.0	1	3.0	1	1.709	3.284	0 - 11	<.000
(6)	2.18	2.50	1.0	1	3.0	1	2.315	7.247	0 - 16	<.000
Geschw.[1]										
(2)	6.73	3.84	3.5	6	9.5	3	.478	-.362	0 - 18	n.s.
(3)	8.49	4.67	5.0	8	12.0	4	.329	-.476	0 - 19	n.s.
(4)	8.44	3.68	5.0	10	11.0	11	-.650	-.808	2 - 13	n.s.
---										
(5)	7.33	4.12	4.0	7	10.75	5	.441	-.339	0 - 19	.042
(6)	6.28	4.60	3.0	6	10	0	.387	-.565	0 - 19	n.s.
Niemand										
(1)[2]	17.19**	4.42	15	19	20	20	-1.533	2.160	5 - 22	n.s.
(2)[3]	11.74+	4.29	8	12	15	14	-.199	-.276	0 - 22	n.s.
(3)	10.72	5.41	6	11	16	3	-.039	-1.035	1 - 20	n.s.
(4)	11.56	3.88	8.5	11	15	9	.715	-.677	7 - 18	n.s.
---										
(5)[2,3]	**11.48+	4.59	8	12	15	14	-.176	-.538	0 - 22	n.s.
(6)	12.29	4.98	8	13	16	14	-.162	-.677	0 - 22	n.s.

[1]) Die unterschiedliche Anzahl von Kindern bei (3) bis (6) wurden zur Kategorie „Geschwister" zusammengefaßt. [2]) Kinder mit und ohne Geschwister unterscheiden sich signifikant in den Verteilungsparametern (Mann-Whitney U-Test: ** p < .001). [3]) Mädchen und Jungen unterscheiden sich in den Zuordnungen (+/* p < .05/.01).

Tabelle 3.3: Mittelwerte, Standardabweichungen, Mediane und Quartilabstände, Modus, Schiefe, Exzeß, minimaler und maximaler Wert, Test auf Normalverteilung (Kolmogorov-Smirnov) für die Skala „Positive und negative Gefühle (GES)" (44 Items). Angaben jeweils für die folgenden Subgruppen: (1) Ein-Kind Familien (N=26); (2) Familien mit zwei Kindern (N=101); (3) Familien mit drei Kindern (N=43); (4) Familien mit vier Kindern (N=9); (5) Familien mit zwei und mehr Kindern (N=156); (6) Familien (Bedingung Vater und Mutter vorhanden, keine Anderen) (N=182)

Zuschreibung	M	S	Q1	MD	Q3	Modus	Schiefe	Exzeß	Min.-Max.	K-S
Mutter										
(1)[2]	13.27**	3.65	11.0	12.5	15.0	11	.851	.245	7 - 21	n.s.
(2)	10.98	3.28	9.0	11	13.0	10	-.098	.066	1 - 18	n.s.
(3)	9.84	3.57	7.0	10	12.0	10	.876	.937	5 - 21	n.s.
(4)	7.56	2.74	5.5	7	9.5	5	1.253	.707	5 - 13	n.s.
---										
(5)[2]	10.42**	3.42	8.0	10	13.0	10	.245	-.072	1 - 21	n.s.
(6)	10.82	3.59	8.0	10	13.0	10	.369	.237	1 - 21	.031
Vater										
(1)[2]	11.19**	4.09	9.0	11	14.0	11	-.195	1.269	1 - 21	n.s.
(2)	8.22	3.37	6.0	8	10.0	10	.106	-.255	2 - 18	n.s.
(3)	6.63	2.77	5.0	6	8.0	5	2.072	8.465	3 - 19	n.s.
(4)	6.11	2.03	5.0	6	7.5	5	-.771	1.329	2 - 9	n.s.
---										
(5)[2]	7.59**	3.22	5.0	7	10.0	6	.593	.629	2 - 19	n.s.
(6)	8.11	3.58	6.0	8	10.0	6	.593	.565	1 - 21	n.s.
Geschw.[1]										
(2)	10.57	3.14	8.0	10	13.0	13	.176	-.079	2 - 19	n.s.
(3)	14.49	5.27	10.0	15	18.0	15	-.067	.190	2 - 27	n.s.
(4)	17.44	4.16	14.5	19	20.5	19	-1.184	.924	9 - 22	n.s.
---										
(5)	12.17	4.54	9.0	12	15.0	10	.613	.457	2 - 27	n.s.
(6)	10.43	5.99	7.0	10	14.0	0	-.084	-.164	0 - 27	.045
Niemand										
(1)[2]	19.42**	3.89	17.5	19.5	22.0	22	-.894	1.628	8 - 26	n.s.
(2)	14.09	4.46	11.0	14	17.0	17	.313	.029	4 - 27	n.s.
(3)	13.02	5.67	9.0	13	18.0	18	-.289	-.793	3 - 24	n.s.
(4)	12.89	4.08	9.0	13	17.5	9	.188	-1.901	8 - 18	n.s.
---										
(5)[2]	13.72**	4.79	10.0	14	17.0	17	-.016	-.171	3 - 27	n.s.
(6)	14.54	5.08	11.0	14	18.0	18	-.072	-.381	3 - 27	n.s.

[1]) Die unterschiedliche Anzahl von Kindern bei (3) bis (6) wurden zur Kategorie „Geschwister" zusammengefaßt. [2]) Kinder mit und ohne Geschwister unterscheiden sich signifikant in den Verteilungsparametern (Mann-Whitney U-Test: ** $p < .001$).

Tabelle 3.4: Mittelwerte, Standardabweichungen, Mediane und Quartilabstände, Modus, Schiefe, Exzeß, minimaler und maximaler Wert, Test auf Normalverteilung (Kolmogorov-Smirnov) für die Zuordnungen zur Gesamtfamilie (vs. Herrn Niemand) in der Gesamtskala (FAMGES), den positiven Zuordnungen (FAMPOS) und den negativen Zuordnungen (FAMNEG). Angaben jeweils für die folgenden Subgruppen: (1) Ein-Kind Familien (N=40); (2) Familien mit zwei Kindern (N=125); (3) Familien mit drei Kindern (N=54); (4) Familien mit vier Kindern (N=10); (5) Familien mit zwei und mehr Kindern (N=192); (6) Familien insgesamt (N=232)

Zuschreibung	M	S	Q1	MD	Q3	Modus	Schiefe	Exzeß	Min.-Max.	K-S
FAMGES										
(1)[1]	25.00**	3.88	22.0	25	28.0	22	.423	.212	18 - 36	n.s.
(2)	29.82	4.59	27.0	30	33.0	27	-.104	-.152	17 - 41	n.s.
(3)	31.26	5.40	26.75	31	35.0	26	.230	-.723	20 - 41	n.s.
(4)	31.60	4.14	26.75	32.5	35.25	26	-.372	-1.765	26 - 36	n.s.
---										
(5)[1]	30.32**	4.83	27.0	30	34.0	27	.068	-.282	17 - 41	n.s.
(6)	29.40	5.09	26.0	29	33.0	27	.119	-.388	17 - 41	n.s.
FAMPOS										
(1)	19.15	3.58	17.5	20	22.0	22	-2.220	6.325	5 - 22	.026
(2)[2]	19.74*	2.97	19.0	21	22.0	22	-2.757	9.799	5 - 22	<.000
(3)	19.74	2.33	18.75	20	22.0	22	-1.276	1.346	12 - 22	.007
(4)	20.80	1.87	20.0	21.5	22.0	22	-2.174	5.257	16 - 22	n.s.
---										
(5)[2]	19.82**	2.74	19.0	21	22.0	22	-2.566	9.269	5 - 22	<.000
(6)[2]	19.71*	2.90	19.0	20	22.0	22	-2.512	8.564	5 - 22	<.000
FAMNEG										
(1)[1]	5.85**	4.36	2.0	5	8.0	2	.922	.468	0 - 17	n.s.
(2)	10.08	4.56	7.0	9	14.0	8	.209	-.495	0 - 22	n.s.
(3)	11.52	5.22	7.0	11.5	15.25	9	.112	-.784	2 - 22	n.s.
(4)	10.80	3.82	8.0	12	14.0	13	-.882	-.411	4 - 15	n.s.
---										
(5)[1]	10.50**	4.74	7.0	10	14.0	8	.197	-.554	0 - 22	n.s.
(6)	9.69	4.99	6.0	9	13.0	8	.224	-.613	0 - 22	.046

[1]) Kinder mit und ohne Geschwister unterscheiden sich signifikant in den Verteilungsparametern (Mann-Whitney U-Test: ** p < .001). [2]) Mädchen und Jungen unterscheiden sich signifikant in den Zuordnungen (* p < .01; ** p < .001).

B.3. Tabellen zum Familienbeziehungstest: Geschlechterunterschiede

Tabelle 3.11: Ergebnisse der Tests auf Geschlechterunterschiede (Mann-Whitney U-Test) für die folgenden Subgruppen: (1) Familien mit einem Kind (N=26: 15 Jungen, 11 Mädchen); (2) Familien mit zwei Kindern (N=101: 51 Jungen, 50 Mädchen); (3) Familien mit drei Kindern (N=43: 29 Jungen, 14 Mädchen). Angabe der mittleren Rangplätze, Z-Werte und p-Werte für die Skala „Positive Gefühle (POS)" (22 Items).

Zuschreibung/ Subgruppe	mittlerer Rangplatz	Z	p
	VATER		
(1)			
Jungen	13.93		
Mädchen	12.91	-0.34	0.73
(2)			
Jungen	52.18		
Mädchen	49.80	-0.41	0.68
(3)			
Jungen	23.28		
Mädchen	19.36	-0.97	0.33
	MUTTER		
(1)			
Jungen	11.97		
Mädchen	15.59	-1.20	0.23
(2)			
Jungen	42.28		
Mädchen	59.89	-3.03	<0.01
(3)			
Jungen	20.28		
Mädchen	25.57	-1.30	0.19
	GESCHWISTER		
(2)			
Jungen	50.64		
Mädchen	51.47	-0.13	0.89
(3)*			
Jungen	22.74		
Mädchen	20.46	-0.56	0.57

* Die beiden Geschwister der Kinder aus 3-Kind Familien wurden zur Kategorie „Geschwister" zusammengenommen.

Tabelle 3.14: Ergebnisse der Tests auf Geschlechterunterschiede (Mann-Whitney U-Test) für die folgenden Subgruppen: (1) Familien mit einem Kind (N=26: 15 Jungen, 11 Mädchen); (2) Familien mit zwei Kindern (N=101: 51 Jungen, 50 Mädchen); (3) Familien mit drei Kindern (N=43: 29 Jungen, 14 Mädchen). Angabe der mittleren Rangplätze, Z-Werte und p-Werte für die Skala „Negative Gefühle (NEG)" (22 Items).

Zuschreibung/ Subgruppe	mittlerer Rangplatz	Z	p
	V A T E R		
(1)			
Jungen	12.80		
Mädchen	14.45	-0.55	0.58
(2)			
Jungen	52.94		
Mädchen	49.02	-0.69	0.49
(3)			
Jungen	21.47		
Mädchen	23.11	-0.41	0.68
	M U T T E R		
(1)			
Jungen	13.67		
Mädchen	13.27	-0.13	0.89
(2)			
Jungen	58.58		
Mädchen	43.27	-2.75	<0.01
(3)			
Jungen	23.14		
Mädchen	19.64	-0.99	0.32
	G E S C H W I S T E R		
(2)			
Jungen	52.21		
Mädchen	49.77	-0.42	0.67
(3)*			
Jungen	22.40		
Mädchen	21.18	-0.29	0.76

* Die beiden Geschwister der Kinder aus 3-Kind Familien wurden zur Kategorie „Geschwister" zusammengenommen.

Tabelle 3.15: Ergebnisse der Tests auf Geschlechterunterschiede (Mann-Whitney U-Test) für die folgenden Subgruppen: (1) Familien mit einem Kind (N=40: 21 Jungen, 19 Mädchen); (2) Familien mit zwei Kindern (N=125: 65 Jungen, 60 Mädchen); (3) Familien mit drei Kindern (N=54: 35 Jungen, 19 Mädchen). Angabe der mittleren Rangplätze, Z-Werte und p-Werte für die Zuordnung zur Familie als Ganzes für die „Gesamtskala (FAM-GES)", für die Skala „Positive Gefühle (FAM-POS)" und die Skala „Negative Gefühle (FAM-NEG)".

Zuschreibung/ Subgruppe	mittlerer Rangplatz	Z	p
	FAM - GES		
(1)			
Jungen	18.14		
Mädchen	23.11	-1.35	0.18
(2)			
Jungen	64.76		
Mädchen	61.09	-0.57	0.57
(3)			
Jungen	28.13		
Mädchen	26.34	-0.39	0.69
	FAM - POS		
(1)			
Jungen	19.43		
Mädchen	21.68	-0.63	0.53
(2)			
Jungen	54.63		
Mädchen	72.07	-2.75	<0.01
(3)			
Jungen	26.27		
Mädchen	29.76	-0.79	0.43
	FAM-NEG		
(1)			
Jungen	18.76		
Mädchen	22.42	-0.99	0.32
(2)			
Jungen	69.62		
Mädchen	55.82	-2.13	0.02
(3)			
Jungen	28.51		
Mädchen	25.63	-0.64	0.52

B.3. Tabellen zum Familienbeziehungstest: Schwierigkeit und Trennschärfe der Items

Tabelle 3.16: Schwierigkeit und Trennschärfe der Items der Subskala „Ausgehende positive Gefühle"für die einzelnen Zuordnungsmöglichkeiten. Angaben für die Gruppe „Familien mit 2 Kindern (n=96)

	Mutter		Vater		Geschwister		Niemand	
Itemnummer und -wortlaut	p	rit	p	rit	p	rit	p	rit
(1) Diese Person mag ich sehr.	48	14	33	23	18	38	01	30
(2) Mit dieser P. habe ich viel Spaß.	16	22	29	39	51	39	04	20
(3) Mit d.P. kann ich mich gut unterhalten.	43	09	39	22	10	38	07	22
(4) Mit d.P. spiele ich sehr gerne.	10	07	22	35	61	37	05	25
(5) Mit d.P. verstehe ich mich sehr gut.	47	14	38	33	12	28	02	43
(6) Mit d.P. bin ich sehr gern zusammen.	34	26	34	47	27	44	04	44
(7) Mit d.P. mag ich gerne schmusen.	52	33	27	38	06	26	13	46
(8) Manchmal wünsche ich mir, mit d.P. in einem Bett zu schlafen.	30	25	11	20	17	17	42	29
(9) Ich möchte, daß d.P. immer bei mir bleibt.	58	27	26	45	06	36	08	27
(10) Diese Person umarme ich gern.	56	26	29	22	06	28	08	47
(11) Diese Person liebe ich sehr.	51	30	36	30	07	22	05	44

Tabelle 3.17: Schwierigkeit und Trennschärfe der Items der Subskala „Zukommende positive Gefühle" für die einzelnen Zuordnungsmöglichkeiten. Angaben für die Gruppe „Familien mit 2 Kindern (n=96)

	Mutter		Vater		Geschwister		Niemand	
Itemnummer und -wortlaut	p	rit	p	rit	p	rit	p	rit
(12) Diese Person mag mich sehr.	50	07	42	23	07	20	01	44
(13) Diese Person unterhält sich gern mit mir.	38	13	38	39	11	10	11	30
(14) Diese Person spielt gern mit mir.	10	-05	24	22	56	20	09	36
(15) Diese Person versteht mich.	56	34	34	35	03	18	06	51
(16) Diese Person der Familie kümmert sich um mich, wenn ich in Schwierigkeiten bin.	75	30	22	33	00	00	03	52
(17) Diese P. hört mir zu, wenn ich etwas sage.	64	35	20	47	13	29	02	15
(18) Diese Person umarmt mich gern.	60	28	27	38	06	33	06	29
(19) Diese Person will immer bei mir sein.	21	17	14	20	28	41	36	32
(20) Diese Person schmust gern mit mir.	53	31	30	45	06	30	10	41
(21) Diese Person liegt gern mit mir im Bett.	20	06	11	22	25	32	44	34
(22) Diese Person der Familie liebt mich sehr.	60	18	31	30	04	13	04	52

Tabelle 3.18: Schwierigkeit und Trennschärfe der Items der Subskala „Ausgehende negative Gefühle" für die einzelnen Zuordnungsmöglichkeiten. Angaben für die Gruppe „Familien mit 2 Kindern (n=96)

	Mutter		Vater		Geschwister		Niemand	
Itemnummer und -wortlaut	p	rit	p	rit	p	rit	p	rit
(23) Diese Person mag ich nicht so gern.	02	56	02	14	14	47	80	46
(24) Mit d.P. spiele ich nicht so gerne.	03	49	01	19	20	41	76	38
(25) Ich finde, daß d.P. zuviel meckert.	16	63	11	58	27	39	46	45
(26) Ich finde, daß d.P. zu ungeduldig ist.	04	12	13	14	30	06	51	13
(27) Mit d.P. bin ich nicht gern zusammen.	00	00	01	-08	09	36	89	48
(28) Diese Person ist manchmal schlecht gelaunt	14	41	39	26	33	31	12	18
(29) Manchmal wünsche ich mir, diese P. wäre nicht mehr bei uns.	01	47	00	00	18	27	81	31
(30) D.P. möchte ich manchmal eine runterhauen.	02	11	00	00	71	41	26	38
(31) Diese Person bin ich manchmal satt.	09	52	06	54	57	43	25	30
(32) Manchmal würde ich gern Dinge tun, nur um diese Person zu ärgern.	03	01	06	31	55	32	35	37
(33) Diese Person kann mich sehr wütend machen.	06	50	09	29	63	45	19	40

Tabelle 3.19: Schwierigkeit und Trennschärfe der Items der Subskala „Zukommende negative Gefühle" für die einzelnen Zuordnungsmöglichkeiten. Angaben für die Gruppe „Familien mit 2 Kindern (n=96)

	Mutter		Vater		Geschwister		Niemand	
Itemnummer und -wortlaut	p	rit	p	rit	p	rit	p	rit
(34) Diese P. nörgelt manchmal an mir herum.	16	22	13	22	45	27	26	30
(35) D.P. ist manchmal enttäuscht von mir.	27	19	18	23	07	09	45	35
(36) D.P. hat zu wenig Zeit für mich.	06	05	42	17	05	21	47	28
(37) D.P. hilft mir nicht immer, wenn ich in Schwierigkeiten bin.	05	15	09	28	31	34	54	41
(38) D.P. will nicht mit mir spielen, wenn ich es gerne möchte.	04	-04	09	00	46	22	41	27
(39) Diese Person hänselt mich gern.	01	03	06	04	60	34	31	24
(40) Diese Person ist gemein zu mir.	00	00	01	32	38	56	60	54
(41) Diese Person liebt mich nicht genug.	03	-07	01	07	09	23	86	39
(42) Diese Person macht mir Angst.	01	-08	02	15	02	09	95	24
(43) D.P. beklagt sich dauernd über mich.	03	29	03	37	29	51	64	57
(44) Diese Person bestraft mich oft.	04	08	14	38	02	32	79	44